트라우마는
어떻게
유전되는가

트라우마는 어떻게 유전되는가

몸에 새겨진 기억과 감정은 어떻게 대물림되는가
그 악순환의 고리를 끊는 법은 무엇인가

마크 월린 지음
정지인 옮김

IT DIDN'T START WITH YOU

시심

내 부모님 마빈 윌린과 샌드라 레지어 윌린 밀러에게,
당신들이 내게 주신 모든 것에 감사합니다.

외면을 보는 사람은 꿈을 꾸고, 내면을 보는 사람은 깨어 있다.

—카를 융 Carl Jung, 《서한집 Letters》 1권

누구도 트라우마에서 자유로울 수 없다

최광현 (한세대학교 상담대학원 교수, 《가족의 두 얼굴》 저자)

어린 시절 겪은 트라우마는 생각보다 더 큰 강도로 우리에게 상처를 준다. 가령 트라우마를 경험한 사람은 감정 조절 능력에 문제가 생기며 쉽게 불안해한다. 또 불안한 상태에서 안정적인 상태로 돌아오는 일을 어려워하고 그 과정이 남보다 더디다. 뿐만 아니라 스트레스에 민감하고 그것에 적절히 대처하는 일에 취약하다. 한마디로 트라우마는 건강한 자존감을 갖춘 인간으로 살아가는 데 걸림돌로 작용한다.

트라우마를 경험한 사람은 그 당시와 비슷한 상황이 닥치면 일시적으로 사고가 정지되는 기분을 느끼기도 한다. 또 사소한 일로 불안해하거나 무기력에 휩싸이며 대인 관계에서도 어려움을 겪는다.

전쟁에 참가했거나 홀로코스트 같은 충격을 겪었거나 천재지변에서 겨우 살아남은 사람에게는 정신적 외상, 즉 트라우마가 생긴다. 우리나라도 사회적 재앙에서 자유롭지 않았다. 멀게는 일제강점기 시절을 치욕 속에서 견뎌야 했고 한국전쟁이라는 민족적 불행에 휘말리기도 했다. 크고 작은 사건이나 사고도 트라우마의 원인으로 작용한다. 그동안 우리는 어느 날 느닷없이 백화점이 붕괴되거나 다리가 무너지거나 배가 침몰하는 등 트라우마를 입을 만한 사건을 여러 번 경험했다.

사회적 재앙, 불가항력적 상황에 노출되는 일이 트라우마를 남긴다는 사실은 부정할 수 없다. 그렇다면 개인적 삶에서 오는 트라우마는 어떨까? 가족이나 친구, 직장 동료, 오가다 마주치는 사람과 벌어진 일로 겪는 트라우마는 없을까?

큰 사건에 휘말리지 않아도 우리는 가족과 부대끼며 사는 동안 트라우마로 남을 만한 일을 겪는다. 더 적나라하게 말하면 인간이 경험하는 트라우마의 대부분은 가족에게서 온다. 가족과는 다른 인간관계에서 볼 수 없는 강력하고 끈끈한 정서적 연대를 이루며 살기 때문이다. 가정 폭력, 학대, 근친상간, 살인 등 가족 안에서 발생한 비극적인 사건과 애착의 박탈 또는 결핍은 당사자뿐 아니라 이후에 태어나는 가족 구성원에게도 지대한 영향을 미친다. 이 책에서 말하듯 트라우마는 세대와 세대를 걸쳐 반복된다.

트라우마가 후대에까지 영향을 미친다는 사실은 여러 심리 치료사와 정신과 의사가 '임상'을 통해 입증해왔다. 이 책은 임상 사례로 증명하는 것에서 한발 더 나아가 '트라우마가 유전된다'는 명제를 생물학, 유전학 등 과학으로 뒷받침한다. 트라우마 경험이 감정에 흔적을 남기는 것은 물론, 생물학적인 특성에도 영향을 미치고 실제로 유전된다는 것이다.

이 책에는 그 근거로 뉴욕 마운트시나이 의과대학 레이철 예후다 교수 연구팀의 사례가 실려 있다. 세계무역센터 테러 당시 생존자가 낳은 아이의 스트레스 조절 능력에 문제가 있었다는 것이다. 우리나라는 어떨까? 다양한 형태의 재앙 앞에서 속수무책으로 당하며 트라우마를 온몸으로 경험한 우리에게도 이 책이 얼마간 교훈을 주지 않을까?

그동안 특히 '가족 문제'에 천착해온 나는 가족 안에서 발생하는 트라우마가 거미줄처럼 엉켜 있어 문제가 어디서부터 시작된 것인지 파악하기 어려울 때가 많다는 사실을 경험으로 깨달았다. 문제를 알려면 나무만 봐서는 안 된다. 전체 숲을 봐야 한다. 다시 말해 불안감, 우울함, 강박관념, 정체 모를 두려움 등 정서적 문제를 단순히 '내 문제'로만 여겨서는 안 된다. 부모와 조부모를 비롯해 그 윗세대의 일까지 들여다봐야 하는 것이다.

가족 안에 흐르는 일정한 패턴과 반복성을 알아채면 지금 내가 겪는 문제의 실체를 밝힐 수 있다. 이 책은 인생이 뜻대로 풀리지 않아 고심 중이거나 '삶'의 위기를 겪어온 사람이 '그 괴로움의 근원'을 새로운 관점에서 살피게 한다. 다년간의 상담이 빚은 저자의 깊이 있는 통찰과 과학적 근거가 고루 섞인 이 책은 이유를 알 수 없는 심리 증상에 시달리고 대인 관계가 삐걱거리며 가족과도 언제나 문제투성이인 사람에게 내밀하고도 실용적인 해결책을 제시해준다.

일러두기

이 책에 인용한 사례는 내가 20여 년 간 진행한 워크숍과 트레이닝, 개인 상담 과정에 함께한 사람들의 이야기 중 일부다. 사례의 세부적인 내용은 모두 사실이지만 사생활 보호를 위해 이름을 비롯하여 누군지 알아볼 수 있는 특징은 바꾸었다. 자신의 공포를 표현하는 비밀스러운 언어와 그 언어 아래 숨은 본질적인 이야기를 들려준 그들에게 깊은 고마움을 전한다.

두려움을 표현하는
비밀스러운 언어

어두운 시간에 눈eye이 보기 시작한다······
— 시어도어 로스케Theodore Roethke, 〈어두운 시간에In a Dark Time〉

이 책은 내게 주어진 어떤 사명이 맺은 열매다. 그 사명은 나로 하여금 세상을 한 바퀴 돌게 했고, 이후 뿌리를 찾아 고향으로 돌아오게 했으며 상상도 못했던 직업을 갖게 했다. 그 후 나는 20년 넘게 우울증과 불안, 만성질환, 공포증, 강박적 사고, 외상 후 스트레스 장애를 비롯해 심신을 쇠약하게 만드는 질병과 씨름하는 사람들을 도와왔다. 그들 중에는 증상의 원인을 밝히고 고통을 덜기 위해 수년간 대화 치료나 약물 복용 등 여러 방법을 시도했다가 실패한 뒤 낙담하고 용기를 잃은 채 나를 찾아온 사람이 많았다.

내가 겪은 특별한 경험 때문에 나는 그와 관련된 분야를 공부하기 시작했고 이후 실제 치료사로 임상 활동을 해왔으며, 그 과정에서 그런 문제들의 해답이 자기 자신보다는 부모나 조부모 심지어 증조부모의 삶 속에 있을지도 모른다는 것을 배웠다. 언론의 머리기사를 장식하는 최신 과학 연구 결과도 트라우마의 영향이 한 세대에서 다음 세대로 유전될 수 있다는 사실을 뒷받침한다. 가족 트라우마family trauma로 알려진 이러한 '대물림'이 실제로 존재하는 현상임을 밝히는 증거가 속속 등장하는 것이다.

고통이 저절로 해소되거나 시간이 지나면서 줄어드는 경우도 있지만 항상 그런 것은 아니다. 최초에 트라우마를 겪은 사람이 이미 죽었거나 그 일이 오랜 세월 침묵 속에 묻혀 있었다고 해도 그 경험과 기억, 신체감각의 파편은 마치 과거로부터 빠져나와 현재 살아 있는 사람의 마음과 몸에서 해결책을 찾으려는 것처럼 계속해서 그 생명을 이어갈 수도 있다.

이 책은 내가 샌프란시스코에 있는 '가족 포치 연구소Family Constellation Institution °' 소장으로 일하며 직접 관찰한 내용과 신경과학 및 후성유전학, 언어에 관한 과학을 종합한 것이다. 또한 내가 독일의 저명한 심리 치료사 베르트 헬링어Bert Hellinger에게 받은 전문적인 교육 내용도 담겨 있다. 헬링어의 가족 치료 방식을 보면 여러 대에 걸쳐 대물림한 가족 트라우마가 심리적, 신체적으로 어떤 영향을 미치는지 잘 알 수 있다.

이 책은 가족 트라우마의 패턴, 즉 자기도 모르는 사이에 다음 세대에게 고통을 대물림하는 공포심과 감정, 행동을 식별하는 일 그리고 내 작업의 핵심인 그 이어짐을 끊는 방법에 초점을 맞춘다. 내가 그랬듯 여러분도 가족 패턴의 상당 부분이 가계家系의 윗세대에게 단순히 물려받은 것임을 깨달을지도 모른다. 왜 그런 일이 일어나는 것일까? 그동안 말하지 못했을 뿐 누군가가 꼭 들려주고 싶었던 이야기가 마침내 백일하에 드러나는 것이라고 나는 확신한다. 그럼 내 이야기부터 시작해보자.

나는 왜 깊은 두려움에서 헤어나지 못했는가

내가 처음부터 공포와 불안을 극복하는 방법을 찾아내려 한 것은 아니다. 모든 것은 내가 시력을 잃은 날 시작되었다. 처음 안구 편두통으

○ 가족적 포치家族的布置는 가족 안에서 출생 서열이나 가족 수, 형제간 연령차 등이 아이에게 미치는 영향을 가리키는 말로 심리학자 알프레드 아들러가 처음 썼다. 특히 출생 순서가 미치는 영향은 매우 큰데 자라는 동안 장남은 어리광쟁이가 될 소지가 많고, 차남은 일반적으로 경쟁심이 강하며, 막내는 남에게 의지하려는 경향을 보인다. 포치는 개인이 정신적으로 곤란한 상태에 빠지거나 발달 과정에서 중요한 국면에 처했을 때, 내면에 나타난 문제에 적절히 대응하도록 외부의 사물이나 사상이 특정한 배치로 나타나는 것을 말한다.

로 극심한 두려움을 겪은 날이었다. 이렇다 할 신체적 통증은 없었지만 시야가 흐려지면서 캄캄한 공포감이 나를 휘감았다. 당시 서른네 살이던 나는 아무것도 보이지 않는 눈으로 사무실 안에서 비틀거리며 책상 위에 놓인 전화기를 더듬어 911번을 눌렀고 곧 구급차가 갈 거라는 말을 들었다.

일반적으로 안구 편두통은 심각한 병이 아니다. 시야가 뿌옇다가 대개 한 시간 정도 지나면 정상으로 돌아온다. 그 증상을 겪는 동안에는 회복된다는 것을 몰라 당황할 수도 있지만 말이다. 그런데 내 경우 안구 편두통은 시작에 불과했다. 몇 주 후 왼쪽 눈의 시력이 점점 나빠졌고 얼마 지나지 않아 사람들의 얼굴과 거리 표지판이 뿌연 회색 얼룩으로 변했다.

의사들은 내가 치료법도 없고 원인도 알 수 없는 중심장액성망막증central serous retinopathy에 걸렸다고 진단했다. 이것은 망막 아래에 차오른 액체가 밖으로 흘러 망막에 상처를 내면서 시야가 흐려지는 병이다. 나를 포함해 만성적인 증상을 보이는 사람 중 5퍼센트는 법정 시각장애 수준까지 시력이 떨어진다. 경과를 지켜본 의사들은 단지 시간문제일 뿐 두 눈 모두 영향을 받을 것이라고 말했다.

의사들은 내 시력이 사라지는 이유를 설명해주지 못했고 치료법도 따로 알려주지 않았다. 비타민 복용, 주스만 먹고 다른 모든 음식을 끊는 주스 단식, 레이키(영적인 에너지) 치료법 등 이런저런 방법을 시도해보았지만 상황은 오히려 더 나빠졌다. 막막했다. 엄청난 공포가 나를 덮쳤고 그 앞에서 나는 속수무책이었다.

'눈이 멀어 나 자신조차 건사하지 못하면 나는 완전히 혼자 남겨져 무너지고 말겠지. 인생은 끝장나고 살아갈 의지도 잃어버릴 거야.'

나는 머릿속으로 이 시나리오를 반복해서 재생했다. 생각하면 할수록 몸에 박힌 절망적인 감정이 더욱 깊어지면서 진창 속으로 빠져들었다. 그곳에서 벗어나려 할 때마다 생각은 다시 처절한 외로움과 속수무책 그리고 파멸의 이미지로 되돌아갔다. 당시 나는 **외로움, 속수무책, 파멸** 같은 단어가 공포와 함께 내 인생 깊숙이 침투해 있음을 알지 못했다. 그 단어들은 내가 태어나기도 전에 우리 가족에게 일어난 트라우마의 메아리였다. 제어할 수도 억제할 수도 없던 그 단어들은 현기증을 일으키고 온몸을 뒤흔들었다.

내가 어쩌다 그런 생각에 그토록 휘둘리게 된 것인지 의아했다. 다른 사람들은 나보다 더 큰 역경에 처해도 이처럼 깊은 심연으로 빠져들지는 않았다. 나는 왜 그토록 깊은 두려움 속에서 헤어나지 못했을까? 그로부터 몇 년 더 지난 뒤에야 질문에 답할 수 있었다.

당시 내가 할 수 있는 일은 떠나는 것뿐이었다. 나는 인간관계와 가족, 사업, 내가 살던 도시까지 나와 엮인 모든 것에서 떠났다. 내가 속한 세상, 많은 사람이 혼란과 불행에 빠져 있는 듯한 세상에서는 원하는 답을 찾을 수 없었다. 숱한 의문이 나를 휘감았고 무엇보다 그때까지 살아온 방식으로 계속 살고 싶지 않았다. 나는 성공적으로 꾸려가던 이벤트 회사를 그야말로 방금 만난 사람에게 미련 없이 넘기고 동쪽으로, 가급적 최대한 멀리 동쪽으로 떠나 결국 동남아시아에 도착했다. 나는 나를 치유하고 싶었다. 그러나 어떻게 치유해야 하는지 전혀 알지 못했다.

나는 책을 읽었고 그 책을 쓴 스승들과 함께 공부했다. 그러다가 누군가에게 오두막에 사는 어느 나이든 여인이나 장삼을 입고 온화한 미소를 짓는 승려가 나를 도와줄지도 모른다는 말을 들으면 그들을 찾아갔다. 수행 프로그램에 참가하거나 구루들과 함께 경을 암송하기도 했다. 한 구루는 자신의 말을 듣기 위해 모인 사람들에게 자기 주변에 '발견자finders'만 두고 싶다고 말했다. '구도자seekers'는 끊임없이 탐색만 할 뿐 찾지는 못한다는 것을 꼬집은 말이었다.

나는 발견자가 되고 싶었다. 매일 몇 시간씩 명상했고 한 번에 며칠간 단식하기도 했다. 약초를 끓여 마시며 내 조직 속에 침투했다고 상상하는 맹독과 싸웠다. 그러는 동안에도 시력은 계속 나빠졌고 우울감은 더 깊어졌다.

그때만 해도 나는 고통스러운 무언가에 저항하면 할수록 오히려 그것에서 벗어나기가 더 어려워진다는 사실을 깨닫지 못했다. 저항은 지속적인 고통을 부르는 확실한 처방이었다. 또 무언가를 찾으려 하면 할수록 찾고자 하는 것에서 멀어졌다. 끊임없이 외부만 바라볼 경우 내가 찾던 대상이 눈앞에 있어도 알아차리지 못하며, 내면에서 무언가 가치 있는 일이 벌어져도 거기에 주파수를 맞추지 않으면 그것을 놓치고 만다.

"그대가 보지 않으려고 하는 것은 무엇인가?"

깨달음을 얻은 구루는 내면을 더 깊이 들여다보도록 유도하며 나를 몰아댔다. 하지만 내가 어떻게 알 수 있었겠는가? 나는 어둠 속에 있었는데.

인도네시아의 한 구루는 "자네는 자신을 누구라고 생각하기에 눈에 아무 문제가 없어야 한다고 여기는가?"라는 질문으로 내게 좀 더 밝은 빛을 비춰주었다. 그는 이렇게 말을 이었다.

"아마 요한의 귀는 게르하르트의 귀만큼 잘 들리지 않을 것이고, 엘리자의 폐는 게르타의 폐만큼 튼튼하지 않을 걸세. 그리고 디트리히는 제바스티안만큼 잘 걷지 못하지."(이들은 그 수련 프로그램에 참가한 네덜란드인과 독일인 들로 모두 만성질환으로 고생 중이었다.)

무언가가 마음에 와 닿았다. 그의 말이 옳았다. 내가 뭐라고 눈에 문제가 있어서는 안 된단 말인가. 현실에 시비를 건 내가 오만했다. 좋든 싫든 망막에 상처가 났고 시야는 여전히 흐렸지만 그것을 인정하고 받아들이자 점점 평온함이 찾아왔다. 내 눈이 어떠하든 이제 그것은 더 이상 내 삶을 결정하는 요인이 아니었다.

구루는 더 깊은 가르침을 주기 위해 우리에게 72시간 동안, 그러니까 사흘 밤낮으로 눈가리개와 귀마개를 한 채 작은 방석에 앉아 명상하게 했다. 매일 우리는 작은 공기에 담긴 밥 한 그릇과 마실 물만 받았다. 자는 것도 일어서는 것도 눕는 것도 대화하는 것도 금지였다. 화장실에 갈 때는 어둠 속에서 누군가의 안내를 받아 땅에 파놓은 구덩이가 있는 곳까지 갔다.

　이 미치광이 같은 수행의 목적은 마음을 관찰함으로써 마음의 광기를 내밀히 인식하는 데 있었다. 나는 끊임없이 최악의 시나리오를 떠올리며 충분히 열심히 걱정하면 내가 가장 두려워하는 것에서 벗어날 수 있을 거라 여겼다. 그러다가 마침내 그것은 자기를 기만하는 거짓말임을 깨달았다.

　여러 차례 이와 비슷한 경험을 하면서 내면의 시야는 조금씩 밝아졌다. 물론 눈에서는 여전히 장액이 흐르고 상처도 그대로였다. 시력 문제는 하나의 거대한 은유였다. 나는 그것이 '볼 수 있느냐 없느냐'보다 내가 매사를 바라보는 방식과 더 깊이 관련되어 있음을 깨달았다. 하지만 그런 뒤에도 나는 여전히 모퉁이를 돌지 못했다.

부서져야 열리는 마음

나에게는 흡사 '비전 퀘스트vision quest°' 같았던 당시의 여정이 3년째로 접어들었을 때, 마침내 내가 찾던 것을 발견했다. 그 무렵 나는 명상

○　아메리카 원주민 문화에서 남성이 성인으로 인정받기 위해 거쳐야 하는 통과의례. 부족에 따라 형식은 다양하며 주로 부족 어른들이 이끄는 일련의 의식과 여러 날 동안의 단식, 그리고 황야에서 홀로 며칠을 보내며 자신의 '비전(삶의 의미, 공동체에서 자신의 역할 등)'을 찾는 일로 이루어진다.

을 아주 많이 했고 우울감은 대부분 사라졌다. 그때는 이미 침묵하며 호흡과 신체감각에만 의존해 긴 시간을 보내는 일에도 제법 익숙했다.

어느 날 나는 삿상(satsang, 진리를 주제로 한 영적 지도자와의 대화)을 하려고 줄을 서서 기다렸다. 사원의 모든 사람이 희고 긴 옷을 입고 줄을 서서 몇 시간 동안 기다린 끝에 마침내 내 차례가 왔다. 나는 그 스승이 온 마음을 다한 그동안의 내 수행을 인정해주리라고 기대했다. 그러나 그는 나를 똑바로 바라보더니 단박에 내 문제를 파악했다.

"집으로 가라."

뭘 하라고? 나는 머리끝까지 화가 났고 분노로 온몸이 떨렸다.

"집으로 가서 네 어머니와 아버지를 만나라."

그가 나를 잘못 읽은 게 분명했다. 이미 성장해 그들을 벗어난 내게 부모는 더 이상 필요치 않았다. 나는 오래전에 부모를 포기했고 신성하고 영적인 부모, 즉 모든 스승과 구루 그리고 나를 다음 단계의 깨달음으로 안내하는 현명한 사람들과 내 실제 부모를 맞바꿨다. 더 구나 지난 몇 년 동안 베개에 마구 주먹질을 하거나 판지로 만든 부모 님의 형상을 잘게 찢는 등 잘못된 방법으로 부모와의 관계를 '치유했 다'고 믿었다. 나는 그의 충고를 무시하기로 했다.

그런데 그의 말이 내면의 어떤 지점을 계속 건드리면서 도무지 떨쳐지지 않았다. 결국 나는 '쓸모없는 경험은 없다'는 결론에 다다랐 다. 우리에게 일어나는 모든 일에는 우리가 표면의 의미를 인식하든 못하든 어떤 가치가 있다. 삶에서 일어난 모든 일은 결국 우리를 어딘가로 데려간다.

　그런데도 '나는 어떤 존재다'라는 미몽을 떨치지 못했다. 나는 나를 '일정 경지에 오른 명상가'로 여겼고, 그 생각에 끈질기게 매달렸다. 결국 나는 오해를 바로잡아주기를 기대하며 또 다른 영적 지도자를 찾아갔다. 그는 매일 수백 명에게 거룩한 사랑을 가득 채워주는 사람이었다. 그러면 나를 내가 마음속에 그리는 모습처럼 영적으로 깊이 있는 사람으로 봐줄 거라고 생각했다. 이번에는 하루를 꼬박 기다리고서야 내 차례가 왔다. 드디어 내가 맨 앞줄에 섰을 때 또다시 똑같은 말이 들려왔다.

　"부모를 찾아가라. 집으로 돌아가 부모와 화해하라."

　이번에는 나도 말귀를 알아들었다.

　진정으로 위대한 스승들은 우리가 그들의 가르침을 믿든 믿지 않든 괘념치 않는다. 그들은 그저 진실을 내밀 뿐 그 진실을 찾는 것은 우리 몫으로 맡겨둔다. 애덤 고프닉Adam Gopnik은《뉴요커, 뉴욕을 읽다Through the Children's Gate》에서 구루와 스승의 차이를 이렇게 설명했다.

　"구루는 우리에게 자기 자신을 주고 이어서 그의 체계를 준다. 스승은 우리에게 그의 주제를 주고 그다음에 우리 자신을 준다."

　위대한 스승은 우리가 온 곳이 갈 곳에 영향을 미치고, 과거에 해결하지 못한 것이 현재에 영향을 준다는 사실을 안다. 그들은 양육을 잘했든 못했든 부모는 우리에게 중요한 존재임을 안다. 피해갈 길은 없다. 가족 이야기는 **우리 자신의** 이야기이며 좋든 싫든 우리 안에 살아 있다.

부모를 어떻게 생각하든 우리가 그들을 지워버리거나 제거할 수 없다. 그들은 우리 안에 있고 우리는 그들의 일부다. 심지어 한 번도 만난 적이 없더라도 그렇다. 부모를 밀어내면 자신에게서 더 멀어질 뿐 아니라 고통도 더 커진다. 두 스승에게는 그것이 보였지만 내게는 보이지 않았다. 내 눈은 글자 그대로의 의미에서도, 비유적 의미에서도 멀었던 것이다. 그제야 나는 눈을 뜨기 시작했고 고향에 거대한 문젯덩이를 남겨두고 왔음을 깨달았다.

수년 동안 나는 부모를 가혹하게 비판해왔다. 나 자신은 그들보다 더 능력 있고 훨씬 세심하며 인간적이라고 생각했다. 내 인생에서 잘못된 것으로 보이는 일은 모두 부모 탓으로 돌렸다. 이제 나는 그들에게 돌아가 내가 잃어버린 것을, 그러니까 냉담하게 굳은 마음이 아니라 기꺼이 상처받을 수 있는 여리고 열린 마음을 되찾아야 했다. 나는 그즈음에야 다른 사람의 사랑을 받아들이는 능력이 어머니의 사랑을 받아들이는 능력과 연결되어 있음을 알았다.

하지만 내가 어머니의 사랑을 받아들이는 일은 쉽지 않을 터였다. 나와 어머니의 유대는 너무 깊이 단절되어서 어머니가 포옹하면 나는 곰을 잡는 덫에라도 걸린 것처럼 옥죄는 느낌이 들었다. 내 몸은 흡사 어머니가 꿰뚫지 못할 껍데기라도 만들려는 듯 잔뜩 긴장하며 움츠러들었다. 이 상처는 내 인생의 모든 측면, 특히 인간관계에서 마음을 여는 능력에 영향을 미쳤다.

어머니와 나는 말 한마디 나누지 않고 몇 달을 지낼 수도 있었다. 어떤 대화라도 나눌라치면 나는 말로든 철갑을 두른 몸짓언어로든 어머니가 내게 보여준 따뜻한 감정을 깎아내릴 방법을 반드시 찾아냈다. 나는 냉정하게 거리를 두면서 나를 제대로 이해하지 못하고 말도 알아듣지 못한다며 어머니를 비난했다. 우리 관계는 감정적으로 더 이상 나아갈 수 없는 막다른 길 끝으로 내몰렸다.

그토록 망가진 관계를 치유하기로 결심한 나는 고향 피츠버그로 가는 항공편을 예약했다. 그러고도 몇 달 동안 어머니를 찾아가지 않았다. 마침내 집으로 가는 진입로에 들어서자 팽팽한 긴장감이 엄습했다.

'우리 관계를 바로잡을 수 있을까.'

확신 없이 흔들리는 마음속에 날것의 감정이 꽉 들어찼다. 나는 최악의 상황을 예상하며 머릿속에서 시나리오를 그려보았다. 어머니는 나를 안을 테고 그러면 나는 그 품 안에서 부드럽게 풀어지길 바라면서도 정확히 그 반대로 강철처럼 딱딱하게 굳을 테지.

실제로 일어난 일도 대체로 예상과 비슷했다. 간신히 참으며 안겨 있는 동안 나는 거의 숨을 쉬지 못했지만 그래도 어머니의 품 안에서 빠져나오지 않았고 오히려 어머니에게 계속 안아 달라고 부탁했다. 어디에서 단단히 옥죄는 느낌이 드는지, 어떤 감각이 느껴지는지,

내가 어떻게 저항하고 차단하려 드는지 안팎으로 철저히 알고 싶었기 때문이다. 그것은 전혀 새로운 정보가 아니었다. 나는 그동안 인간관계에 그 패턴을 그대로 반영해왔다. 이번에 유일하게 달라진 점은 내가 달아나지 않았다는 것이다. 그 상처를 근원부터 치료하기로 마음먹었기 때문이다.

어머니가 나를 안고 있는 시간이 길어질수록 내가 폭발해버릴 것 같다는 생각도 점점 커져갔다. 그것은 육체적인 고통이었다. 통증은 무감각과 뒤섞였고, 무감각은 통증과 뒤섞였다. 그렇게 몇 분이 지나자 무언가가 내려앉으면서 가슴과 배가 떨리기 시작했다. 나는 부드러워지기 시작했고 이후 몇 주 동안 계속해서 부드러워졌다.

그 무렵 우리는 여러 차례 대화를 나눴는데 한번은 어머니가 무심코 내가 어렸을 때 겪은 어떤 사건을 들려주었다. 어머니는 담낭 수술을 받느라 3주 동안 입원한 적이 있다고 말했다. 그 얘기를 듣고 나니 내 내면에서 벌어지던 일의 조각들이 퍼즐처럼 하나하나 맞춰졌다. 그때는 내가 두 살이 채 되기 전으로 어머니와 떨어져 지내는 동안 내 몸에서는 무의식적으로 팽팽하게 부풀어 오르는 느낌이 뿌리내리기 시작했다. 어머니가 퇴원해서 집으로 돌아왔을 때 나는 더 이상 어머니의 보살핌을 신뢰하지 않았다. 어머니에게 상처받지 않기 위해 어머니를 밀어냈고 이후 30년 동안 계속 밀어냈다.

생애 초기에 일어난 또 다른 사건도 내가 늘 떨쳐내지 못한 공포, 즉 내 인생이 갑자기 파멸할지도 모른다는 공포에 기여했을지 모른다. 어머니가 나를 낳을 때 분만이 원활치 않아 의사가 집게로 꺼냈다고 한다. 그 결과 나는 멍이 많이 들고 부분적으로 두개골이 함몰된 상태로 태어났는데, 이는 집게분만에서 드물지 않게 일어나는 일이다. 어머니는 몹시 후회하면서, 흉한 내 모습에 처음엔 나를 안아주기가 쉽지 않았다고 고백했다. 이 이야기 역시 내게 공명을 불러일으키며 내면 깊이 깃든 파멸할 것 같은 느낌을 설명해주었다.

태어날 때 겪은 트라우마의 기억은 몸속에 잠겨 있다가 내가 새 프로젝트를 '낳거나' 새로운 일을 공개적으로 발표할 때마다 표면으로 떠올랐다. 그 사실을 안 것만으로도 나는 평온함을 느꼈고 그 깨달음은 예상치 못한 방식으로 어머니와 나를 가깝게 만들어주었다.

어머니와의 유대를 바로잡는 동안 나는 아버지와의 관계도 다시 세우기 시작했다. 아버지는 해병대 출신의 건설 노동자로 혼자 사는 작은 아파트가 곧 무너질 것 같은 상태인데도 집을 전혀 손보지 않았다. 내가 열세 살 때 어머니와 이혼하고 줄곧 혼자 살아온 아버지의 아파트에는 언제나 그랬듯 방과 복도 곳곳에 오래된 연장과 볼트, 나사, 못, 전선, 강력 테이프가 흩어져 있었다. 나는 녹슨 쇠와 강철 조각이 잔뜩 널린 그곳에서 아버지 앞에 우두커니 선 채로 아버지가 무척 그리웠노라고 말했다. 아버지는 어떻게 대답해야 할지 몰라 당황했고 내 말은 허공 속으로 흩어졌다.

나는 늘 아버지와 친밀하게 지내기를 간절히 원했으나 아버지도 나도 어떻게 해야 그럴 수 있는지 알지 못했다. 그래도 이번에는 계속 이야기를 나누었다. 나는 아버지를 사랑한다고, 아버지는 좋은 아버지라고 말하며 어릴 적 추억을 들려주었다. 아버지는 어깨를 으쓱하거나 화제를 바꾸며 겉으로는 내 말을 듣지 않는 척했지만, 나는 아버지가 내 말에 귀를 기울이고 있음을 느꼈다. 아버지와 대화하고 기억을 나누는 데는 여러 주가 걸렸다. 어느 날 함께 점심을 먹다가 아버지가 내 눈을 똑바로 바라보며 말했다.

"네가 나를 사랑했을 거라고는 한 번도 생각해본 적 없었다."

나는 거의 숨을 쉴 수 없었다. 우리 두 사람의 내면에서 막대한 고통이 솟구쳐 올랐다. 순간 우리의 마음이 툭 깨지며 활짝 열렸다. 때로 마음은 부서져야 열린다. 마침내 우리는 서로에게 사랑을 표현하기 시작했다. 집으로 돌아가 부모와의 관계를 치유하라고 한 스승들의 조언을 따른 덕분이었다.

원래의 자리

나는 처음으로 내가 원하는 방식이 아니라 부모님이 주는 방식대로 사랑과 보살핌을 받아들였다. 내 안의 무언가가 열린 뒤로 부모님이 나를 어떤 방식으로 사랑하는지 또는 사랑할 수 없는지는 문제 되지 않았다. 이제 중요한 것은 두 분이 주는 것을 '내가 어떻게 받아들이는가'였다. 물론 두 분은 과거와 똑같은 부모였고 달라진 건 나였다. 나는 두 분과의 사랑 속으로 다시 들어갔고 그것은 어머니와의 유대가 깨지기 전, 아기였을 때 내가 느꼈을 그런 사랑이었다.

어렸을 때 어머니와 떨어져 지낸 일은 우리 집안에 대물림된 그와 유사한 트라우마와 함께 내가 공포를 느끼는 '비밀스러운 언어'를 만드는 데 일조했다. 내 조부모 중 세 분은 어려서 어머니를 잃었고 한 분은 젖먹이 때 아버지를 잃어 슬픔에 잠긴 어머니에게 관심을 제대로 받지 못했다. 내가 길을 잃고 헤매게 만든 **외로움, 속수무책, 파멸**이라는 단어들 그리고 그 단어와 함께 찾아온 감정은 이제 그 힘을 상실했다. 내게는 새로운 삶이 열렸고 그 삶에서 커다란 부분을 차지한 것은 부모와의 새로워진 관계였다.

이후 몇 달 동안 나는 어머니와 다정한 관계를 다시 쌓아나갔다. 과거에는 나를 침해하는 것 같고 거슬리기만 했던 어머니의 사랑이 이제는 안정과 회복을 안겨주는 사랑으로 느껴졌다. 돌아가시기 전 16년 동안 아버지와 친밀하게 보낸 것도 내게는 행운이었다. 치매를 앓던 생애 마지막 4년 동안 아버지는 상처도 기꺼이 받아들이는 열린 마음과 사랑에 대해 심오한 가르침을 주었다. 우리는 생각과 마음을 넘어선 곳, 사랑만 살고 있는 깊디깊은 곳에서 서로를 만났다.

내 여행에는 여러 위대한 스승이 동행했다. 그러나 돌이켜보면 내가 세계를 한 바퀴 돌아 부모에게 돌아오고 가족 트라우마의 늪을 거쳐 마침내 온전한 내 마음을 바라보게 이끈 것은 바로 내 눈, 스트레스에 지치고 사면초가에 빠져 공포에 짓눌렸던 내 눈이었다. 따질 것도 없이 내 눈이 모든 스승 중에서 가장 훌륭한 스승이었다.

언제부터인가 나는 내 눈을 더 이상 생각하지 않았고 눈이 나아질지 악화될지 걱정하지도 않았다. 다시 또렷하게 볼 수 있으리라는 기대도 더는 하지 않았다. 어찌된 노릇인지 그것은 내게 더 이상 중요한 일이 아니었다. 그런데 얼마 지나지 않아 예상치 않게 시력이 돌아왔다. 이미 눈이 어떻게 되든 괜찮다는 것을 배운 뒤였다.

지금 내 시력은 1.0으로 지극히 정상이다. 물론 안과의사는 아직 내 망막에 남은 상처의 정도를 감안하면 내가 앞을 못 보는 게 정상이라고 힘주어 말한다. 그는 고개를 설레설레 저으며 광신호가 망막 중심부에 위치한 황반을 스쳐 우회하는 것이라는 가설을 제시했다. 치유와 변화의 이야기가 으레 그렇듯 처음에는 역경처럼 보이던 것이 실은 불행을 가장한 축복이었다. 답을 찾으려고 지구 구석구석을 헤맨 나는 역설적으로 치유의 가장 큰 원천이 내 안에서 발굴되기만 기다리고 있었음을 깨달았다.

결국 치유는 내면의 일이다. 고맙게도 내 스승들은 나를 다시 부모에게로, 그리고 원래의 자리인 나 자신에게로 인도해주었다. 그 과정에서 나는 가족사에 담긴 몇 가지 이야기를 알게 됐고 그것은 궁극적으로 내게 평화로운 마음을 안겨주었다. 감사하는 마음과 새로 찾은 해방감에 나는 '다른 사람이 스스로 고통에서 벗어나도록 돕는 일'을 사명으로 삼았다.

트라우마를 치유한다는 것

나를 심리학의 세계로 이끈 것은 '언어'다. 학생일 때도, 이후 임상 치료사로 일할 때도 나는 실험과 이론, 행동 모형에는 그다지 관심이 없었다. 대신 언어에 귀를 기울였고 듣는 기법을 개발했다. 사람들이 늘 어놓는 불평과 오래된 이야기를 들으며 그 속에 담긴 진정한 의미에 귀를 기울이는 법을 터득한 것이다. 나는 특히 사람들이 자기 고통의 근원으로 안내해줄 구체적인 단어들을 식별하도록 도왔다. 어떤 이론가는 트라우마를 겪는 동안에는 언어가 사라진다고 가정하지만 나는 언어가 사라지지 않는다는 증거를 거듭 목격해왔다. 트라우마의 언어는 무의식의 영역을 배회하며 재발견되기만 기다리고 있다.

언어를 효과적인 치유 도구로 삼은 것은 우연이 아니다. 내가 기억하는 가장 먼 과거부터 언어는 늘 내 스승이자 세계를 조직하고 이해하는 방식이었다. 청소년기부터 시를 써온 나는 내 안에서 시어들이 떠올라 밖으로 나오겠다고 아우성치는 순간이면, 다른 모든 것을 내던지고라도 당장 그것들을 받아낼 태세가 되어 있었다. 그렇게 솟아난 시어들에 나를 내맡기면 다른 방법으로는 얻기 힘든 통찰이 찾아온다는 것을 알고 있었기 때문이다. 나 자신의 치유 과정에서는 **외로움, 속수무책, 파멸**이라는 단어를 찾아내는 것이 핵심이었다.

트라우마를 치유한다는 것은 여러 면에서 시를 짓는 일과 유사하다. 둘 다 적절한 타이밍과 단어, 이미지가 필요하다. 이러한 요소가 조화를 이루면 의미 있는 어떤 움직임이 시작되고 그것은 몸으로 감지할 수 있다. 치유하려면 서로 속도가 맞아야 한다. 우리가 어떤 이미지에 너무 성급히 도착하면 그 이미지가 뿌리내리지 못하고, 우리를 위로하는 단어라도 지나치게 일찍 도착하면 그 단어를 받아들이기 어렵기 때문이다. 또 단어가 정확하지 않으면 그것을 듣지 못하거나 공명을 일으키지 못할 수도 있다.

나는 '유전된 가족 트라우마' 분야를 공부하며 얻은 가르침과 내가 알던 언어의 결정적 역할에 관한 지식을 결합해 고안한 접근법을 교사이자 워크숍 지도자로 활동하면서 활용했다. 그렇게 탄생한 '**핵심 언어 접근법**core language approach'은 특정한 질문을 던져서, 사람들이 늪에서 헤어 나오지 못하게 하는 육체적, 감정적 증상 뒤에 있는 근본 원인을 발견하도록 돕는다.

최적의 언어를 찾아가는 과정에서 트라우마가 모습을 드러낼 뿐 아니라 치유에 필요한 도구와 이미지가 무엇인지도 밝혀진다. 이 방법을 사용하며 나는 우울증과 불안, 공허감의 뿌리 깊은 패턴이 찰나의 통찰로 변화하는 것을 수없이 목격해왔다.

이 책의 여정에서 사용하는 이동 수단은 '언어', 내면 깊이 묻혀 있다가 어느 순간 걱정과 두

핵심 언어

마음속 가장 깊숙한 곳에 도사린 두려움을 나타내는 특유의 단어와 문장. 미해결 상태로 남은 트라우마의 근원으로 안내하는 실마리. 신체감각, 행동, 감정, 충동, 질병이나 질환으로 표현되기도 한다.

려움으로 표출되는 언어다. 이 핵심 언어는 평생 우리 안에서 살았을 지도 모른다. 그 기원은 부모일 수도 있고 세대를 넘어 증조부모일 수도 있다. 누구에게서 시작되었든 그 언어는 고집스럽게 들어달라고 요구한다. 핵심 언어가 이끄는 곳으로 따라가 그 이야기를 들으면 우리의 가장 깊은 두려움을 가라앉힐 수 있다.

그 과정에서 우리는 가족 중 누군가를 만나게 되는데, 그는 우리가 아는 사람일 수도 있고 몰랐던 사람일 수도 있다. 또 여러 해 전에 세상을 떠난 가족일 수도 있다. 심지어 혈연관계가 아닌 사람도 자신이 겪은 고통이나 잔혹함 때문에 우리 운명의 방향을 바꿔놓기도 한다. 어쩌면 오래 묻어둔 이야기 속에서 숨은 비밀을 한두 가지 발견할지도 모른다. 내 경험상 이러한 탐색은 우리를 어디로 이끌든, 결국에는 더 큰 해방감과 긍정적인 마음을 품고 새로운 삶에 당도하게 한다.

차례

1부 가족 트라우마의 그물망

1부

가죽 트라우마의 그물망

1 잃었다 다시 찾은 트라우마

과거는 결코 죽지 않았다. 심지어 지나가지도 않았다.
— 윌리엄 포크너William Faulkner, 《어느 수녀를 위한 진혼곡Requiem for a Nun》

트라우마의 특징 중 이미 충분히 입증되고 널리 알려진 한 가지는 그 일을 겪은 당사자가 자신에게 일어난 일을 말로 명료하게 표현하지 못한다는 점이다.

단어만 잃어버리는 것이 아니라 기억에도 어떤 일이 벌어진다. 트라우마 사건이 일어나는 동안 우리의 사고 과정은 산만하게 흩어지고 뒤죽박죽 섞여 애초의 사건을 떠올리지 못하게 된다. 대신 그 기억의 파편은 이미지나 신체감각, 단어로 흩어져 무의식 속에 남아 있다가 훗날 조금이라도 최초의 경험을 떠올리게 하는 자극을 받으면 되

살아난다. 그리고 일단 방아쇠가 당겨지면 마치 보이지 않는 되감기 버튼이라도 누른 것처럼 일상생활에서 트라우마의 양상을 계속 재현한다. 특정한 사람이나 사건, 상황을 의식하지 못한 채 오래전의 익숙한 방식으로 과거를 되풀이하는 것이다.

지그문트 프로이트는 1백여 년 전에 이러한 패턴을 밝혀냈다. 프로이트가 '반복 강박repetition compulsion'이라고 부른 트라우마 재현은 해결되지 않은 것을 되풀이함으로써 그 문제를 '바로잡으려는' 시도다. 과거 사건을 다시 체험하려는 이 무의식적 충동은 미해결 상태로 남은 가족 트라우마가 세대에 걸쳐 반복적으로 나타날 때 작동하는 메커니즘 중 하나다.

프로이트와 동시대에 활동한 카를 융도 무의식 상태로 남은 기억은 저절로 해소되지 않고 운명이나 운으로 삶의 표면에 다시 떠오른다고 믿었다. 우리가 운명이라고 생각하는 경험이 사실은 무의식에 저장된 기억이며, 그 사실을 의식하지 못하면 끝까지 그 무의식의 패턴을 반복할 가능성이 크다는 것이다. 융과 프로이트 둘 다 감당하기 어려운 기억은 저절로 흐릿해지다가 사라지는 게 아니라 모두 무의식에 저장된다는 점에 주목했다.

융과 프로이트는 각자 차단당하거나 억제되거나 억압된 경험의 조각이 환자의 말과 몸짓, 행동에 어떤 영향을 미치며, 어떻게 드러나는지 관찰했다. 이후 몇 십 년 동안 치료사들은 말실수, 사고事故의 패턴, 꿈 속 이미지 같은 실마리를 내담자가 말하거나 생각할 수 없는 영역에 빛을 비춰주는 단서로 보았다.

최근 연구자들은 발달한 영상 기술을 활용해 감당할 수 없이 충격적인 사건이 일어나는 동안 뇌와 신체 기능이 잘못되거나 멈춰버리는 이유를 밝혀내고 있다.

외상 후 스트레스 장애PTSD 연구로 널리 알려진 네덜란드 출신의 정신의학자 베셀 반 데어 콜크Bessel van der Kolk는 트라우마가 일어나는 동안 언어중추가 닫히고 현재 순간의 경험을 담당하는 내측 전전두엽 피질도 차단된다고 설명한다. 그는 트라우마가 초래하는 **말할 수 없는 공포**를 **말문이 막히는** 경험으로 묘사하는데, 이는 위협을 받거나 위험한 상황에 처할 때 기억을 담당하는 뇌 경로가 막히면서 흔히 일어나는 현상이다.

"트라우마 경험을 다시 체험할 때는 전두엽이 제 기능을 못하기 때문에 생각하고 말하는 것이 어려워진다. 자신에게든 다른 사람에게든 무슨 일이 벌어지는지 정확히 전달할 능력을 상실하는 것이다."[1]

그렇다고 모든 것이 침묵 속에 잠기는 것은 아니다. 조각난 단어, 이미지, 충동 들은 트라우마 사건 이후에도 다시 떠올라 내면의 고통을 표현하는 비밀스러운 언어를 형성한다. 그 조각은 다른 경로로 옮겨갈 뿐 아무것도 사라지지 않는다.

사라지는 것은 없다

요즘 심리 치료는 개인 트라우마에 국한하지 않고 가족과 사회에서 일어난 트라우마 사건까지 큰 그림에 포함시킨다. 유기, 자살, 전쟁, 자식·부모·형제자매의 때 이른 죽음 등 다양한 유형과 강도의 비극이 주는 고통의 충격파는 폭포처럼 쏟아져 한 세대에서 다음 세대로 넘어가기도 한다. 세포생물학과 신경과학, 후성유전학, 발달심리학 분야에서 최근 전개되는 연구는 트라우마와 반복되는 고통의 패턴 뒤에 숨은 메커니즘을 이해하려면 적어도 3세대에 걸친 가족사를 탐색해야 한다고 강조한다. 다음 이야기가 그 생생한 예다.

　나와 처음 만났을 때 제시는 일 년 이상 밤에 제대로 잠을 잔 날이 하루도 없었다. 눈가에 드리운 어두운 그림자는 그가 불면증에 시달린다는 것을 여실히 보여주었고 공허한 눈빛은 더 깊은 이야기가 있음을 암시했다. 제시는 겨우 스무 살인데도 십 년은 더 늙어 보였다. 그는 다리가 더 이상 체중을 지탱할 수 없는 것처럼 가라앉듯 소파에 털썩 주저앉았다.

　한때 스타 운동선수에 A학점만 받는 우등생이었다는 제시는 지독한 불면증 때문에 걷잡을 수 없는 우울증과 절망감의 나락에 빠져들었다고 말했다. 결국 대학을 중퇴했고 그토록 열심히 노력해서 따낸 야구 장학금도 반환해야 했다. 그는 인생을 다시 정상으로 되돌리기 위해 필사적으로 도움의 손길을 찾아 헤맸다. 지난 한 해 동안 세

명의 의사와 두 명의 심리학자를 만났고 수면 클리닉과 자연요법도 시도했다. 제시는 높낮이 없는 어조로 누구도 실질적인 통찰이나 도움을 제공하지 못했다고 말했다. 내내 바닥만 응시하며 자기 이야기를 털어놓던 제시는 이제 더는 버틸 힘이 없다고 말했다.

불면증을 촉발한 원인이 무엇인지 감이 잡히는 게 없느냐고 묻자 그는 고개를 저었다. 제시는 원래 늘 쉽게 잠드는 사람이었다. 그런데 열아홉 살 생일을 보낸 직후 어느 날 새벽 3시 30분에 갑자기 잠에서 깨어났다. 몸이 얼어붙을 듯 추위가 느껴져 덜덜 떨었지만 어떻게 해도 따뜻해지지 않았다. 담요 몇 장을 더 꺼내 덮고 세 시간이 흐른 뒤에도 정신이 말똥말똥했다. 제시는 춥고 피곤한 것에 더해 전에 한 번도 경험한 적 없는 이상한 공포에 사로잡혔다. 다시 잠들면 무언가 끔찍한 일이 일어날 것 같은 공포였다. **잠들면 다시는 깨어나지 못할 거야.** 슬며시 잠들려 할 때마다 그 공포가 제시를 화들짝 깨웠다. 그 패턴은 다음 날 밤에도, 그다음 날 밤에도 이어졌다. 공포를 동반한 불면증은 밤마다 찾아오는 시련이 되었다. 제시는 자신의 공포가 불합리하다는 것을 알면서도 도저히 그것을 잠재울 수 없다는 느낌이 들었다고 했다.

나는 제시가 말하는 동안 집중해서 귀를 기울였다. 내가 유별나다고 생각한 한 가지는 첫 번째 불면증이 찾아오기 직전 '얼어붙을 것 같은' 극도의 추위를 느꼈다는 점이었다. 나는 이 점을 파고들었고 제시에게 친가나 외가 가족 중에서 **추위**나 **잠드는 것** 또는 **열아홉 살**에 얽힌 트라우마를 겪은 이가 있는지 물었다.

제시는 얼마 전 어머니에게 아버지의 형, 그러니까 삼촌이 비극적으로 세상을 떠난 이야기를 들었다고 말했다. 제시는 삼촌이 있었다는 사실을 그때 처음 알았다. 그의 삼촌 콜린은 열아홉 살 무렵 캐나다 노스웨스트테리토리스의 옐로나이프 북쪽에 폭설이 내렸을 때 송전선을 점검하던 중 동사했다. 쌓인 눈에는 그가 목숨을 놓지 않으려고 몸부림친 흔적이 남아 있었다. 결국 눈보라 속에서 저체온증으로 숨을 거둔 그는 얼굴을 땅에 묻은 채 발견되었다. 그 죽음은 가족에게 너무 비극적인 상실이라 이후 누구도 그의 이름을 입에 올리지 않았다.

　　그런데 30년이 지난 지금 제시가 콜린의 죽음에 얽힌 양상, 즉 의식을 놓으면 안 된다는 공포를 무의식적으로 재현하고 있었다. 콜린에게 의식을 놓는 것은 곧 죽음을 의미했다. 제시에게는 잠드는 것이 그와 똑같은 느낌이었던 게 분명했다.

　　그 연관성을 파악한 일이 제시에게는 전환점이었다. 불면증의 근원이 30년 전에 일어난 사건 속에 있음을 알아차리자 그는 왜 그토록 잠에 공포를 느꼈는지 이해했다. 비로소 치유의 길이 열린 것이다. 제시는 내게 배운 치료 기법들을 활용해 한 번도 만난 적 없지만 무의식적으로 자기 안에 품고 있던 삼촌의 트라우마에서 벗어났다. 불면증의 무거운 안개에서 벗어났을 뿐 아니라 살아 있는 가족과 죽은 가족 모두에게 더 깊은 결속감을 느꼈다.

트라우마가 유전된다는 증거들

과학자들은 트라우마가 한 세대에서 다음 세대로 유전될 수 있으며, 실제로 유전된다는 생물학적 증거를 속속 밝혀내고 있다. 뉴욕 마운트시나이 의과대학 정신의학과 신경과학 교수 레이철 예후다Rachel Ye-huda는 외상 후 스트레스 장애 연구의 권위자이자 진정한 선구자다. 그녀는 홀로코스트 생존자와 그 자녀들이 겪은 외상 후 스트레스 장애를 신경생물학적으로 연구해왔다. 특히 코르티솔(트라우마를 경험한 뒤 우리 몸이 정상으로 돌아가도록 도와주는 스트레스 호르몬)과 그것이 뇌 기능에 미치는 영향을 연구한 결과는 세계적으로 외상 후 스트레스 장애를 이해하고 치료하는 데 혁명을 일으켰다(외상 후 스트레스 장애를 앓는 사람은 트라우마가 과거에 일어난 일인데도 그와 연관된 감정과 감각을 늘 현재의 일처럼 다시 경험한다. 증상에는 우울증, 불안증, 마비, 불면증, 악몽, 공포감에 사로잡히거나 쉽게 놀라거나 초조해하는 것 등이 있다).

예후다 연구팀은 외상 후 스트레스 장애가 있는 홀로코스트 생존자의 자녀는 부모와 유사한 정도로 코르티솔 수치가 낮고, 이 때문에 전前 세대의 외상 후 스트레스 장애 증상을 재현할 가능성이 있다는 사실을 밝혀냈다. 극심한 트라우마 사건을 경험한 사람이 코르티솔 수치가 낮다는 예후다의 발견은, 스트레스가 심할수록 코르티솔 수치도 높다는 기존 견해와 반대되는 것이라 논란을 불러일으켰다. 구체적으로 만성적인 외상 후 스트레스 장애 사례에서는 코르티솔 분비가 억제되어 생존자와 자녀 모두에게서 수치가 낮게 나왔다.

예후다는 참전 용사나 세계무역센터 테러를 겪은 뒤 외상 후 스트레스 장애가 생긴 산모와 그 자녀도 코르티솔 수치가 낮다는 것을 발견했다. 그뿐 아니라 외상 후 스트레스 장애를 비롯해 만성통증증후군과 만성피로증후군 등 스트레스와 관련된 정신 질환이 낮은 혈중 코르티솔 수치와 관련이 있다는 점에도 주목했다.[2] 외상 후 스트레스 장애 환자의 50~70퍼센트가 우울증과 기분 장애, 불안 장애 증상을 보인다는 사실 역시 흥미롭다.[3]

예후다의 연구는 부모 중 한쪽이 외상 후 스트레스 장애를 앓을 경우 자녀가 그 증상을 경험할 가능성이 세 배 높으며 우울증이나 불안증으로 고통받을 가능성이 크다는 것을 보여준다.[4] 예후다는 세대에서 세대로 이어지는 이런 유형의 외상 후 스트레스 장애는 부모에게서 들은 이야기가 아니라 유전을 통해 전달된다고 믿는다.[5] 예후다는 트라우마 생존자의 자손이 직접 경험하지 않은 트라우마의 육체적, 감정적 증상을 어떤 방식으로 드러내는지 연구한 초기 연구자들 중 한 사람이다.

몸으로 느끼는 경험

수년간 항우울제를 복용하고 대화 치료와 집단치료, 스트레스의 영향을 완화하는 다양한 인지 치료를 받았는데도 그레첸의 우울증과 불안감은 나아지는 기미가 없었다.

그레첸은 내게 더 이상 살고 싶지 않다고 말했다. 그녀는 언제나 몸속에서 치밀어 오르는 억제할 수 없는 강렬한 감정과 싸워야 했다. 극심한 불안 장애를 동반한 양극성 기분 장애(조울증) 진단을 받고 몇 차례 정신병원에 입원한 적도 있었다. 약물을 복용하면 조금 나아졌지만 내면에 살고 있는 거센 자살 충동은 수그러들지 않았다. 십대 시절에는 불붙인 담배로 자해를 시도하기도 했다. 서른아홉 살이 된 그레첸은 겪을 만큼 충분히 겪었다고 생각했다. 우울증과 불안증 때문에 결혼을 하거나 아이를 갖는 것은 불가능했다. 그녀는 내게 섬뜩할 만큼 무미건조한 어조로 다음 생일이 오기 전에 자살할 계획이라고 말했다.

그레첸의 말을 들으며 나는 그녀의 가족사에 분명 심상치 않은 트라우마가 있으리라는 느낌을 강하게 받았다. 증상의 밑바탕일지도 모를 트라우마 사건의 실마리를 찾아내려고 그레첸이 사용하는 단어에 면밀히 귀를 기울였다.

어떻게 자살할 생각이냐고 물었더니 그레첸은 자신을 '증발시킬' 거라고 대답했다. 쉽게 이해하기 힘든 이 말은 자기 오빠가 일하는 제강소의 용광로에 뛰어들겠다는 의미였다. 내 눈을 똑바로 바라보며 그레첸이 말했다.

"내 몸은 몇 초 안에 소각될 거예요. 바닥에 채 닫기도 전에요."

무표정하게 말을 이어가는 그녀를 보며 나는 아연실색했다. 그녀 내면에 어떤 감정이라도 깔려 있다면 그것은 아주 깊은 곳에서 무언가에 꽉 눌려 있을 것 같았다. 동시에 **증발**과 **소각**이라는 단어가 내 안에서 덜거덕거렸다. 홀로코스트를 겪은 가족의 자녀와 손자손녀를 수차례 상담해온 나는 그들의 언어가 이끄는 길로 따라가야 한다는 것을 알고 있었다. 그래서 그녀가 좀 더 얘기해주기를 바라며 대화를 이어갔다.

나는 가족 중에 유대인이나 홀로코스트와 연관된 사람이 있느냐고 물었다. 곧바로 아니라고 대답한 그레첸은 다시 생각해보더니 할머니 이야기를 기억해냈다. 폴란드의 유대인 집안에서 태어난 할머니는 1946년에 미국으로 건너와 그레첸의 할아버지와 결혼하면서 가톨릭으로 개종했다. 그로부터 2년 전, 할머니의 가족은 모두 아우슈비츠의 소각용 오븐 속에서 생을 마감했다. 말 그대로 가스실에서 독성 증기에 휩싸여 소각됐다. 그레첸의 직계 가족은 누구도 그 일이나 할머니의 형제자매 또는 부모의 운명을 입에 담지 않았다. 극단적인 트라우마를 겪은 사람들이 흔히 그러듯 완전히 회피해버린 것이다.

그레첸은 불행한 가족사를 알고는 있었지만 그것을 자신의 불안이나 우울증과 연결지어본 적은 없었다. 그레첸이 사용한 단어와 묘사한 감정은 그녀 자신이 아니라 그녀의 할머니와 목숨을 잃은 가족에게서 비롯된 것이 분명했다.

내가 가족사와 우울증의 연관 관계를 설명하는 동안 그레첸은 집중해서 귀를 기울였다. 그러는 동안 놀라움으로 두 눈이 커지고 볼은 장미처럼 발그레해졌다. 내 말이 그녀에게 공명을 일으켰다는 증거였다. 처음으로 자신이 어째서 고통을 겪는지 납득할 만한 설명을 들은 것이다.

그레첸이 그 사실을 더 깊이 이해하도록 나는 그녀에게 할머니 신발을 신고 할머니가 된 것처럼 상상해보라고 권했다. 사무실 카펫 위에 발포 고무로 만든 발자국을 할머니 신발이라 여기고 말이다. 나는 사랑하는 가족을 모두 잃은 뒤 할머니가 어떤 심정이었을지 상상해보라고 말했다. 나아가 **할머니가 되어** 할머니의 감정을 고스란히 느껴볼 수 있겠느냐고 물었다. 그레첸은 강한 상실감과 비탄, 외로움, 고립감이 느껴진다고 말했다. 또한 그녀는 많은 홀로코스트 생존자가 그랬듯, 사랑하는 가족은 모두 죽었는데 자기만 살아남았다는 어마어마한 죄책감도 느꼈다.

내담자가 내면에 가라앉은 감정과 감각을 직접 경험하는 일은 트라우마를 치료하는 데 도움이 된다. 그러한 감정을 직접 느낀 그레첸은 소멸하고자 한 자신의 바람이 잊고 지낸 가족과 깊이 얽혀 있다는 사실을 깨달았다. 그뿐 아니라 할머니가 품었던 죽음에 대한 갈망을 자신이 물려받았다는 것도 알았다. 가족사를 새로운 관점으로 살피고 이해하자 그녀 안에 오랫동안 단단히 똬리를 틀고 있던 무언가가 풀려난 것처럼 몸이 부드러워졌다.

제시와 마찬가지로 그레첸을 치유하는 과정에서도 트라우마가 가족사에 묻혀 있었음을 깨달은 것은 겨우 첫 걸음을 내디딘 것에 불과했다. '머리로 이해하는 것'은 지속적인 변화를 일으키기에 충분치 않다. 대개는 온몸으로 절절하게 느끼는 경험이 인식을 뒷받침해야 한다. 앞으로 우리는 이전 세대의 상처를 완전히 해소해줄 만큼 통합적인 치유 방법을 살펴볼 것이다.

예기치 않은 가족 유전

어떤 소년은 할아버지를 닮아 다리가 길고 어떤 소녀는 엄마 코를 빼닮지만, 제시는 삼촌이 겪은 죽음의 공포를 물려받았고 그레첸은 우울증 안에 가족의 홀로코스트 역사를 담아두었다. 그들 내면에는 각자 한 세대에 모조리 해결하기에는 너무 큰 트라우마의 조각이 잠자고 있었다.

가족 중 누군가가 견디기 힘든 트라우마를 경험하거나 막대한 죄책감이나 비탄으로 고통스러워할 때, 그 감정이 지나치게 강하면 혼자 감당하거나 해결할 수 있는 정도를 넘어버린다. 고통이 너무 크면 회피하고 싶어 하는 것이 인간 본성이다. 그러나 고통스럽다고 감정을 외면하는 것은 그 고통에서 자연스럽게 벗어나는 데 반드시 필요한 치유 과정을 스스로 중단하는 일과 같다.

때로 고통은 표현하거나 해결할 방법이 생길 때까지 가라앉아 있다. 그러다 이후 세대를 출구 삼아 설명하기 어려운 증상으로 다시 표면에 떠오르기도 한다. 제시에게 가눌 수 없는 오한이 닥친 것은 삼촌이 눈 속에서 동사한 나이가 되었을 때였다. 그레첸의 경우 할머니의 초조한 절망감과 자살 충동이 평생 그녀를 따라다녔다. 그레첸의 삶에서 절망감은 너무 컸기 때문에 누구나 그 절망감은 당연히 그레첸 자신에게서 연유한 것이라 믿었다.

여전히 우리 사회는 제시나 그레첸처럼 유전된 가족 트라우마의 파편을 떠안고 살아가는 사람을 도울 방법을 제시하지 못한다. 그들은 대개 의사나 심리학자, 정신과 의사에게 진료를 받고 약물 치료나 심리 치료 또는 그 둘 다를 받는다. 이러한 방법은 어느 정도 증상을 완화해주지만 근본적인 해결책은 아니다.

누구에게나 그레첸과 제시처럼 가족사에 기구한 트라우마가 있는 것은 아니다. 하지만 부모나 아기가 죽거나, 자식을 입양 보내거나, 집을 잃거나 심지어 어머니에게 사랑받지 못한 일까지도 우리가 기댈 언덕을 무너뜨리고 가족 안에서 사랑이 제대로 흐르지 못하게 하는 결과를 낳는다. 물론 트라우마의 근원을 밝혀내면 오랫동안 이어져온 가족의 문제 패턴에서 벗어날 수 있다. 더불어 트라우마에 부정적인 효과만 있는 것은 아니라는 점도 꼭 지적하고 싶다. 다음 장에서는 후성유전학적 변화, 즉 트라우마 사건이 우리 몸의 세포에 일으키는 변화를 알아볼 것이다.

레이철 예후다는 후성유전학적 변화가 스트레스에 반응하는 방식의 범위를 넓혀준다며 이를 긍정적으로 본다.

"교전 지역에 어떤 사람과 함께 가는 편이 더 나을까? 이전에 역경을 경험해서 자기방어를 할 줄 아는 사람, 아니면 한번도 싸워본 적 없는 사람?"[6]

예후다는 스트레스와 트라우마가 일으키는 생물학적 변화가 어떤 작용을 하는지 이해하면, "자신의 진정한 역량과 잠재력이 무엇인지 더 잘 알 수 있다"고 말한다.[7] 예후다의 말대로라면 우리가 물려받았거나 직접 경험한 트라우마는 고난의 유산일 뿐 아니라, 앞으로 수 세대에 걸쳐 힘을 발휘할 강인함과 회복 탄력성resilience의 유산이기도 하다.

2 몸은 기억하고
공유한다

> 나는 부모와 조부모 그리고 그보다 더 먼 조상이 미처 끝내지
> 못한 일이나 답을 찾지 못한 질문이 내게 영향을 미친다는 것
> 을 강하게 느낀다. 마치 가족 안에 부모에게서 자식에게로 전
> 해지는 비인격적 카르마가 있는 것처럼 여겨질 때도 있다. 나
> 는 늘 이전 세대가 마무리하지 못한 일을 내가 완성하거나 아
> 니면 계속해야 …… 한다는 느낌을 받는다.
>
> ―카를 융, 《기억, 꿈, 사상 Erinnerungen, Träume, Gedanken》

가족의 역사는 어머니가 우리를 임신하기 전에 이미 시작된다. 최초의
생물학적 형태, 즉 미수정란 상태에서 우리는 어머니와 외할머니의 분
자 환경을 공유한다. 외할머니가 어머니를 임신한 지 5개월째가 되면
태아인 어머니의 난소에 훗날 우리로 발전할 난자의 전구세포precursor
cell가 들어 있다.

　　이는 어머니가 태어나기도 전에 어머니와 외할머니 그리고 우리
의 최초 흔적이 모두 한 몸에 존재하면서 3대가 동일한 생물학적 환경
을 공유한다는 뜻이다.[8] 이것은 새로운 개념이 아니라 발생학 교과서

가 한 세기 넘도록 우리에게 가르쳐온 이야기다. 우리의 시초는 부계에서도 유사하게 추적할 수 있다. 우리로 태어날 정자의 전구세포는 할머니의 자궁 안에 태아로 있을 때부터 아버지의 몸 안에 존재한다.[9]

예후다를 비롯한 여러 과학자들이 연구한 스트레스의 유전 방식을 동원하면 할머니가 경험한 트라우마의 생물학적 잔재가 어떻게 후세에 유전되어 지대한 영향을 미치는지 전체적인 그림을 그릴 수 있다.

단, 난자와 정자의 발달에는 중요한 생물학적 차이점이 있다. 아버지의 정자는 사춘기부터 계속 증식하지만 어머니는 평생 분량의 난자를 품고 태어난다. 외할머니의 자궁 안에서 일단 어머니의 난세포가 생기면 그 세포계는 세포분열을 멈춘다.[10] 그렇게 세월이 지난 뒤 난자 중 하나가 아버지의 정자와 만나 우리가 태어난다. 오늘날 과학은 난자와 정자의 전구체에 이후 세대에게 잠재적으로 영향을 미칠 수 있는 사건이 새겨져 있다고 말한다. 아버지의 정자는 청소년기와 성인기에도 계속 발달하기 때문에 임신 순간까지 발생하는 트라우마의 흔적에 지속적으로 영향을 받는다.[11] 앞으로 최근 연구 결과를 살펴보면 알겠지만 여기에는 놀라울 정도로 광범위한 의미가 담겨 있다.

세포생물학: 감정이 몸을 바꾼다

과거에 과학자들은 부모의 유전자가 우리를 창조할 청사진을 만들어

내므로 출산과 양육만 적절히 하면 우리는 그 계획대로 태어나 자랄 것이라고 믿었다. 이제는 유전적 청사진이 단지 출발점에 불과하다는 것을 알고 있다. 잉태된 순간부터 평생에 걸쳐 우리는 정서적, 심리적, 생물학적으로 환경의 영향을 받으며 살아간다.

선구적인 세포생물학자 브루스 립턴Bruce Lipton은 부정적인 것이든 긍정적인 것이든 생각과 믿음, 감정이 DNA에 영향을 미친다는 것을 증명했다. 의대 교수이자 연구자인 립턴 박사는 수십 년 동안 세포가 정보를 받아들이고 처리하는 메커니즘을 연구해왔다. 1987년부터 1992년까지 스탠퍼드 대학교 재직 시에는 환경에서 오는 신호가 세포막을 뚫고 들어가 세포의 행동과 생리학을 통제하고 이것이 다시 유전자를 활성화하거나 침묵시킬 수 있음을 밝혀냈다. 그의 아이디어와 발견은 한때 논란을 불러일으켰지만 이후 다른 많은 연구자들이 그가 옳았음을 입증했다. 립턴은 주로 동물 세포와 인간 세포로 연구했는데, 그 덕에 자궁 내에서 세포의 기억이 어머니에게서 아직 태어나지 않은 아이에게로 어떻게 전달되는지 알게 되었다. 립턴은 이렇게 말한다.

"두려움, 분노, 사랑, 희망 등 어머니의 감정은 자녀의 유전자 발현을 생화학적으로 바꿔놓는다."[12]

임신 기간 중 어머니의 혈액 속 영양분은 태반 벽을 통해 태아에게 필요한 영양을 공급한다. 어머니는 영양소와 함께 감정이 생성한 수많은 호르몬과 정보 신호도 방출한다. 이 화학적 신호는 세포 속의 특정한 수용체 단백질을 활성화해 산모와 태아의 몸에서 생리학적, 행동적 변화를 야기하고 신진대사에 변화를 일으킨다.

어머니가 만성적이고 반복적으로 느낀 분노나 두려움 같은 감정은 태아에게 각인되어 아이가 환경에 적응할 방식을 준비하거나 '사전 프로그램화'한다.[13] 립턴은 그 과정을 다음과 같이 설명한다.

"스트레스 호르몬은 인간의 태반을 통과해 …… 태아의 내장 혈관을 수축시키고 말초로 더 많은 혈액이 몰리게 함으로써 태아가 투쟁·도피 반응을 준비하게 한다."[14]

그래서 스트레스가 심한 자궁 내 환경을 경험한 아이는 그와 유사한 스트레스 상황을 만나면 과민한 반응을 보일 수 있다.

첫 3개월을 포함해 임신 초기에 임신부의 스트레스가 아이에게 어떤 영향을 미치는지 설명하는 연구 결과는 많다. 2010년에는 태아기의 스트레스가 유아의 신경 발달에 미치는 영향을 검토한 연구가 〈생물 정신의학Biological Psychiatry〉에 발표되었다. 연구자들은 임신부 125명의 양수에서 스트레스 조절 호르몬인 코르티솔을 측정해 스트레스 수준을 가늠했다. 임신 초기인 17주 무렵 자궁 안에서 증가한 코르티솔에 노출된 아기는 생후 17개월째 검사에서 인지 발달 장애 소견을 보였다.[15]

정신과 의사 토머스 버니Thomas Verny는《태아 양육하기: 아기와 함께하는 달래기, 자극하기, 대화하기 9개월 프로그램Nurturing the Unborn Child: A Nine-Month Program for Soothing, Stimulating, and Communicating with Your Baby》에서 이렇게 말한다.

"임신부가 극심하고 만성적인 스트레스를 경험하면 몸에서 아드레날린과 노어아드레날린을 비롯한 스트레스 호르몬이 분비되고, 이것이 혈관을 통해 자궁으로 이동하면서 태아에게도 똑같은 스트레스를 유발한다.[16] …… 우리 연구 결과를 보면 임신 중에 극심한 스트레스를 지속적으로 받은 엄마는 조산아를 비롯해 평균 체중에 미달하거나, 과잉 행동을 보이거나, 짜증을 잘 내거나, 배앓이가 심한 아기를 낳을 가능성이 더 크다. 극단적인 경우 이런 아기는 엄지손가락을 하도 빨아 빨갛게 벗겨진 상태나 궤양이 있는 상태로 태어나기도 한다."[17]

립턴은 임신 이전부터 출생 후까지 아이의 성장과 건강이 늘 부모의 생각, 태도, 행동에서 깊은 영향을 받는다는 점을 인식해야 한다며 이를 '자각적인 육아conscious parenting'라고 부른다.[18]

"아이를 원치 않는 부모, 자신과 자식의 생존 가능성을 끊임없이 염려하는 부모, 임신 중에 육체적·감정적 학대를 당한 여성은 모두 출생을 둘러싼 부정적인 환경 신호가 아이에게 전해질 수 있는 조건에 해당한다."[19]

감정이 생물학적으로 전달된다는 사실, 3대가 동일한 자궁 환경에 공존한다는 사실을 알았으니 이제 다음의 시나리오를 상상해보자.

어머니가 태어나기 한 달 전, 외할머니는 남편이 사고로 목숨을 잃었다는 청천벽력 같은 소식을 듣는다. 곧 태어날 아기를 맞이할 준비로 남편을 잃은 상실감에 슬퍼할 겨를도 없는 외할머니는 딸, 손주와 공유하는 자신의 몸속에 당시의 감정을 묻어둔다. 태아와 어머니는 내면 깊은 곳, 그러니까 세 사람이 공유하는 그곳에서 무언가 슬픔을 느낀다. 스트레스가 DNA를 변화시키는 것은 바로 이 공통의 환경 안에서다. 이제 가정사에서 트라우마가 어떻게 우리의 유전자에 영향을 미치는지 살펴보자.

후성유전학: 정크DNA의 반란

브루스 립턴의 세포 기억 연구는, DNA 염기 서열이 변하지 않은 상태에서 유전자 기능에 일어나는 유전 가능한 변화를 다루는[20] 신생 분야인 후성유전학을 뒷받침해준다. 예전에는 부모에게 받은 염색체의 DNA로만 유전이 이루어진다고 믿었다. 인간 유전체를 더 깊이 이해하게 된 지금, 과학자들은 머리카락과 눈동자, 피부 색깔 같은 신체적 특징을 전해주는 염색체의 DNA가 놀랍게도 전체 DNA의 2퍼센트도 안 된다는 사실을 알아냈다.[21] 나머지 98퍼센트는 '비부호화DNA(NoncodingDNA)'로 이는 우리가 물려받는 다양한 감정, 행동, 성격 특성을 담당한다.[22]

예전에 과학자들은 이 98퍼센트의 DNA를 대체로 쓸모없다고 여겨 '정크DNA'라 불렀지만 최근에는 그 중요성을 인지하고 있다. 흥미롭게도 비부호화DNA의 비율은 복잡한 유기체일수록 높아지며

인간이 가장 높은 비율을 차지한다.[23]

비부호화DNA는 독소와 부족한 영양 그리고 스트레스가 심한 감정 상태 등 환경적 스트레스 요인에 영향을 받는 것으로 알려져 있다.[24] [25] 그렇게 영향을 받은 DNA가 자궁 밖의 삶에 대비하는 데 필요한 정보를 전해주면 우리는 그것을 바탕으로 환경 적응에 필요한 특성을 갖춘다.[26] 레이철 예후다에 따르면 후성유전학적 변화는 부모가 경험한 트라우마에 대처하도록 우리가 생물학적으로 준비하게 하는 역할을 한다.[27] 즉, 우리는 그와 유사한 스트레스 요인에 대비해 생존에 도움을 주는 특정 도구를 갖고 태어나는 것이다.

한편으로 이는 반가운 일이다. 우리가 스트레스 상황에 적응하도록 해주는 기술, 즉 예후다가 '환경 회복 탄력성'이라 부르는 것을 선천적으로 갖고 태어난다는 뜻이니 말이다.[28] 다른 한편으로 그러한 유전적 적응이 해로울 수도 있다. 예를 들어 부모 중 어느 한쪽이 생애 초기에 전쟁 지역에서 생활했다면 그 자녀는 갑자기 시끄러운 소음이 들릴 때 뒤로 숨으려는 충동을 물려받을 수 있다. 이 본능은 폭격 위협이 있을 때는 보호 기능을 하지만 반대로 아무 위험이 없을 때조차 늘 지나치게 민감한 상태를 유지하게 만든다. 이럴 때 그 아이의 후성유전학적 준비성은 실제 환경과 조화를 이루지 못하고, 스트레스로 인한 장애와 질병에 취약하게 만들 수 있다.[29] [30]

이처럼 적응 변화를 일으키는 세포 내 화학적 신호를 '후성유전학적 태그epigenetic tags'라고 부른다. 이 태그는 DNA에 붙어 세포에게 특정 유전자를 활성화하거나 침묵시키도록 지시한다. 예후다는 이렇게 말한다.

"외부 환경에는 내부 환경에 영향을 미치는 인자가 존재하고, 이 때문에 우리도 모르는 사이에 어떤 유전자가 기능하는 방식에 변화가 생긴다." [31]

DNA 자체의 염기 서열은 바뀌지 않지만 그러한 후성유전학적 태그 때문에 DNA의 발현이 달라진다. 여러 연구 결과를 종합했을 때 사람마다 스트레스를 조절하는 방식에 차이가 나는 원인은 후성유전학적 태그에 있는 것으로 보인다. [32]

트라우마의 영향을 받는 유전자

과거에는 과학자들이 스트레스의 영향은 마치 컴퓨터 하드 드라이브에서 데이터를 지우는 것처럼 수정이 이루어지고 얼마 지나지 않아, 다시 말해 후성유전학적 정보가 다음 세대에 영향을 미치기 전에 정자와 난자의 전구세포에서 지워진다고 생각했다. 이제 과학자들은 어떤 후성유전학적 태그는 이러한 재프로그래밍 과정에서 빠져나와 난자와 정자의 전구세포로 전달된다는 것을 증명했다. [33]

가장 흔한 후성유전학적 태그는 'DNA메틸화DNA methylation'로, 이는 단백질이 유전자에 들러붙는 것을 차단함으로써 그 유전자의 발현을 억제한다. [34] DNA메틸화는 '유익한' 것이든 '쓸모없는' 것이든 유전자를 '불활성' 상태에 고정함으로써 건강에 긍정적 또는 부정적 영향을 모두 미칠 수 있다. 연구자들은 스트레스를 받거나 트라우마 사건을 겪을 때 DNA메틸화에 이상이 생기는 것을 관찰했는데, 이것은 신체적·정서적으로 건강에 해로운 소인과 함께 다음 세대로 전해질 수 있다.[35) 36)]

유전자 조절에서 중요한 역할을 하는 또 다른 후성유전학적 메커니즘은 '마이크로RNA(microRNA)'라는 작은 비부호화RNA 분자다. 스트레스로 마이크로RNA 수준에서 이상 현상이 생기면 DNA메틸화와 마찬가지로 이후 여러 세대의 유전자 발현 방식에 영향을 미친다.[37)] 스트레스의 영향을 받는 유전자 중에는 코르티코트로핀 방출인자(코르티코트로핀 방출 호르몬 수용체) 1형(CRF1)과 2형(CRF2) 유전자가 있는데, 우울증이나 불안증이 있는 사람은 이러한 유전자가 증가한다.[38)] 또 스트레스에 시달려 증가한 CRF1과 CRF2 유전자는 유전될 수 있다.[39)] 이밖에도 과학자들은 생애 초기에 겪은 트라우마의 영향을 받는 다양한 유전자를 밝혀냈다.[40) 41)]

케임브리지 대학교의 제이미 해킷Jamie Hackett 박사는 "우리 연구는 유전자가 …… 앞 세대의 기억 중 일부를 보유한다는 것을 증명했다"라고 말했다.[42)]

2005년 예후다가 실시한 역사적인 연구로 스트레스 패턴이 임신한 여성에게서 그 자녀에게로 옮겨간다는 인식이 확산되었다. 9·11 테러 당시 뉴욕 시 세계무역센터나 그 근처에 있다가 외상 후 스트레스 장애가 생긴 임신부(임신 4~6개월 또는 7~9개월)가 낳은 아이들은 코르티솔 수치가 낮았다.[43] 또한 그 아이들은 새로운 자극에 더 심하게 괴로워하는 반응을 보였다. 코르티솔 수치가 낮으면 감정을 조절하고 스트레스에 대처하는 능력이 떨어진다. 이 아기들은 임신주수에 비해 몸집도 작았다.[44] 예후다 연구팀은 9·11 테러 연구에서 나타난 결과는 후성유전학적 메커니즘 때문일 가능성이 크다는 의견을 제시했다. 그들은 9·11 테러 이후 외상 후 스트레스 장애가 발생한 이들과 그렇지 않은 이들을 비교해 열여섯 개의 유전자가 서로 다르게 발현했음을 알아냈다.[45]

예후다 연구팀은 2015년 8월 〈생물 정신의학〉에 유전자 변화가 부모에게서 자녀에게로 전해질 수 있다는 내용의 논문을 발표했다. 그들은 스트레스 조절과 관련된 FKBP5라는 유전자의 특정 부위를 분석해 홀로코스트 당시 트라우마를 겪은 유대인과 그 자녀가 유사한 유전 패턴을 공유한다는 것을 밝혀냈다. 부모와 자녀 모두 유전자의 동일한 부분에서 후성유전학적 태그가 발견된 것이다. 연구팀은 그 결과를 전쟁 중 유럽 이외의 지역에 살았던 유대인 가족과 비교한 다음, 부모가 경험한 트라우마 외에는 자녀에게 나타난 유전자 변형의 원인을 찾을 수 없다고 판단했다.[46]

새로운 희생자를 낚아채는 힘

부모의 트라우마 경험이 자녀의 유전자 발현과 스트레스 패턴에 어떤 영향을 미치는지 밝혀낸 연구는 상당수 존재한다. 2014년 2월

〈미국의학협회저널 정신의학JAMA Psychiatry〉에 실린 '우울증의 후성유전학적 메커니즘Epigenetic Mechanisms of Depression'이라는 논문에서 에릭 네슬러Eric Nestler 박사는 "스트레스가 심한 사건은 실제로 이후 세대의 스트레스 취약성에 변화를 일으키는 것으로 드러났다"라고 썼다.[47]

9·11 테러로 외상 후 스트레스 장애를 겪은 임신부가 낳은 아이는 코르티솔 수치만 낮은 것이 아니라, 시끄러운 소음과 낯선 사람을 접할 때도 쉽게 평정을 잃었다. 잉글랜드의 한 연구는 임신 중 어머니가 불안한 상태였을 경우, 자녀의 정서와 행동에 문제가 나타날 가능성이 두 배임을 밝혀냈다.[48]

중독 정신의학자 데이비드 색David Sack 박사는 〈사이콜로지 투데이Psychology Today〉에 "트라우마에는 과거가 현재로 손을 뻗어 새로운 희생자를 낚아채는 힘이 있다"라고 썼다.

"외상 후 스트레스 장애로 힘들어하는 부모의 자녀가 때로는 스스로 외상 후 스트레스 장애를 일으키기도 하는데 이를 2차 외상 후 스트레스 장애라고 한다."

그는 이라크나 아프가니스탄에서 복무한 사람의 자녀 중 약 30퍼센트가 부모와 유사한 증상으로 고생하는 외상 후 스트레스 장애를 겪는다고 말했다.

"부모의 트라우마가 그대로 아이의 트라우마가 되고 아이의 행동이나 정서 문제는 부모의 문제를 거울처럼 반영한다."[49]

예를 들어 부모가 캄보디아 대학살에서 트라우마를 경험한 경우 자녀도 우울증과 불안증으로 고통받는 경향이 있다. 마찬가지로 호주의 베트남전 참전 용사 자녀는 전체 인구에 비해 자살률이 높다.[50]

인디언 보호구역에 거주하는 아메리카 원주민 젊은이의 자살률은 서반구에서 가장 높다. 지역에 따라 다른 미국 젊은이의 자살률에 비해 10∼19배까지 높은 곳도 있다.[51] 체로키족 역사학자이자 미국 원주민법 전문 법률가인 앨버트 벤더Albert Bender는 "모든 원주민이 다 느끼지만 특히 청년들이 첨예하게 느끼는 세대 간 트라우마가 19세기 말까지 이어졌다. 이는 운디드 니 대학살°에서 정점에 달한 끝없는 학살과 강제 이주, 군사행동으로 자행한 오랜 몰살 정책의 결과"라고 말한다. 그는 세대에서 세대로 이어지는 비통함이 그들의 자살을 부추긴다고 믿고 있다.

"그 기억은 젊은이들 마음속에서 어떤 식으로든 울림을 만들어 낸다. …… 젊은이가 목을 매달아 목숨을 끊는 일이 워낙 빈번하기 때문에 보호구역에서 자살이 한 건도 없이 지나가는 한 주는 축복으로 여길 정도다."[52]

나바호족으로 하버드 대학교 유전학 연구원인 르마누엘 '리' 비

○ 1890년 12월 29일, 운디드 니Wounded Knee 크리크 근처 파인 릿지 인디언 보호구역에서 미군이 인디언을 학살한 사건이다. 기관총 등으로 무장한 미군 제7기병대 500여 명은 수Sioux족을 무장해제하던 중 수족 용사 한 명이 칼을 놓지 않는다는 이유로 총격을 가해 여성과 어린이를 포함한 200명 이상의 수족을 죽이는 대량 학살을 감행했다.

초이LeManuel 'Lee' Bitsoi 박사는 젊은이들이 자기 몸의 증상으로 과거를 되살려내고 있다는 벤더의 주장을 뒷받침한다. 그는 후성유전학 연구가 마침내 세대 간 트라우마 유전이 실제 현상이라는 실질적 증거를 제공하기 시작했다고 믿는다.[53]

아메리카 원주민 젊은이는 참전 용사의 자녀, 홀로코스트 생존자의 자녀, 캄보디아 대학살 생존자의 자녀, 9·11 테러 생존자의 자녀처럼 현대에 발생한 세대 간 트라우마 유전의 희생자다. 경악스럽게도 이 목록은 계속해서 늘어나고 있다. 폭력과 전쟁, 억압이 한 세대가 이전 세대를 재현할 씨앗을 계속 뿌리고, 생존자는 자기도 모르게 이후 세대에게 자기 경험을 물려주는 것이다. 그 극명한 예가 있다.

폭력, 전쟁, 억압이 뿌린 씨앗

르완다 내전°에서 80만 명에 달하는 무자비한 살육이 벌어진 뒤, 그러니까 1994년 이후에 태어난 많은 젊은이가 참상을 직접 목격하지 않는데도 그 만행에서 살아남은 사람의 외상 후 스트레스 장애와 똑같은 증상을 겪고 있다. 르완다의 젊은이들은 격렬한 불안감을 느끼고 자신이 태어나기도 전에 일어난 끔찍한 상황과 유사한 강

○ 1990~1994년까지 르완다에서 벌어진 소수 지배층 투치족과 다수 피지배층 후투족 사이의 정권 쟁탈을 둘러싼 내전. 두 부족 간 갈등은 1959년까지 거슬러 올라간다. 1994년 여름부터 100일 만에 80만 명의 목숨을 앗아간 대학살이 벌어졌다.

박적 환영에 시달린다고 밝혔다. 정신의학자 나손 무난다무차Naasson Munyandamutsa는 말했다.

"예상했던 일이다. …… 말하지 않아도 모든 것은 전해진다."

그 참극에서 아무런 피해를 입지 않은 집안의 아이들도 비슷한 영향을 받았는데, 정신의학자 루타카일레 비조자Rutakayile Bizoza는 이를 '집단무의식의 전염'이라 표현한다.[54]

예후다는 외상 후 스트레스 장애가 있는 어머니의 자녀는 대조군 아이에 비해 외상 후 스트레스 장애 진단을 받을 가능성이 세 배 더 컸다고 밝혔다. 생존자 자녀는 부모 중 어느 한쪽이라도 외상 후 스트레스 장애를 앓으면 우울증과 불안증에 시달리거나 약물 남용에 빠질 가능성이 서너 배 더 크다는 점도 알아냈다.[55] 예후다 연구팀은 외상 후 스트레스 장애를 어머니와 아버지 중 누구에게 물려받았는지에 따라 자녀의 증상에 나타나는 차이점도 구별했다.[56] 아버지가 외상 후 스트레스 장애를 겪으면 자녀는 '자기 기억과 분리된' 느낌에 빠질 가능성이 컸고, 어머니에게 외상 후 스트레스 장애가 있으면 '흥분을 잘 가라앉히지 못할' 가능성이 컸다.[57]

구체적으로 예후다는 아버지가 외상 후 스트레스 장애를 겪으면 자녀는 "우울증에 걸리거나 만성적 스트레스 반응을 보일 가능성이 더 크다"고 말했다. 반면 외상 후 스트레스 장애를 앓는 어머니를 둔 자녀는 다른 결과가 나올 수 있다고 추측했다.[58] 홀로코스트에서 살아남은 어머니가 자녀와 떨어지는 것에 공포를 느꼈다는 점, 홀로코스트 생존자의 자녀가 어머니의 지나친 애착에 불평하는 경우가 많았다는 점을 지적하면서[59] 관심과 애착은 코르티솔을 감소시키기 때문에 오히려 우울증과 스트레스의 위험이 줄어들 수도 있다는 설명이었다.

예후다는 스트레스가 유발한 후성유전학적 변화가 아버지에게서 유전된 경우, 이는 임신 이전에 일어난 변화가 아버지의 정자를 통해 옮겨진 거라고 설명한다. 반면 어머니에게서 물려받은 변화는 임신 이전에 생긴 것일 수도 있고, 임신 기간 동안 생긴 것일 수도 있다.[60] 또한 트라우마 사건 당시 어머니 나이도 자녀에게 무엇을 물려주는지를 가늠하는 중요한 척도라고 지적한다. 예를 들어 홀로코스트 생존자의 자녀는 홀로코스트 당시 어머니가 어렸는지 성인이었는지에 따라 활성 코르티솔을 비활성 코르티솔로 전환하는 효소를 서로 다르게 변화한 상태로 물려받는다.[61]

조부모의 외상 후 스트레스 장애도 이후 세대에게 영향을 미친다. 앞서 살펴본 그레첸의 경우처럼 전쟁 트라우마는 계속해서 하강 나선을 그리며 최초의 트라우마를 겪은 사람의 손자 대까지 영향을 미치기도 한다.

전쟁뿐 아니라 가족의 정서적 균형을 깨뜨릴 만큼 심각한 사건, 즉 범죄, 자살, 이른 죽음, 예상치 못하거나 돌연한 상실에서 비롯된 트라우마는 과거에 윗세대가 겪은 트라우마 증상을 재현하게 만든다. 데이비드 색은 이렇게 썼다.

"트라우마는 세대와 세대 사이뿐 아니라 사회 전체를 누빈다."[62]

나는 내 아이의 몸에
무엇을 물려줬는가

과학자들이 트라우마가 유전되면서 일어나는 생물학적 과정을 이해하기 시작한 것은 최근의 일이다. 그들은 이 과정을 알기 위해 인간과 유전자가 99퍼센트 일치하는 쥐를 연구했다. 쥐의 유전자 청사진은 인간과 놀라울 정도로 유사하기 때문에 유전된 스트레스가 삶에 어떤 영향을 주는지 관찰할 수 있는 렌즈를 제공한다. 쥐 연구는 쥐의 한 세대가 대략 12주이기 때문에 비교적 짧은 시간 안에 여러 세대를 연구할 수 있다는 점에서 유용하다. 인간을 대상으로 비슷한 연구를 하려면 대략 60년은 걸릴 것이다.

생쥐의 혈액과 뇌, 난자, 정자에 발생한 화학적 변화는 이후 세대에 나타나는 불안증이나 우울증 같은 행동 패턴에 영향을 미친다. 예를 들어 새끼 쥐를 어미와 떨어뜨려 놓았더니 그 트라우마가 새끼 쥐의 유전자 발현에 변화를 일으켰고, 그것은 이후 3대에까지 이어졌다.

어떤 연구에서는 어미 쥐가 새끼 쥐를 낳은 후 첫 두 주 동안 하루 세 시간 정도 새끼를 보살피지 못하게 했다. 그러자 새끼 쥐는 인간의 우울증과 유사한 행동을 보였고, 자랄수록 증상은 더 심해졌다. 더 놀라운 일은 수컷 새끼 쥐 중 일부는 스스로 그런 행동을 보이지 않았음에도 자손 중 암컷에게는 후성유전으로 행동 변화를 물려주었다는 점이다. 연구진은 스트레스를 받은 생쥐에게서 메틸화 변화와

68

유전자 발현 변화도 발견했다. 이 중에서 CRF2 유전자는 생쥐와 인간 모두의 몸에서 불안 조절 기능을 한다. 또한 연구진은 어미와 떨어진 스트레스가 새끼의 생식세포, 즉 난자와 정자의 전구세포와 뇌에도 영향을 미쳤음을 알아냈다.[63]

또 다른 쥐 실험에서 어미의 보살핌을 조금밖에 받지 못한 새끼는 많이 받은 새끼에 비해 성장한 뒤 더 불안해하고 스트레스에 민감했다. 이런 스트레스 패턴은 여러 세대에 걸쳐 관찰할 수 있었다.[64]

아기가 엄마와 떨어져 있으면 힘들어한다는 것은 누구나 아는 상식이다. 수컷 생쥐를 대상으로 한 여러 연구에서 어미와 떨어진 새끼는 평생 심한 스트레스 취약성을 보였고, 이후 몇 대 동안 유사한 스트레스 패턴을 보이는 자손을 두었다.[65][66] 그중 2014년 취리히 대학 뇌 연구소에서 실시한 연구에서는 수컷 생쥐를 장기간 반복적으로 어미와 떨어뜨려 심한 스트레스를 유발했다. 이렇게 트라우마를 겪은 생쥐는 후에 우울증과 유사한 몇 가지 증상을 보였다. 연구진은 그 생쥐들의 2대와 3대 자손이 스스로 그런 경험을 하지 않았음에도 동일한 트라우마 증상을 보이는 것을 관찰했다.[67]

또한 트라우마를 겪은 생쥐의 정자와 혈액, 해마에서 유전자 발현을 조절하는 유전물질인 마이크로RNA 수치가 비정상적으로 증가한 것을 발견했다(해마는 스트레스 반응에 관여하는 뇌 부위다). 2대 생쥐의 혈액과 해마에서도 마이크로RNA의 수치가 비정상적으로 나타났다. 3대 생쥐는 1대, 2대와 같은 트라우마 증상을 보였지만 마이크로

RNA의 수치는 높지 않았다. 이를 근거로 연구진은 트라우마 사건의 행동적 효과는 3대 동안만 나타나고 이후에는 나타나지 않는 게 아닐까 하고 추측한다.[68] 연구에 참여한 이사벨 만수이Isabelle Mansuy는 이렇게 말했다.[69]

"정자에서 마이크로RNA의 불균형이 나타났는데 이로써 우리는 트라우마가 유전되는 핵심적 경로를 하나 발견한 셈이다."

2016년에 발표한 후속 연구에서 만수이 연구팀은 트라우마가 생긴 새끼 쥐도 성장한 뒤 스트레스가 적고 긍정적인 환경에서 생활하면 트라우마 증상을 치유할 수 있음을 알아냈다. 쥐의 행동이 개선되었을 뿐만 아니라 DNA메틸화에도 변화가 일어나 증상이 다음 대로 유전되는 것까지 미연에 방지했다.[70] 이 연구 결과는 특히 의미심장하다. 뒤에서 나는 몇 세대에 걸쳐 가족에게 영향을 미쳐온 스트레스 패턴에서 벗어나게 해줄 긍정적인 이미지와 유익한 경험을 이끌어내는 방법을 다룰 예정이다.

최근 취리히 대학 연구팀은 트라우마가 유전될 때 마이크로 RNA가 하는 역할을 연구 중이다.

수컷 생쥐 자손 연구

2013년 에모리 대학교 의과대학은 스트레스를 받은 수컷 생쥐의 자손을 연구해 트라우마의 기억이 DNA에서 발생하는 후성유전학적 변화를 통해 이후 세대에게 유전된다는 사실을 밝혔다. 실험 과정은 이랬다.

한 세대의 생쥐 여러 마리에게 벚꽃 향기와 유사한 아세토페논 냄새를 맡을 때마다 전기충격을 주어 그 향을 두려워하게 만들었다. 얼마 후 그 생쥐들은 아세토페논에 대한 후각 수용체의 양이 늘어나면서 농도가 낮을 때도 냄새를 감지했다. 또 수용체를 담당하는 뇌 부위도 더 커졌다. 생쥐의 정자에서도 변화를 확인했다.

에모리 대학교 연구의 가장 흥미진진한 부분은 다음 두 세대에게 일어난 변화다. 새끼와 손자 모두 아세토페논 냄새에 노출되자 이전에 한 번도 맡아본 적이 없는데도 펄쩍 뛰며 피하려 했다. 뇌에서도 똑같은 변화가 나타났다. 새끼와 손자 생쥐는 냄새에 대한 민감성뿐 아니라 공포 반응도 물려받은 듯했다.[71]

연구를 이끈 브라이언 디아스Brian Dias는 "정자에는 냄새 정보를 알리거나 정보가 유전되도록 하는 무언가가 존재한다"라고 말했다.[72] 연구팀은 아빠 생쥐와 새끼 생쥐 모두 정자의 DNA메틸화가 비정상적으로 낮은 점에도 주목했다.[73] 부모의 트라우마 경험이 DNA에 저장되는 정확한 메커니즘은 아직 연구 중이지만 디아스의 말대로 "조상은 자손에게 특정 환경이 그들에게 부정적이라는 것을 마땅히 알려주어야 한다."[74] 디아스 연구팀은 후속 연구를 진행해 그와 유사한 효과가 인간 유전자에도 나타나는지 확인할 생각이다.

이 연구는 '다세대 간 후성적 유전', 즉 행동이 한 세대에서 다음 세대로 유전된다는 개념에 설득력 있는 증거를 제공한다. 나도 가족 내담자를 상담하다 보면 질병과 우울증, 불안, 관계에서 오는 문제, 경제적 어려움 등 여러 패턴이 세대를 넘어 반복되는 모습을 자주 접하는데 그럴 때마다 늘 더 깊이 들여다보려 노력한다. 미처 몰랐던 이전 세대의 어떤 사건이 한 남자를 경마로 돈을 몽땅 잃게 만들거나, 한 여자가 유부남하고만 내밀한 관계를 맺도록 하는 것은 아닐까? 혹시 유전으로 무언가 영향을 받았기 때문이 아닐까?

스트레스의 영향력

2013년 이스라엘 하이파 대학교의 히바 자이단Hiba Zaidan, 미가 레셈Micah Leshem, 인나 가이슬러-살로몬Inna Gaisler-Salomon은 암컷 쥐 여러 마리를 대상으로 실시한 연구 결과를 〈생물 정신의학〉에 실었다. 연구 결과는 임신 전에 경험한 비교적 경미한 스트레스도 자식에게 심각한 영향을 미친다는 사실을 알려줬다. 몇 마리 쥐를 인간의 청소년기에 해당하는 생후 45일쯤에 온도 변화 같은 가벼운 스트레스에 노출시키자 놀랍게도 다음 세대에서 측정 가능한 변화가 관찰됐다.[75]

CRF1 유전자는 스트레스에 따른 신체 반응에 관여하는 분자를 부호화한다. 연구는 이 유전자에 초점을 맞춰 진행됐다. 연구진은 스트레스를 받은 암컷 쥐의 뇌에서 이 유전자의 분자 산물 양이 증가한 것을 포착했다. 또한 스트레스를 받은 암컷의 난자뿐 아니라 새끼의 뇌에서도 분자 산물의 농도가 상당히 높아진 것을 발견했는데, 이는 스트레스 경험 정보가 난자에 실려 옮겨갔음을 증명한다. 연구진은 갓 태어난 새끼 쥐의 변화한 행동은 새끼 쥐가 어미 쥐에게 받은 양육 유형과 무관하다고 덧붙였다.[76] 이는 사람이 아기 때 아무리 정성스러운 양육을 받아도 부모가 임신 전에 경험한 스트레스를 반드시 전달받는다는 것을 암시한다. 다음 장에서는 같은 부모에게서 태어난 형제자매도 각자 다른 트라우마를 물려받으며, 이 때문에 비슷한 양육을 받았어도 대조적인 삶을 사는 경우를 살펴볼 것이다.

2014년 캐나다 레스브리지 대학교에서 진행한 쥐 실험에서는 임신한 어미가 받은 스트레스가 조산에 미치는 영향을 알아봤다. 스트레스를 받은 어미는 조산했고 암컷 새끼들도 후에 임신 기간이 줄었다. 3세대 쥐는 2세대 쥐보다 임신 기간이 더 짧아졌다. 연구진이 가장 놀란 것은 바로 이 점이었다. 1세대 쥐만 스트레스를 받았고 2세대 쥐는 스트레스를 전혀 받지 않았는데도 3세대 쥐의 임신 기간이 2세대 쥐보다 더 짧아진 것이다.[77] 이 논문의 수석 저자인 게를린데 메츠Gerlinde Metz는 이렇게 말했다.

"가벼운 스트레스든 중간 정도의 스트레스든 임신 중에 경험하는 스트레스가 세대를 거치며 점점 더 악화된다는 것은 놀라운 발견이었다. 즉, 스트레스의 효과는 각 세대마다 단계별로 점점 더 커졌다."[78]

메츠는 비부호화 마이크로RNA 분자가 후성유전학적 변화를 일으킨다고 생각한다.[79] 레스브리지 대학교 연구 결과는 스트레스 때문에 임신이나 출산에 문제가 생길 위험이 있는 사람들에게 중요한 의미가 있다.

인간은 한 세대가 대략 20년이기 때문에 사람을 대상으로 여러 대에 걸쳐 실시한 연구는 아직 진행 중이다. 그러나 연구자들은 최소한 3대에 걸쳐 스트레스가 유전된다는 것을 보여준 생쥐 실험을 바탕으로, 사람도 트라우마나 스트레스를 유발하는 사건을 경험한 부모는 그 패턴을 자식뿐 아니라 손자에게까지 물려줄 가능성이 있다고 추측한다. 섬뜩하게도 민수기 14장 18절°은 부모가 겪은 경험과 행위의 결과가 3대, 4대 자손까지 영향을 미칠 수 있다는 현대 과학의 주장들을 입증하는(또는 그 반대의 경우인) 것 같다. 구체적으로 뉴 리빙 번역본 NLT에서는 이렇게 진술한다.

"신은 노하는 것도 더디게 하고 한결같은 사랑으로 가득 차 모든 죄와 저항을 용서하신다. 그러나 죄지은 자들은 용서하지 않으시고 부모의 죄를 자식들에게 갚게 하니 그 영향이 온 가족 심지어 삼대, 사대까지 그 자손에게 간다."

후성유전학의 새로운 발견으로 트라우마의 다세대 간 영향을 완화하는 방법이 치료의 새로운 기준이 될지도 모른다. 과학자들은 생각과 내면 이미지, 시각화, 명상 같은 일상적 수행이 유전자가 발현하는 방식을 바꿀 수 있음을 밝혀내고 있다. 다음 장에서 이런 개념을 더 자세히 살펴보겠다.

○ 여호와는 노하기를 더디 하고 인자가 많아 죄악과 과실을 사하나 형벌 받을 자는 결단코 사하지 아니하고 아비의 죄악을 자식에게 갚아 삼사대까지 이르게 하리라 하셨나이다(개역한글성경: www.bible.com/ko/bible/88/num.14.18.krv).

3   감정과 양육

부모가 신 포도를 먹으면 자식들의 이가 시리다.
—에스겔서 18장 2절

단순하게 말하면 외할머니가 어머니를 양육한 방식은 어머니를 거쳐 우리에게 그대로 전달된다. 외할머니의 트라우마, 고통과 슬픔, 어린 시절에 겪은 역경, 외할아버지와의 관계에서 치른 고생, 사랑하는 이를 잃은 상실감 등은 외할머니가 어머니를 양육하는 과정에 어느 정도 스며든다. 한 세대를 더 거슬러 올라가면 외할머니가 받은 양육에도 똑같은 일이 일어났을 것이다.

그들의 삶을 구성한 사건의 내용을 구체적으로 볼 수는 없지만, 그것이 남긴 여파는 내면 깊은 곳에서 느낄 수 있다. 부모에게 물려받은 것뿐 아니라 부모가 받은 양육도 우리가 배우자나 연인과 관계 맺는 방식, 자신을 대하는 방식, 자녀를 양육하는 방식에 영향을 미친다. 좋은 쪽으로든 나쁜 쪽으로든 부모는 자신이 받은 양육을 다음 세대에 전해주기 마련이다.

그러한 패턴은 뇌에 내장되며 우리가 태어나기 전부터 형성된다. 어머니가 자궁 속 태아와 맺는 유대 관계는 신경 회로 발달에서 중요한 역할을 한다. 토머스 버니가 말했듯 "임신하는 순간부터 태아가 자궁 안에서 하는 경험은 뇌를 형성하고 성격과 정서 기질, 고차원적 사고력의 토대로 작용한다."[80] 이러한 패턴은 학습하는 것이 아니라 마치 청사진처럼 옮겨진다.

태어나고 첫 9개월 동안은 자궁 안에서 일어나던 신경 발달이 계속 이어진다. 어떤 신경 회로가 남고 어떤 것이 버려지는지, 남은 회로가 어떻게 발달하는지는 아기가 어머니나 그 밖의 양육자와 어떤 경험을 쌓고 어떻게 상호작용하는가에 달려 있다. 초기 상호작용으로 아기는 계속해서 감정과 생각, 행동을 다루는 청사진을 확립해간다.

어머니가 외할머니 트라우마의 영향을 받았거나 외할머니와 유대가 단절되면, 이는 아기와의 유대감에도 영향을 주어 다정한 유대 관계 형성을 가로막을 가능성이 크다. 초기에 장기간 분리될 일이 있어 엄마와 아이의 유대가 단절되면 이는 아이에게 파괴적인 영향을 미친다. 아이가 알고 의지하던 모든 것, 즉 엄마의 체취와 감촉, 느낌, 소리, 맛이 주는 깊은 친밀감이 갑자기 사라지기 때문이다.

행동과학 저술가 위니프리드 갤러거Winifred Gallagher는 말한다.

"엄마와 자식은 중독과 유사한 생물학적 상태에서 살아간다. 둘이 떨어져 있을 때 아기는 엄마를 단순히 그리워하는 것이 아니다. 아기는 육체적, 심리적 금단증상을 경험하며 …… 이는 헤로인 중독자가 금단증상에 빠질 때 느끼는 괴로움과 다르지 않다."[81]

이 비유는 사람을 포함한 포유류 새끼가 엄마와 떨어질 때 그토록 격렬하게 저항하는 이유를 설명해준다. 로마린다 대학교 아동병원의 신생아전문의 레일린 필립스Raylene Phillips 박사는 유아의 관점에서 엄마와 분리되는 것은 '생명을 위협하는' 일과 같다고 말한다.

"분리가 장기간 지속될 때 그에 대한 반응은 체념이다. …… 아기가 포기해버리는 것이다."[82]

필립스 박사의 이런 생각은 닐스 베르그만Nils Bergman 박사를 비롯해 엄마와 아기의 유대를 연구하는 신경과학 전문가들의 견해와 일치한다.

받지 못한 것은
줄 수 있는 것에 영향을 미친다

나 역시 삶의 초기에 '포기한다'는 느낌이 어떤 것인지 알았다. 그 느낌은 내 가족이 전해준 것이었다. 어머니가 외할머니에게 받지 못한 것은 어머니가 나와 내 형제자매에게 줄 수 있는 것에 영향을 미쳤다. 어머니의 사랑은 언제나 환하게 빛났지만 가족이 겪은 트라우마가 양육에 짙게 스며들어 있었다.

외할머니 이다는 두 살 때 아버지와 어머니를 모두 잃었다. 외증조할머니 소라Sora가 1904년 폐렴으로 세상을 떠나자 소라 할머니의 부모는 그것을 '아무 짝에도 쓸모없는 노름꾼'인 사위 앤드루의 탓으로 돌렸다. 전해오는 이야기에 따르면 소라는 한겨울에 창밖으로 몸을 내밀고 남편에게 집으로 돌아오라고 애원하다가 폐렴에 걸렸다고 한다. 이다 외할머니는 자기 아버지가 "집세를 도박으로 날려먹었다"는 말을 들으며 자랐고, 이 말은 우리 집안에서 몇 대에 걸쳐 메아리처럼 울려왔다. 소라 할머니의 죽음 이후 외증조할아버지 앤드루는 집안에서 쫓겨났고 이후 연락이 끊겼다. 어렸을 때 나는 외할머니에게 이 얘기를 되풀이해서 들었는데 그때마다 외할머니의 비통함이 내게도 전해지는 느낌이었고, 외할머니가 자기 아버지를 알 기회조차 없었다는 사실이 애석했다.

두 살 때 고아가 된 외할머니를 길러준 사람은 피츠버그의 힐 구역에서 손수레로 옷감 행상을 하던 나이든 조부모였다. 외할머니는 두 분에게 사랑받던 시절의 추억을 떠올릴 때면 표정이 환해졌다. 하지만 그것은 외할머니가 의식적으로 기억하는 일부에 지나지 않았다. 더 깊은 이야기는 외할머니의 기억이 닿지 않는 내면 깊숙한 곳에 깔려 있었다.

이다 외할머니는 아장아장 걷기도 전에, 어쩌면 자궁 속에 있을 때부터 끊임없는 말다툼과 눈물과 실망으로 자기 어머니를 괴롭히던 고통의 감각을 흡수했을지도 모른다. 그것이 당시 이다의 뇌에서 일어나던 중대한 신경 발달에 심각한 영향을 미쳤을 테고 말이다. 게다가 두 살 때는 어머니를 잃고 감정이 산산조각 난 것 같은 상태에 놓였다.

내 어머니는, 어머니의 보살핌을 받아본 적이 없어서 딸을 보살필 줄 몰랐던 외할머니의 양육을 받았고 어린 시절 어머니와의 분리로 이다 외할머니의 몸속에 각인된 트라우마도 물려받았다. 이다 외할머니는 어머니의 삶 속에 물리적으로 존재했지만 성장에 버팀목이 되어줄 깊은 감정은 표현할 줄 몰랐다. 그 감정적 연결의 결여도 어머니가 물려받은 유산이었다.

외할아버지 해리 또한 그에 못지않게 힘겹고 고된 삶을 살았다. 외할아버지의 어머니 레이첼은 해리 외할아버지가 다섯 살이었을 때 아이를 낳던 중 사망했다. 아버지 새뮤얼은 아내가 죽은 것은 아내를 임신시킨 자기 탓이라고 생각해 무거운 죄책감을 짊어지고 살다가 얼마 지나지 않아 재혼했다. 새엄마는 자기가 낳은 자식만 보살피고 해리를 잔인할 정도로 무관심하게 대했다.

외할아버지는 자신의 어린 시절 이야기를 거의 하지 않았다. 어머니 얘기로는 외할아버지가 어렸을 때 굶어죽을 뻔했다는데 그것이 내가 아는 전부다. 외할아버지는 목숨을 부지하려고 쓰레기통에서 먹다 남은 음식 찌꺼기를 뒤지고 민들레 잎을 따먹었다고 한다. 소년 시절 나는 어린 외할아버지가 길가에 혼자 앉아 상한 빵 덩어리를 씹거나 닭 뼈에서 더러운 고기를 떼어먹는 모습을 상상했다.

어렸을 때 어머니를 잃은 내 조부모님은 그 트라우마의 유산을 자신도 모르게 다음 세대로 넘기고 말았다. 우리 집안에서는 어머니와 자식의 유대가 적어도 3대 동안 끊어진 셈이다. 어머니가 태어나기 전에 이처럼 관계가 파열되는 일이 없었다면 우리 형제자매는 다른 방식의 양육을 받았을지도 모른다. 그러나 조부모님은 사랑을 갈구하는 어머니의 욕구를 채워줄 수 없었다. 어머니는 자주 불안을 느꼈고 때로는 자신이 감당 못할 감정에 압도당했다.

우리 가족의 트라우마가 유전되는 것을 멈추고 궁극적으로 나 자신을 치유하려면, 어머니와의 관계를 치유해야 한다는 것을 깨달았다. 과거에 일어난 일은 바꿀 수 없지만 지금의 관계는 그렇지 않았다.

어머니는 외할머니의 스트레스 패턴을 물려받았고 나 역시 어머니의 스트레스 패턴을 물려받았다. 어머니는 가끔 가슴을 움켜쥐며 몸속에서 뭔가 불안하고 격앙된 느낌이 일어난다고 불평했다. 그 순간 어머니는 집안에 계속 잔물결을 퍼뜨려온 두려움과 외로움을, 자신에게 가장 필요한 존재인 자기 어머니와의 분리에 따른 공포감을 무의식적으로 다시 체험한 것이었다.

대여섯 살 무렵, 어머니가 집 밖으로 나가면 겁에 질린 나는 침실로 달려가 스카프와 나이트가운을 넣어두는 서랍에 얼굴을 묻고 어머니 냄새를 맡았다. 나는 지금도 그 감정을 생생하게 기억한다. 그것은 어머니를 다시는 볼 수 없을 거라는 느낌, 내게 남은 건 오직 어머니의 냄새뿐이라는 느낌이었다. 어른이 되어 어머니에게 그 기억을 얘기하자 어머니는 당신 역시 어린 시절 나와 똑같은 행동을 했다고 말했다. 어머니도 외할머니가 집에 없으면 외할머니 옷에 얼굴을 묻었다는 것이다.

어머니와 자녀의 유대가 깨지는 일은 임신하기 훨씬 오래전부터 시작된다. 그 영향은 무의식 속에 신체 기억으로 살아 있다가 거부나 유기를 떠올리게 하는 사건이 일어나면 다시 우리를 휘감는다.

이럴 때 우리는 자기 자신과의 조화가 완전히 깨진 듯한 느낌에 휩싸인다. 그 힘은 아주 막강해서 몸 전체에 흘러넘치는 감각에 압도당하고 심지어 겁에 질린다. 그런 트라우마는 우리가 태어나기 훨씬 전부터 존재했기에 의식하지 못하는 저 너머에 감춰져 있다. 따라서 자신에게 뭔가 문제가 있다는 것은 알지만 '무슨 일이 일어난 것인지'는 정확히 모른다. 대신 우리는 우리에게 문제가 있다고, 내면의 뭔가가 '어긋난' 것이라고 짐작한다.

공포와 불안을 느끼면 우리는 흔히 안전하다는 느낌을 얻기 위해 환경을 통제하려 든다. 그 이유는 우리가 어렸을 때는 통제할 능력이 거의 없었고, 그 강렬한 감정에 대처할 만한 안전한 장소도 확보할 수 없었기 때문이다. 의식적으로 패턴을 바꾸지 않으면 유대감에 생긴 손상은 몇 대에 걸쳐 메아리를 퍼뜨린다.

트라우마의 반복

우리가 가족 트라우마의 양상을 물려받아 그것을 '다시 체험한다relive'
는 개념은 독일의 저명한 심리 치료사 베르트 헬링어가 쓴 여러 책의
주제다. 처음에는 가톨릭 사제로서, 나중에는 심리 치료사이자 철학자
로서 50년 넘게 가족을 연구해온 헬링어는 우리가 우리보다 먼저 태
어난 생물학적 가족과 가족 의식family consciousness을 공유한다고 말한
다. 그는 부모·형제자매·자식의 때 이른 죽음이나 방기, 범죄, 자살
같은 트라우마 사건이 막강한 영향력을 행사하면서 몇 대에 걸쳐 가
족 체계에 각인되는 것을 지켜봐왔다. 이 각인은 이후 가족 구성원이
무의식적으로 과거의 고통을 반복하게 하면서 가족의 청사진으로 자
리 잡는다.

'트라우마 반복'이 언제나 원래 사건을 정확히 복제한다는 의미
는 아니다. 예컨대 어느 집안에서 누군가가 범죄를 저질렀는데 후대에
태어난 사람이 스스로 깨닫지도 못한 채 죗값을 대신 치르기도 한다.

언젠가 교도소에서 출소한 지 얼마 지나지 않은 존이라는 남자
가 나를 찾아왔다. 존은 자신이 저지르지 않은 횡령죄로 3년을 복역했
다. 재판에서 무죄를 주장했지만 동업자가 꾸며낸 거짓 주장이 너무
강력해 변호사가 양형 거래를 받아들이라고 충고했다는 것이다. 흥분
한 상태로 내 사무실에 들어선 존은 턱을 앙다문 채 코트를 벗어 의자
등받이에 휙 집어던졌다. 그는 자신이 모함을 당했고 이제는 복수할

일념에 사로잡혀 있다고 말했다. 그런데 그의 집안 얘기를 하던 중 한 세대 전인 1960년대에 아버지가 동업자를 살해한 혐의로 고소당했다가 세부 조항 덕에 무죄 판결을 받았다는 사실이 드러났다. 가족은 모두 아버지가 유죄라는 것을 알았지만 아무도 그 말을 입에 올리지 않았다. 내 경험에 비춰볼 때 존이 아버지가 재판을 받은 때와 똑같은 나이에 재판을 받았다는 사실은 그리 놀랍지 않았다. 재판부는 마침내 정의를 실현한 셈이지만 대가를 치른 건 엉뚱한 사람이었다.

헬링어는 이러한 반복의 배후에 '무의식적 의리unconscious loyalty'라는 메커니즘이 작동하는데 그것이 가족에게 벌어지는 고통스러운 일의 주요 원인이라고 말한다. 우리는 보통 자기 증상의 근원이 이전 세대에 있음을 알아차리지 못하기 때문에 자신에게 문제가 있다고 쉽게 가정한다. 문제의 해결책을 찾지 못해 절망적인 상태에 빠져버리는 이유가 여기에 있다.

헬링어는 사람은 누구나 가족 체계 안의 한 구성원이며 어떤 이유로든 가족의 틀에서 벗어날 수 없다고 가르친다. 가족을 돌보지 않은 알코올의존증 할아버지, 사산아로 태어나 어머니 마음을 무너뜨린 동생, 심지어 아버지가 후진으로 진입로를 빠져나가다가 실수로 치어 죽인 이웃집 아이도 말이다. 범죄자 삼촌, 내 어머니의 이복언니, 낙태한 아기도 모두 가족이다. 이 목록은 얼마든지 댈 수 있다.

일반적으로 가족 체계 안에 넣지 않는 사람도 반드시 포함해야 한다. 다른 사람이 가족 중 누군가를 다치게 했거나 살해했거나 이용했어도 마찬가지다. 가족 중 누군가가 어떤 사람을 다치게 했거나 살해했거나 이용했다면 피해자도 우리 가족 체계 안에 포함시켜야 한다.

부모와 조부모의 이전 배우자 역시 가족에 속한다. 그들은 죽었거나 떠났거나 버려짐으로써 어머니, 아버지, 할머니, 할아버지가 가족 체계 안으로 들어오도록 문을 열어주었고 결과적으로 우리가 태어날 여지를 만들었다. 헬링어가 관찰한 바에 따르면 가족 체계 속 누군가를 거부하거나 배척하면 그 체계에 속한 이후의 가족 구성원 중 한 사람이 그를 대리한다. 그 사람은 이전에 배제당한 사람과 비슷하게 행동하거나 그의 괴로움을 반복함으로써 운명을 공유한다. 예를 들어 할아버지가 음주와 도박, 바람기로 가족에게 배척당했다면 자손 중 한 사람이 그중 하나 또는 그 이상의 행동을 할 가능성이 있다. 이런 식으로 가족의 고통은 이후 세대까지 이어진다.

존의 경우 그의 아버지에게 살해당한 남자는 존의 가족 체계 중 일부다. 존이 동업자에게 모함을 당해 교도소에서 형기를 살며 복수를 꿈꿀 때 그는 40년 전 아버지가 한 경험의 양상을 무의식적으로 재현한 것이다. 아버지의 경험과 자신의 경험을 연결해서 생각해본 존은 복수할 마음을 접었다. 존과 아버지, 둘의 운명은 마치 하나의 운명을 공유하는 것처럼 밀접하게 연결되어 있었다. 이러한 연관을 모른 채 지내는 한 존은 감정적으로 완전히 자유로울 수 없었다.

같은 부모에게서
다른 트라우마를 물려받는다

헬링어는 아무리 가혹한 운명이라도 자기 운명은 스스로 떠안아야 한다고 강조한다. 누구든 부모, 조부모, 형제자매, 삼촌, 이모의 운명을 대신 짊어지려 하면 어떤 형태로든 고통이 따를 수밖에 없다. 헬링어는 '얽힘entanglement'이라는 단어를 사용해 이런 종류의 고통을 묘사한다. 얽힘이 일어나면 이전의 가족 구성원이 겪은 감정, 증상, 행동, 고난을 무의식적으로 자신의 것인 양 짊어지게 된다.

같은 부모에게 태어나 비슷한 양육을 받은 자녀라도 각자 다른 트라우마를 이어받아 다른 운명을 경험하기도 한다. 가령 장남은 아버지에게 미해결 상태로 남아 있던 것을 짊어질 가능성이 크고, 장녀는 어머니의 문제를 짊어질 확률이 높다. 물론 반대의 경우도 있다. 나중에 태어난 자녀는 부모의 트라우마 중 또 다른 양상이나 조부모의 트라우마 요소를 짊어질 가능성도 있다.

예컨대 장녀는 다정다감하지 않고 통제하려 드는 남자, 즉 자기 아버지와 유사한 특징을 지닌 남자와 결혼함으로써 그 역학 관계를 자기 어머니와 공유할 수 있다. 폐쇄적이고 통제적인 남자와 결혼해 어머니의 경험을 반복함으로써 같은 불행에 합류하는 것이다. 둘째 딸은 어머니가 표현하지 않은 분노를 품을 수 있다. 이런 식으로 똑같은 트라우마에서 영향을 받아도 양상은 서로 다르게 나타난다. 둘째는 언니와 달리 아버지를 거부할 가능성이 있다.

가족 중 나중에 태어난 자녀는 조부모의 트라우마를 짊어지는 경우가 많다. 같은 가족 중에서도 셋째 딸과 넷째 딸은 자기가 사랑하지도 않는 남자에게 통제당할지도 모른다는 두려움에 아예 결혼을 하지 않을 수도 있다.

언젠가 나는 이와 유사한 역학 관계를 보이는 레바논 출신 가족과 상담한 적이 있다. 한 세대 이전을 살펴보니 친할머니와 외할머니 모두 어린 나이에 부모에게 떠밀려 결혼했다는 사실이 드러났다. 한 사람은 아홉 살, 또 한 사람은 열두 살 때의 일이었다. 어린아이였을 때 강제로 결혼한 두 할머니의 경험과 연결된 자매는 그 운명의 양상을 반복하고 있었다. 한 사람은 할머니들처럼 훨씬 나이 많은 남자와 결혼했다. 또 한 사람은 남자는 역겹고 통제하려 든다며 끝내 결혼하지 않았다. 그 불평은 그녀의 불행한 친할머니가 사랑 없는 결혼에 갇혀 살면서 느꼈을 감정과 유사했다.

어머니와 자녀의 유대가 깨진 경우에도 형제자매는 어머니와의 단절을 각자 다르게 표현한다. 한 아이는 자신이 착하게 굴지 않거나 풍파를 일으키면 관계가 끊어질까 두려워 다른 사람을 만족시키려 노력할 수 있다. 또 다른 아이는 애초에 타인과 관계 맺는 일은 자신과 무관한 것이라 믿고 툭하면 다투려 하거나 가까운 사람들과 갈등을 일으켜 그들을 밀어낼 수 있다. 스스로 고립되어 사람들과 아예 접촉하지 않는 아이도 있다.

나는 어머니와 자식 간 유대가 깨지면 형제자매가 자기들끼리 서로 분노를 느끼거나, 질투심에 휩싸이거나, 단절된 느낌을 받는다는 것을 알게 되었다. 예를 들어 첫째는 자신이 받지 못한 사랑을 독차지한다며 어린 동생을 싫어할 수 있다. 기억을 만들어내는 뇌 부위인 해마는 두 살 이후에야 온전히 작동하므로 첫째는 어머니가 젖을 먹이고 안아준 것을 기억하지 못하지만 동생이 어머니의 사랑을 받는 모습은 기억한다. 그러면 첫째는 소외감을 느끼고 무의식적으로 자기가 사랑받지 못하는 것은 동생 때문이라고 여긴다.

물론 가족 트라우마가 전혀 없는 것처럼 보이는 자녀도 있다. 이 자녀는 어머니나 아버지 또는 부모 모두와 건강한 유대 관계를 형성했을 가능성이 크고, 그 관계의 힘은 아이가 과거의 얽힘에 휘말리지 않는 데 도움을 주었을 것이다. 어쩌면 그 아이는 어머니가 아이의 형제자매에게는 주지 못한 것을 많이 줄 수 있는 특정한 시기에 태어났을지도 모른다. 부모의 관계가 개선된 시기일 수도 있다. 또 어머니가 그 아이와는 특별한 결속을 경험했지만 다른 아이와는 그렇지 못했을 가능성도 있다. 항상 그런 것은 아니지만 대체로 나중에 태어난 아이가 더 잘 지내고 첫째나 외동아이는 가족사 문제의 큰 부분을 떠안는다.

가족 트라우마의 영향을 받는 방식을 결정하는 고정불변의 원칙은 없다. 다만 출생 순서와 성별 등 다양한 변수가 각자의 선택과 삶을 꾸려가는 방식에 영향을 미치는 것은 분명하다. 외견상 한 자녀가 트라우마의 영향을 전혀 받지 않은 것처럼 보이고 또 다른 자녀는 크게 받은 것처럼 보여도 나는 그것을 곧이곧대로 받아들이지 않는다. 임상 경험으로 대개는 가족사의 잔류물을 조금이라도 짊어진다는 것을 알기 때문이다. 그리고 자기 인식과 자기 위로 능력, 강력한 내적 치유 경험 등 여러 가지 무형적 요소도 가족 트라우마가 얼마나 깊이 뿌리내리는지에 영향을 준다.

새로운 뇌 지도

정신과 의사 노먼 도이지Norman Doidge가 쓴 획기적인 책《기적을 부르는 뇌The Brain That Changes Itself》에도 '가족 트라우마를 다시 체험한다'는 생각을 반영한 문장이 등장한다.

"심리 치료는 유령을 조상으로 바꾸는 일이다."

도이지 박사는 세대 간 트라우마 유전의 근원을 밝혀내면 유령을 "우리에게 들러붙어 괴롭히던 존재에서 그저 우리 역사의 일부분인 존재로 바꿀" 수 있다고 말한다.[83]

한 가지 비결은 우리 안에 잠든 오래된 트라우마의 감정과 감각을 뒤덮을 만큼 강렬한 경험이나 이미지에 한껏 감동하도록 자신을 열어놓는 것이다. 우리 정신에는 이미지로 치유할 수 있는 품 넓은 역량이 있다. 용서하거나 위로하는 장면, 놓아 보내는 장면을 상상할 때는 물론 단순히 사랑하는 사람의 모습을 떠올릴 때도 이미지는 몸속에 스며들고 정신 안에 깊이 자리 잡는다. 나는 그동안의 경험으로 자신과 가장 큰 공명을 일으키는 이미지를 찾는 것이 치유의 초석임을 깨달았다.

이미지의 치유력은 뇌 스캔으로 증명되기 훨씬 오래전부터 타당성을 인정받아왔다. 1백여 년 전에 시인 윌리엄 버틀러 예이츠William Butler Yeats는 "지혜는 이미지로 먼저 말한다"면서 내면 이미지가 이끄는 대로 따르기만 하면 영혼은 "불꽃처럼 단순해"지고 육체는 "마노 램프처럼 차분해"질 거라고 썼다. 카를 융은 1913년에 '적극적 상상active imagination'이라는 표현을 처음 사용했다. 이는 주로 꿈에 등장한 이미지를 활용해 무의식과 대화함으로써 어둠 속에 가려진 것을 밝히는 기술을 가리킨다. 최근에는 심상 유도 프로그램이 스트레스 완화, 불안 감소, 스포츠 능력 향상, 구체적인 두려움이나 공포증 완화 등의 효과를 내면서 시각화를 활용한 치유 개념이 널리 인정받고 있다.

과학도 이 개념을 뒷받침한다. 도이지는 뇌가 고정불변의 기관이 아니라 유연하며 변할 수 있다는 관점으로 옮겨가는 패러다임 변화를 포착해 두뇌 작동 방식을 이해하는 데 혁명을 일으켰다. 그는 낯선 경험이 어떻게 새로운 신경 경로를 만드는지 증명했다. 새로 생긴 신경 경로는 반복과 집중적 주의로 더욱 깊어진다. 말하자면 무언가를 더 많이 하는 것은 그만큼 뇌가 더 많이 바뀌도록 훈련하는 것이다.

이 원리는 1949년 캐나다의 신경심리학자 도널드 헤브Donald Hebb가 연구 내용을 요약한 "함께 발화fire하는 뉴런은 함께 연결wire된다"는 문장에 잘 반영되어 있다. 요컨대 여러 뇌세포가 함께 활성화하면 그 세포들 사이의 연결이 강화된다는 것이다. 이는 특정 경험을 반복할 때마다 그 경험이 더 깊이 각인된다는 말이다. 나아가 충분히 반복하면 자동적인 과정이 된다.

헤브의 원리를 적용하면 우리는 보람과 의미, 호기심과 경이감을 느낄 만한 긍정적인 경험을 의도적으로 찾아서 할 때 큰 도움을 얻을 수 있다. 위로나 응원을 받거나, 연민이나 고마움을 느끼는 일이 그런 경험에 속한다. 한마디로 이것은 내면에서 강인함이나 평화로움을 느끼게 해주는 경험이다.

새로운 경험으로 얻는 이러한 감정과 감각을 반복적으로 느끼면 그에 따라 뇌 구조가 개선되고 좋은 기분을 느끼게 해주는 세로토닌과 도파민 같은 신경전달물질과 옥시토신 같은 호르몬의 분비도 촉진된다. 유전자 발현 방식에도 영향을 미쳐 신체의 스트레스 반응에 관여하는 유전자 기능이 개선된다.

신경생리학적으로 볼 때 의도적으로 유익한 경험을 찾아서 하면 뇌의 트라우마 반응 센터의 활동은 줄고 다른 부위들, 특히 새로운 경험을 통합해 가소적 변화를 일으키는 전전두피질의 활동은 증진된다.

도이지는 신경가소성(인간의 뇌가 경험에 따라 변화하는 능력) 분야를 선도하는 신경과학자 마이클 머제닉Michael Merzenich의 말을 인용했다.

"올바른 조건 아래에서 새로운 기술을 연습하면 뇌 지도에서 신경세포 사이의 연결을 수억 개, 어쩌면 수십억 개까지 바꿀 수 있을지도 모른다."[84]

새로운 뇌 지도가 만들어지면 그에 따라 새로운 생각과 감정, 행동이 생겨나면서 우리가 두려워할 때 보이는 반응 양상도 더욱 다양해진다.

뇌는 경험에 따라 변화한다

우리가 느끼는 두려움과 여러 증상 뒤에 무엇이 있는지 그 연관 관계를 파악하는 것으로 우리는 이미 새로운 해결 가능성을 열어젖히는 셈이다. 때로는 몰랐던 사실을 안 것만으로도 오래도록 느껴온 고통스러운 이미지를 바꾸고 몸의 중심부에서 바로 신체적 해방감에 이를 수 있기 때문이다. 그렇지 않은 경우는 연관을 파악해 이해는 깊어졌어도 배운 것을 완전히 체화하지 않은 상태로, 그 단계까지 이르려면 더 많은 것이 필요하다. 이를테면 문장과 의식, 실행 또는 연습으로 새로운 내면의 이미지를 빚어내야 한다. 그렇게 새로 만든 이미지는 평온함의 저장고를 가득 채워 우리가 언제든 다시 돌아와 기댈 수 있는 의지처가 된다. 새로운 생각, 새로운 감정, 새로운 감각 그리고 새로운 뇌 지도가 형성되면 내면에 새로운 내적 경험이 쌓이기 시작하고 그때부터 그 경험은 과거의 트라우마 반응과 힘을 겨룬다.

우리가 새로운 뇌 지도에 있는 신경 경로나 내장 신경 경로를 따라 더 많이 여행할수록 그에 따른 좋은 감정을 더 많이 찾아낼 수 있다. 시간이 지나면서 우리는 그 좋은 느낌에 익숙해지며 일시적으로 토대가 흔들리더라도 탄탄한 기반으로 다시 돌아갈 수 있는 자신의 능력을 믿게 된다.

도이지는 단순히 상상하는 것만으로도 뇌를 바꿀 수 있다고 말한다. 눈을 감고 어떤 활동을 머릿속에 그리기만 해도 실제로 그 활동을 할 때와 똑같이 일차 시각피질이 발화한다. 어떤 사건을 상상할 때와 실제로 그 상황을 경험할 때 상당수의 동일한 뉴런과 뇌 영역이 활성화한다는 사실은 뇌 스캔으로 입증되었다.[85] 도이지는 이를 시각화가 상상력과 기억을 모두 사용하는 과정이기 때문이라고 설명한다.

"즐거운 경험을 시각화하거나 기억하거나 상상하면 '실제로' 즐거운 경험을 하는 동안 깨어나는 감각, 운동, 감정, 인지 회로의 상당수가 똑같이 활성화한다."[86]

극작가 조지 버나드 쇼George Bernard Shaw는 1921년에 "상상은 창조의 시초"라고 썼다. 뇌가 바뀌는 것이 가능한 일로 밝혀지기 오래전에 그는 이미 신경가소성 원리를 설파한 셈이다. 인간은 상상을 현실로 만든다.

○ 장은 제2의 뇌라 불린다. 식도와 위, 소장, 대장에는 두뇌처럼 뉴런과 신경전달물질, 뉴런 사이에 메시지를 전달하는 단백질 등으로 구성된 장 신경계enteric nervous system 가 있기 때문이다. 긴장하면 위가 아프거나, 우울하거나 불안하면 장 건강이 나빠지는 것도 이런 이유에서다.

유전자를 바꿀 수는 없어도
기능하는 방식을 바꿀 수는 있다

도이지는 "경험으로 일어나는 가소적 변화"는 "뇌 속 깊이, 심지어 유전자 속으로 침투해 뇌와 유전자의 틀까지 바꾸어놓는다"라고 말한다.[87] 도슨 처치Dawson Church 박사는 감정과 유전자 발현의 관계를 연구한 베스트셀러 《당신 유전자 속의 지니 The Genie in Your Genes》에서 시각화와 명상, 긍정적인 생각, 감정, 기도에 집중하는 것이 어떻게 유전자를 활성화하고 건강에 긍정적 영향을 미치는지 설명했다. 이를 내면의 후성유전학적 개입이라 부르는 그는 "우리의 마음을 평안하고 긍정적인 이미지로 채우면 치유 과정을 보강하는 후성유전학적 환경을 만들 수 있다"라고 말한다.[88]

명상이 어떻게 유전자 발현에 긍정적 영향을 미치는지 알아내기 위해 많은 연구가 이뤄졌다. 2013년 〈정신신경내분비학Psychoneuroen-docrinology〉 저널에 실린 위스콘신 대학교 매디슨 캠퍼스의 한 연구에 따르면 겨우 8시간만 명상을 해도 염증 유발 유전자가 감소하는 것을 비롯해 유전자와 분자에서 명백한 변화가 일어난다고 한다. 염증 유발 유전자가 감소하면 스트레스 상황에서 몸을 보다 신속히 회복할 수 있다.[89] 처치 박사는 명상을 하면 "뇌에서 행복을 만드는 부분의 몸집이 불어난다"라고 말했다.[90]

인간은 평생 새로운 뇌 세포를 생성하는데 이 일은 대부분 해마가 담당한다. 도이지는 "학습할 때 우리는 뉴런 속에서 어떤 유전자를 발현할지 결정한다"라고 말한다.

"어떤 유전자가 켜지면 그것은 새로운 단백질을 만들어내 세포 구조와 기능을 바꾼다."

도이지는 우리의 행동과 생각이 이 과정에 영향을 준다고 설명한다.

"우리는 유전자를 형성할 수 있고 이는 다시 뇌의 미시적·해부학적 구조를 형성한다."[91]

레이철 예후다는 이렇게 말한다.

"당신이 DNA를 바꿀 수는 없다. 하지만 DNA가 기능하는 방식을 바꾸면 이는 DNA를 바꾸는 것과 거의 비슷하다."[92]

어떤 삶에든 트라우마가 전혀 없을 가능성은 희박하다. 트라우마는 그것을 겪은 사람이 죽은 뒤에도 잠들지 않고 후손 중에서 대신 해소해줄 가능성이 커보이는 사람을 찾는다. 그러나 다행히도 인간은 회복 탄력성 덕분에 대부분의 트라우마를 치유할 수 있다. 이는 살아가는 동안 어느 때라도 가능하다. 이제부터 트라우마를 스스로 치유할 수 있도록 내가 내담자들과 작업할 때 사용하는 핵심적인 방법을 알려줄 것이다.

4 핵심 언어,
트라우마를 드러내다

무의식은 들어달라고 보채고, 되풀이하고, 말 그대로 문을 두
드려 부숴버린다.
— 애니 로저스Annie Rogers, 《말할 수 없는 것The Unsayable》

트라우마의 파편이 내면에서 살아 움직이면 그 파편은 북받친 감정이
담긴 단어와 문장으로 실마리를 남긴다. 이 실마리는 미해결 상태로
남은 트라우마로 우리를 안내한다. 이미 살펴보았듯 그 트라우마는 자
기가 경험한 것이 아닐지도 모른다. 나는 이처럼 트라우마를 드러내는
언어 표현을 **핵심 언어**core language 라고 부른다. 핵심 언어는 신체감각,
행동, 감정, 충동 심지어 병의 증상 등 비언어적 방식으로도 드러난다.

제시의 핵심 언어는 새벽 3시 30분에 깜짝 놀라 깨어나는 것, 이
유도 없이 추워서 덜덜 떠는 것, 다시 잠드는 것을 겁내는 공포심이다.

그레첸의 핵심 언어에는 우울증과 절망감, 불안감 그리고 자신을 '증발시키려는' 충동이 포함되었다. 그레첸과 제시에게는 각자 미해결 상태로 남은 가족사의 어떤 사건과 그들을 연결해주는 퍼즐 조각이 있었다.

어두운 숲으로 유인당해 끌려간 헨젤과 그레텔은 집으로 돌아가는 길을 찾지 못할지도 모른다는 공포심에 빵 부스러기로 흔적을 남겨놓았다. 이 이야기는 핵심 언어를 설명하는 비유로서 아주 적절하다. 깊은 숲이 주는 공포심에서든 경로에서 벗어났을 때 느끼는 경미한 불안감에서든 누구나 자신이 잃어버린 길을 찾게 도와줄 흔적을 단서로 남겨둔다. 그 흔적은 본래의 행로로 돌아가게 이끌 힘이 있는 단어로 사실상 무의식에서 나온 실마리다. 그 실마리를 모아 연결하면 하나의 오솔길이 생기는데 그 길을 따라감으로써 자신을 더 잘 이해할 수 있다.

동화 속 두 아이처럼 우리도 공포심의 숲 속으로 너무 깊이 들어가면 집이 어디인지 기억하지 못할 수 있다. 그럴 때 많은 사람이 언어의 오솔길을 따라가는 대신 약물에 의지하거나 음식, 담배, 섹스, 술로 자신을 위로하고 생각 없는 행동으로 주의를 돌린다. 경험자라면 알겠지만 그런 길은 하나같이 출구가 없는 막다른 길이다. 그 길은 결코 가야 할 곳으로 우리를 데려다주지 않는다.

우리는 핵심 언어라는 빵 부스러기가 주변에 널려 있다는 것을 깨닫지 못한다. 핵심 언어는 소리 내 말하는 단어에도, 소리 없이 하는 말에도 들어 있다. 마치 시계 알람처럼 머릿속에서 자꾸만 울려대는 단어 속에도 존재한다. 그러나 핵심 언어가 이끄는 길을 제대로 찾지 못하고 단어 자체에 사로잡히면 내면이 마비된 듯 무력해진다.

무의식의 거대한 저장고

트라우마 기억의 저장 방식을 알면 감정에 압도당할 때 언어에 어떤 일이 벌어지는지 어느 정도 이해할 수 있다. 장기기억은 흔히 서술 기억과 비서술 기억이라는 두 개의 큰 범주로 나뉜다. 서술 기억은 명시적 기억 또는 이야기 기억이라고도 하며 사실이나 사건을 의식적으로 기억해내는 능력을 말한다. 이 유형의 기억은 언어에 의지해 정보와 경험을 조직, 분류, 저장함으로써 나중에 다시 꺼낼 수 있는 기억으로 만든다. 이는 책꽂이에서 꺼내 보는 책처럼 과거의 이야기를 떠올릴 때 언제든 꺼낼 수 있는 기억이다. 사건을 단어로 옮겨두면 그 사건은 자기 역사의 일부로 기억해낼 수 있다.

비서술 기억은 암묵적 기억, 감각운동 기억 또는 절차적 기억이라고도 하며 의식적으로 회상하지 않아도 작동하는 기억이다. 이것은 우리가 이미 학습한 내용이면 다시 배우지 않아도 반사적으로 실행하게 한다. 예를 들어 자전거를 배우면 순서대로 필요한 동작을 생각하지 않아도 잘 탈 수 있다. 기억이 깊이 새겨져 있어 과정을 단계별로 생각하지 않아도 올라타고 페달만 밟으면 그만인 것이다. 이런 비서술 기억은 항상 언어로 쉽게 서술할 수 있는 종류가 아니다.

트라우마 기억은 흔히 비서술 기억으로 저장된다. 언어를 상실할 정도로 압도적인 사건을 경험할 때 우리는 기억을 이야기 형식으로 정확히 기록하거나 '설명할' 수 없다. 마치 홍수가 나서 갑작스레 불어난 물이 순식간에 문과 창으로 쏟아질 때 멈춰 서서 그것을 언어로 옮길 수 없는 상황과 같다. 그럴 때는 그냥 집에서 빠져나와야 한다.

단어가 없으면 어떤 사건의 기억에 온전히 접근하기가 어렵다. 경험의 파편은 이름 없이 가라앉아 시야에서 사라지고 무의식의 일부로 남는다.

무의식의 거대한 저장고에는 자신이 직접 겪은 트라우마 기억뿐 아니라 윗세대가 해결하지 못한 트라우마 경험까지 담겨 있다. 무의식을 공유함으로써 부모나 조부모, 그 윗세대에게 남은 기억의 파편을 경험하고 그것을 자기 기억이라 여기기도 한다.

앞서 살펴본 생쥐 연구는 트라우마가 한 세대에서 다음 세대로 옮겨간다는 것을 증명했지만, 인간에게 그런 전달이 일어나는 정확한 메커니즘을 밝히기 위한 연구는 여전히 진행 중이다. 그러나 윗세대가 해결하지 못한 일이 우리 내면으로 옮겨왔다는 사실만 자각해도 이미 해결로 가는 중요한 관문을 통과한 것이나 다름없다.

단어가 행방불명될 때

인간에게는 언어로 경험을 묘사하지 못하는 두 번의 중요한 시기가 있다. 하나는 뇌의 언어중추가 아직 완전히 성숙하지 않은 2~3세 이전이고, 또 하나는 트라우마 사건이 일어나는 동안 기억 기능이 억제돼 정보를 정확히 처리할 수 없을 때다.

베셀 반 데어 콜크는 기억 기능이 억제되면 중요한 감정 정보가 전두엽을 우회하기 때문에 단어 또는 언어로 이름을 붙이거나 정리할 수 없다고 말한다. 언어가 없으면 경험은 '언명되지' 않고 지나가며 기억의 파편이나 신체감각, 이미지, 감정으로 저장될 가능성이 크다.

언어는 경험을 이야기 형태로 갈무리해준다. 일단 경험을 이야기로 정리하면 심지어 트라우마 경험일 때조차 그 경험에 덧붙은 감정적 혼란은 다시 겪지 않으면서 되돌아볼 수 있다. 엄청난 경험에 압도당할 때 우리는 언어를 가장 먼저 잃지만 그렇다고 언어가 완전히 사라지는 것은 아니다. 그것은 체에 걸러져 무의식 속에 가라앉아 있다가 예기치 않은 때에 다시 표면으로 떠오른다.

심리학자 애니 로저스는 말한다.

"무의식은 들어달라고 보채고, 되풀이하고, 말 그대로 문을 두드려 부숴버린다. 그 말을 듣는 유일한 방법이자 무의식을 방 안으로 초대하는 방법은 무언가로, 대개는 자기 생각으로 그것을 짓누르는 짓을 그만두고 말에도 있고 행동과 꿈, 몸에도 있는, 그러니까 어디에나 있는 '말로 표현되지 못한 것'에 귀를 기울이는 것이다."[93]

기억과 감정의 근원

말로 표현되지 않은 채 무의식 속에 살고 있는 경험은 도처에 있다. 그 것은 기이한 언어에 담겨 모습을 드러낸다. 만성적 증상과 설명할 수 없는 행동으로 나타나거나 일상생활에서 겪는 반복적인 분투로 떠오르기도 한다. 바로 이 말로 표현되지 않은 경험이 핵심 언어의 기반이다. 무의식이 들어달라고 부서지도록 문을 두드릴 때 우리에게 들리는 것이 바로 핵심 언어다.

핵심 언어를 이루는 북받치는 감정이 실린 단어는 비서술적 기억으로 들어가는 열쇠이며 우리 몸과 가족 체계의 '몸'에 살고 있다. 그것은 무의식 속에서 발굴되기를 기다리는 보석과 같다. 그것이 메시지 전달자임을 알아차리지 못하면 우리는 고군분투 뒤에 감춰진 수수께끼를 푸는 데 도움을 줄 중요한 실마리를 놓치고 만다. 일단 그 단어를 발굴했다면 트라우마 치료로 나아가는 핵심적인 한 걸음을 내디딘 셈이다.

핵심 언어는 '서술되지 않은' 기억을 '서술하도록' 도와줌으로써 통합할 수도, 심지어 기억할 수도 없었던 사건과 경험의 조각을 맞춰준다. 의식 속에 이러한 조각이 충분히 모이면 하나의 이야기를 짜 맞출 수 있다. 그 이야기는 자기 자신이나 가족 구성원에게 일어난 일을 더 깊이 이해하게 해준다. 이로써 어쩌면 평생 우리를 따라다니며 괴롭혔을 기억과 감정, 감각의 의미를 마침내 알아가기 시작한다. 과거나 자신 또는 가족의 트라우마에서 그 기억과 감정, 감각의 근원을 찾아내면 더 이상 그것에 휘둘리지 않을 수 있다. 물론 모든 공포와 불안, 강박증이 가족에게 일어난 트라우마 사건에서 기인한 것이라고 할 수는 없지만, 어떤 경험은 핵심 언어를 해독해야만 훨씬 더 온전하게 이해할 수 있다.

핵심 언어를 알아내는 법

자기가 느끼는 가장 깊은 공포감을 묘사할 때 사용하는 강렬하거나 절박한 단어가 바로 자신의 핵심 언어다. 대개는 인간관계나 건강, 일, 그 밖의 일상적 상황을 불평할 때 핵심 언어가 등장한다. 핵심 언어는 자기 몸의 감각과 내면 깊숙한 곳에 있는 감정을 스스로 차단해버리는 양상에서도 드러난다. 본질적으로 그것은 우리가 어렸을 때 겪은 트라우마나 가족사에서 일어난 트라우마에서 나온 부산물이다.

　핵심 언어의 특이한 점은 자신이 알거나 경험해온 것과 다른 맥락에 속한 느낌이 든다는 것이다. 또한 핵심 언어는 자기 내면에서 느껴지는 동시에 외부에서 온 것처럼 느껴지기도 한다. **증발**과 **소각**이라는 단어 뒤에 숨은 의미를 알게 된 그레첸은 "그 감정은 내 안에 살고 있었지만 내게서 온 것이 아니었다"라고 말했다. 이처럼 기묘한 언어도 일단 정체가 밝혀지면 영향력과 강도가 약해진다.

핵심 언어 지도

이어지는 장에서 나는 설명할 수 없던 감정과 과거의 사건을 이어주는 도구를 소개할 것이다. 각 도구는 한 번도 이름을 붙이거나 온전히 인식한 적 없던 어떤 감정이나 내적 경험을 이끌어내기 위한 일련의 질문을 포함한다. 일단 충분한 정보가 모이면 하나의 지도, 즉 무의식의 지도가 모습을 드러낸다. '핵심 언어 지도'라고 부르는 그 지도는 실제로 종이 위에 그려볼 수도 있다. 이 여정의 방향을 결정하는 것은 우리가 쓰는 단어들이며 누구나 유일무이한 자신만의 핵심 언어 지도를 그릴 수 있다.

핵심 언어 지도는 우리가 태어나기 오래전부터 존재했을지도 모른다. 우리는 아버지나 할머니에게서 온 것을 그들 대신 지닌 채 살아간다. 그들 역시 이전 가족을 대신해 그 지도를 품고 살았을 가능성이 크다. 개중에는 단어를 모르던 유아기에 형성된 지도도 있다. 지도를 어떻게 건네받았든 이제 우리에게는 그 근원을 추적할 기회가 생겼다.

가족사에 미해결 상태로 남은 트라우마는 이후 세대에게 스며들어 우리가 의문을 던질 생각조차 해본 적 없는 방식으로 감정과 반응, 선택에 섞여 든다. 그런데 우리는 그 경험이 자신에게서 생겨난 것이라고 생각한다. 진짜 근원이 보이지 않아 대개는 자신의 것과 그렇지 않은 것을 구별하지 못하기 때문이다.

핵심 언어 지도를 따라가다 보면 무관심 속에서 보이지 않는 유령처럼 살고 있는 가족과 대면하기도 한다. 어떤 이는 이미 오래전에 땅에 묻힌 사람이고 거부당하거나 잊힌 이도 있다. 어떤 이가 당한 고난은 너무 끔찍하고 충격적이라 그 일을 생각하는 것조차 고통스러운 경우도 있다. 그러나 일단 우리가 그들을 발견하면 그들도 우리도 자유로워질 수 있다.

우리의 역사는 누군가가 발견해주기를 기다리고 있다. 단어와 핵심 언어, 지도까지 발굴에 필요한 것을 이미 모두 갖췄다.

앞서 3장에서 시각화 등의 방법이 뇌 안에 새로운 신경 경로를 만들고 유전자에도 긍정적 영향을 미칠 수 있음을 보여준 최신 과학 연구를 소개했다. 이제 우리가 배운 것을 적용해보자.

이어지는 장에서 습관적 사고의 제약을 넘어서도록 도와주는 과제를 제시할 것이다. 냄비 속을 휘저어 더 깊은 무의식의 흐름이 표면으로 끓어오르게 하는 것이 그 과제의 목적이다.

각 과제는 앞에서 풀어나간 과제를 바탕으로 쌓아간다. 어떤 것은 눈을 감고 가족 구성원을 시각화해보라고 요구하고 또 어떤 것은 몸속에서 일어나는 감각에 주의를 기울이라고 요구할 것이다. 어떤 과제는 핵심 언어에서 중요한 실마리를 찾아내도록 도와줄 질문에 답을 적어보라고 한다. 펜과 종이를 가까이 두는 게 편할 것이다. 자신이 적은 대답을 다시 들춰보려면 공책이 더 좋을지도 모르겠다.

과제를 진행할수록 과거에 한 경험에 더 깊은 차원이 더해져 자신을 더 잘 알게 될 것이다. 대답이 옳은지 그른지는 전혀 걱정할 필요가 없다. 그동안 실제 임상에서 여러 사람을 치유해온 과정을 소개할 테니 호기심이 이끄는 대로 따라오기 바란다.

5   무의식의 네 가지 테마

가장 강력한 인연은 우리를 세상에 태어나게 한 사람들과의
인연이다. …… 얼마나 많은 세월이 지났든, 얼마나 많은 배신
이 있었든, 가족 사이에 얼마나 비참한 일이 있었든 그런 것은
거의 문제되지 않는다. 어쨌든 우리는 의지의 반대에도 아랑
곳없이 줄곧 연결된 상태로 남아 있다.

— 앤서니 브랜트Anthony Brandt, 〈혈통Bloodlines〉

부모의 감정이 자궁 속에서 전해졌든, 인생 초기에 어머니와의 관계에
서 전이되었든, 아니면 무의식적인 의리나 후성유전학적 변화로 옮겨
왔든 한 가지는 분명하다. 과거에 무언가 해결하지 못한 것이 있으면
인생이 그것을 우리에게 보낸다는 점이다.

인생을 계획한 대로 살아갈 수 있다고 믿는 것은 착각이다. 우리
는 너무 자주 자신의 의도와 다르게 행동한다. 건강해지기 원하면서
도 정크푸드를 달고 살거나 어떻게든 운동하지 않을 핑계를 만들어낸
다. 낭만적인 연애를 갈망하면서도 연인이 될 가능성이 있는 사람이

다가오면 즉각 벽을 쌓는다. 의미 있는 경력을 쌓고 싶어 하면서도 그에 필요한 조치는 취하지 않는다. 가장 나쁜 상황은 자신을 가로막는 것의 정체를 알지 못해 좌절과 혼란에서 좀처럼 벗어나지 못하는 것이다.

사람은 문제가 생기면 보통 잘 아는 데서 답을 찾으려 한다. 특히 자랄 때 결핍감을 느낀 부분에 초점을 맞추고 어린 시절 자신을 무력감에 빠뜨린 괴로운 사건을 곱씹는다. 예를 들면 자신에게 일어난 불행한 일의 원인을 부모 탓으로 돌리며 똑같은 생각을 끊임없이 되풀이한다. 물론 이런 식의 회상으로 상황이 나아지는 일은 여간해서 없다. 문제의 근원을 못 보고 늘어놓는 불평은 불행을 끝없이 연장할 뿐이다.

이 장에서는 삶이 앞으로 나아가는 것을 방해하는 무의식의 네 가지 테마, 다시 말해 인간관계와 성공 그리고 건강에 지장을 줄 수 있는 네 가지 양상을 알아볼 것이다. 그에 앞서 우리가 어떻게 여기에 왔는지부터 살펴보자.

생명은 위에서 아래로 흐른다

생명의 경로는 단순하다. 우리는 부모를 통해 이곳에 왔다. 부모의 자식으로서 우리는 과거로 뻗어 있는 거대한 무언가에, 말 그대로 인류의 시초에 연결되어 있다. 우리가 생명 흐름의 원천은 아니지만 부모를 매개로 그 흐름에 연결되었다. 그 생명의 불꽃은 가족사와 함께 우리에게 생물학적으로 전달되며, 우리는 내면에서 불꽃이 살아 있음을 느낄 수 있다.

그 불꽃은 바로 생명력이다. 이 글을 읽는 동안에도 불꽃은 고동치고 있다. 누군가가 죽는 순간, 곁을 지킨 적이 있다면 어떤 힘이 서서히 잦아드는 느낌을 받았을 것이다. 반대로 누군가가 태어나는 순간을 목격한 사람은 방 안을 가득 채우는 생명력을 느꼈으리라.

생명력은 멈추지 않고 부모에게서 자녀에게로 계속 흐른다. 관계가 단절되었다고 느낄 때조차 그렇다. 나는 부모와의 연결에 막힘이 없어야 삶이 우리에게 주는 것을 훨씬 더 열린 마음으로 받아들일 수 있음을 배웠다. 어떤 식으로든 부모와의 연결에 문제가 생기면 쓸 수 있는 생명력도 한정된다. 꽉 막히거나 옥죄는 느낌이 들기도 하고 물살을 거슬러 헤엄칠 때처럼 생명의 흐름에 어긋나 있다고 느껴지기도 한다. 그럴 때 문제는 고통을 받으면서도 이유를 모른다는 것이다. 하지만 나를 치유할 자원은 바로 내 안에 있다.

먼저 지금 이 순간 부모와의 연결을 어떻게 느끼는지부터 알아보자. 부모님이 살아 있든 아니든 상관없다.

흐름 감지하기

잠시 자신과 부모 사이의 연결 또는 단절을 느껴보라. 부모와의 사이에 어떤 경험이 있었든 관계를 느끼고 그것이 몸에 어떤 영향을 미치는지 느껴보라. 부모가 앞에 서 있는 모습을 떠올려보라. 부모를 한 번도 만난 적 없거나 떠올릴 수 없다면 그냥 그들의 존재감을 느껴보라. 그 이미지를 유지하면서 자신에게 다음 질문을 해보자.

- 나는 부모를 기꺼이 받아들이는가, 아니면 가로막는가?
- 그들이 나를 기꺼이 받아들인다고 느끼는가?
- 나는 두 사람을 각자 다르게 느끼는가?
- 부모의 모습을 상상할 때 내 몸은 이완되는가, 아니면 긴장하는가?
- 생명의 힘이 그들에게서 내게로 흐른다면 그중 얼마나 내게 도달하는가? 5퍼센트? 25퍼센트? 50퍼센트? 75퍼센트, 아니면 100퍼센트?

부모에게서 흘러나오는 생명력은 막힘없이 우리에게로 흐른다. 우리는 그저 그 힘을 받을 뿐 특별히 해야 할 일은 없다. 그 생명력을 집에 전기를 공급하는 본선이라고 상상해보라. 여러 방으로 나뉘어 들어가는 다른 모든 선은 본선에 의지해 전력을 얻는다. 우리가 집 안의 전기 배선을 아무리 잘 해놓아도 본선과의 연결에 문제가 생기면 흐름에도 문제가 생긴다.

이제 무의식의 네 가지 테마가 '본선'에 어떻게 영향을 미치는지 살펴보자.

생명의 흐름을 방해하는
무의식의 네 가지 테마

네 가지 모두 흔히 일어나는 일이지만 그 결과 자기 내면에 어떤 일이 생기는지는 잘 파악하지 못한다.

1. 한쪽 부모와만 결합되어 있다.
2. 한쪽 부모를 거부했다.
3. 아주 어려서 어머니와의 유대가 단절되는 경험을 했다.
4. 가족 체계 안에서 부모 이외의 다른 구성원과 자신을 동일 시한다.

이 네 가지는 우리가 부모나 가족 내 다른 구성원과 관계를 맺는 양상을 묘사한다. 넷 중 어느 하나만 경험해도 번듯하게 자라는 일이나 목표를 달성하는 능력에 방해를 받을 수 있다. 활력과 건강, 성공에 제한을 받는 것이다. 그것은 우리의 행동과 인간관계, 언어에서 드러난다. 따라서 네 가지 테마를 이해하고 그것을 찾는 방법을 알면 온전한 삶으로 가는 길을 방해하는 원인을 찾을 수 있다.

어머니나 아버지와의 단절은 넷 중 세 테마의 바탕에 깔려 있으므로 살면서 힘든 일이 생길 때면 가장 먼저 살펴봐야 하는 측면이다.

물론 그 밖에도 생명력의 흐름을 차단해 온전한 삶을 방해하는 요소는 더 있지만, 그것은 위의 네 가지처럼 반드시 무의식 속에 가라앉아 있지는 않으며 부모나 가족 내 다른 구성원과 연관된 것도 아니다. 자신이 몸소 겪은 트라우마도 그런 방해 요소 중 하나인데, 자신이 트라우마의 영향을 받고 있음을 알면서도 좀처럼 헤어나지 못하기도 한다.

또 다른 방해 요소는 자신이 한 행위나 의도치 않게 저지른 범죄 때문에 느끼는 죄책감이다. 누군가에게 상처를 주는 결정을 내렸거나, 잔인하게 관계를 단절했거나, 내 것이 아닌 것을 취했거나, 고의로 또는 사고로 생명을 앗았을 수도 있다. 죄책감은 다양한 방식으로 생명력을 갉아먹는다. 죄책감을 인정하지 않거나 풀지 못했을 때, 그것은 자식 심지어 자식의 자식에게까지 영향을 미친다. 이 내용은 뒤에서 더 다룰 것이다. 먼저 부모나 가족 내 다른 구성원과 연관된 네 가지 방해 양상부터 살펴보자.

1. 한쪽 부모의 감정, 행동, 경험을
자신의 일부로 만들었는가

돌이켜 생각해보라. 부모 중 한 사람이 감정적, 육체적, 심리적으로 괴로워했는가? 그렇게 괴로워하는 모습이 상처로 남았는가? 그 고통을 없애주고 싶었나? 그런 시도를 해보았는가? 한쪽 부모에 맞서 다른 쪽 부모의 감정에 이입해 편을 든 적이 있는가? 한쪽 부모에게 상처를 줄까 두려워 다른 쪽 부모에게 사랑을 표현하길 꺼렸는가? 혹시 부모가 괴로워했던 것과 유사한 방식으로 괴로워하지는 않는가? 내면에서 부모의 고통이 느껴지는가?

많은 사람이 무의식적으로 부모의 고통을 자기 것으로 떠안는다. 어린 시절에는 자의식이 온전히 발달하지 않아 부모와 연결되는 동시에 자신을 분리하는 법을 아직 알지 못한다. 그처럼 순수한 상태에서는 부모의 불행을 해결하거나 함께함으로써 그들과 연결되고, 결국 불행을 덜어줄 수 있을 거라고 생각한다. 부모의 불행을 함께 짊어지면 부모 혼자서 다 짊어질 필요는 없을 거라고 여기는 것이다. 그러나 그 생각은 환상에 불과하다. 불행을 함께 나누면 더 큰 불행으로 이어질 뿐이다. 불행을 공유하는 사례는 주변 어디에서든 찾아볼 수 있다. 슬픈 어머니와 슬픈 딸, 존경받지 못하는 아버지와 존경받지 못하는 아들, 관계의 어려움을 겪는 부모와 그것을 되풀이하는 아이처럼 조합의 양상은 끝이 없다.

한쪽 부모와 자신을 연결하면 무의식적으로 부모 삶의 양상, 대개는 부정적인 양상을 공유하게 된다. 그것에서 벗어나게 해줄 연결 고리는 찾지 않고 특정 상황이나 환경을 반복하거나 재현하는 것이다.

개빈 이야기

개빈은 서른네 살에 몇 가지 경솔한 재정적 결정을 내리면서 저축해둔 돈을 몽땅 날려버렸다. 그것도 프로젝트 매니저인 그가 여러 차례 마감 기한을 지키지 못해 해고당한 직후에 벌어진 일이었다. 아내와 어린 두 아이를 둔 개빈은 절망적인 심경이었고, 생활비를 대느라 쩔쩔매고 결혼 생활마저 삐걱거리자 깊은 우울증에 빠졌다.

개빈이 어렸을 때 역시 30대 중반이던 아버지는 경마장에서 흘러나온 내부 정보를 믿었다가 재산을 모두 날리고 말았다. 어머니는 아이들만 데리고 외가로 향했고 이후 개빈은 아버지를 거의 만나지 못했다. 어머니는 아버지를 이기적인 남자에다 상습적인 도박꾼, 실패자라고 불렀다.

서른네 살이 된 개빈은 아버지의 '실패자' 경험을 반복하면서도 둘 사이의 연관 관계를 전혀 의식하지 못했다. 그 역시 저축한 돈을 모두 날렸고 아내와 아이들을 잃을지도 모르는 처지에 놓였다. 나와 상담을 하고 나서야 개빈은 처음으로 자신이 과거를 재현하고 있음을 깨달았다.

아버지와 떨어져 지냈기에 개빈은 둘의 삶이 그처럼 거울에 비춘 듯 비슷하게 펼쳐진 이유를 납득하지 못했다. 그러나 아버지와 '의식적' 연결이 단절되면서 오히려 '무의식적 연결'로 이어져 자신도 모르게 아버지의 실패를 반복한 것이다. 이 점을 이해한 개빈은 아버지와의 망가진 관계를 바로잡으러 나섰다.

개빈과 아버지는 거의 10년 넘게 교류가 없었다. 개빈은 내심 불편했으나 한편으로는 아버지의 삶을 어머니에게 들은 얘기로만 알고 있다는 사실을 떠올리며 조심스럽게 마음을 열었다. 우선 그는 그동안 연락하지 않아 죄송하다며 아버지에게 어린 두 손녀가 생겼다는 소식을 편지로 알렸다. 6주를 기다렸지만 답장은 오지 않았다. 그는 아버지가 돌아가셨거나 아니면 자신을 마음속에서 지워버린 것은 아닌지 두려웠다.

두려움 속에서도 감지된 직감을 믿고 아버지에게 전화를 건 개빈은 크게 안도했다. 알고 보니 아버지는 편지를 받지 못했던 것이다. 전화기를 사이에 둔 부자는 어색하게 단어와 감정을 뒤적이며 서로 연결 고리를 만들어내려고 애썼다. 몇 번의 껄끄러운 통화 끝에 비로소 감정이 꿈틀대는 걸 느꼈다. 개빈은 아버지에게 무척 그리웠다고 말을 건넸고 아버지는 울음을 억누르며 그 말을 들었다. 그는 개빈에게 가족을 잃은 것이 말할 수 없이 큰 고통이었고, 비통함과 서글픔을 느끼지 않은 날이 하루도 없었다고 말했다. 아버지가 먼저 만나자고 제안했고 개빈도 그러자고 했다.

그렇게 몇 주가 지나자 개빈을 집어삼켰던 우울감이 서서히 걷했다. 아버지가 다시 자기 인생에 들어오자 개빈은 안정을 되찾았고 아내에게 잃었던 신뢰도 회복했으며 아이들과도 더욱 돈독해졌다. 마치 잃어버린 열쇠를 되찾은 것 같았다. 개빈은 인생에서 가장 핵심적이고 귀중한 것, 그러니까 가족과의 연결이 담긴 금고를 열어젖힌 것이다.

부모는 자식이 자기 대신 고통을 겪는 일을 원치 않는다. 자식이 부모의 괴로움을 당사자보다 더 잘 처리할 거라고 생각하는 것은 건방지고 오만한 짓이다. 더구나 그것은 생명의 질서에도 어긋난다. 부모는 우리가 존재하기 이전부터 존재했다. 부모가 우리를 양육했지 아기인 우리가 그들을 부양한 것이 아니다.

자식이 의식적으로든 무의식적으로든 부모의 짐을 떠안으면 '조건 없는 베풂을 받는 경험'을 놓쳐 이후 인간관계에서 누군가에게 도움을 받는 것에 서툴 수 있다. 부모를 보살피는 아이는 보통 평생 자신을 과도하게 혹사시키고 습관적으로 압도당하는 감정의 틀을 만들어낸다. 부모의 짐을 함께 지거나 도맡으려 하는 것은 가족의 고통을 지속하고 자신과 이후 세대에게 가야 할 생명력의 흐름을 차단하는 일이다.

아프거나 연로한 부모를 돌보면서 그들이 스스로 할 수 없는 일을 해줄 때도 부모의 존엄을 손상시키기보다 부모 자식 관계의 위상을 유지하고 존중해야 한다.

2. 한쪽 부모를 판단, 비난, 거부하거나
관계를 단절한 적이 있는가

삶을 포용하고 진정으로 기쁨을 느끼고 싶다면, 깊고 만족스러운 인간관계와 생기 넘치는 건강을 원한다면, 내면 어딘가가 잘못된 느낌 없이 잠재력을 완전히 실현하기를 바란다면, 우리는 가장 먼저 부모와의 어그러진 관계부터 바로잡아야 한다. 부모는 생명을 주고 우리 존재를 구성하는 불변의 한 부분이다. 나아가 잠재된 기운과 힘으로 이어지는 관문일 뿐 아니라 조상이 물려준 유산의 일부이자 우리가 풀어야 할 문제로 다가가는 입구이기도 하다. 이미 세상을 떠났든 생존해 있든, 서로 멀어졌든 친근한 관계를 유지하고 있든, 우리를 치유할 열쇠는 부모와 그들이 경험했거나 물려받은 트라우마다.

부모와 좋은 사이로 지내느니 차라리 압정 한 움큼을 씹는 게 낫다는 생각이 들더라도, 또 시간이 아무리 오래 걸리더라도 관계를 바로잡는 것은 피해갈 수 없는 단계다(내 경우 아버지와 만나 점심 식사를 하기까지 36주가 걸렸고 그날 아버지는 내가 당신을 사랑할 거라고 생각해본 적이 한 번도 없다고 털어놓았다).

망가진 관계는 대개 가족사에 일어난 고통스러운 사건에서 비롯된다. 자기 기준으로 판단하지 않으려고 노력하면서 마음을 열고 연민의 눈빛으로 부모와 가족을 바라보기 전까지 그런 관계는 대대손손 이어질 수 있다. 그러나 마음을 열면 삶을 온전히 껴안는 것을 방해하는 고통을 해결할 실마리가 보일 것이다.

처음에는 마음이 있어도 행동으로 옮기기가 힘들다. 이럴 때는 부모를 떠올려도 내면에서 발끈하지 않고 부드러워질 수 있는 장소를 찾아야 한다.

이 접근법은 그동안 알던 방법과 어긋날지도 모른다. 전통적인 대화 치료는 대부분 우리가 겪는 고통의 근본 원인으로 부모를 지목하고 그들을 비난하는 데 초점을 맞춘다. 똑같은 미로를 끝없이 돌아다니는 쥐처럼 부모가 자신에게 얼마나 큰 실망감을 안겨주었고, 자기 삶을 어떻게 비참하게 만들었는지를 수십 년 동안 곱씹는다. 그 오래된 이야기는 우리를 덫에 가둘 수도 있지만, 일단 이야기의 배후에 있는 더 깊은 이야기를 찾아내면 자유롭게 벗어날 수도 있다. 그 자유로움의 원천은 우리 안에서 발굴되기만 기다리고 있다.

자문해보라. 아버지나 어머니의 어떤 행동이 아버지 또는 어머니를 거부하거나 비난한 원인이 됐는가? 한쪽 부모 또는 부모 모두를 경시하는가? 그중 누구와도 관계를 끊은 적이 있는가?

예를 들어 자신이 받아야 한다고 생각하는 것만큼 충분히 사랑을 주지 않았다고 어머니를 비난하는 경우를 생각해보자. 혹시 어머니에게 어떤 일이 일어났는지 궁금해 한 적이 있는가? 어머니와의 관계를 방해하는 어떤 사건이 있었는가? 어머니와의 사이를 멀어지게 만든 계기가 있었는가? 어머니가 어머니의 부모와 헤어지게 한 일은?

어쩌면 어머니는 자기 어머니에게 상처만 받고 사랑을 받지 못했기에 주는 법도 몰랐을지 모른다. 어머니의 양육 능력은 부모에게 받지 못한 것 때문에 제한적이었을 것이다.

어떤 트라우마 사건이 우리와 어머니 사이를 가로막아 어머니를 거부할 가능성도 있다. 어머니는 우리가 태어나기 전에 아이를 잃었거나 입양을 보내야 했거나 결혼할 계획이던 첫사랑을 자동차 사고로 잃었을 수도 있다. 아니면 어렸을 때 아버지가 돌아가셨거나 사랑하던 남동생이 스쿨버스에서 내리다가 사고로 죽었을지도 모른다. 그런 사건은 우리와 직접적으로 관련이 없지만 그 사건이 남긴 충격파는 우리에게 영향을 미친다. 어머니가 아무리 우리를 사랑해도 트라우마는 어머니의 관심과 주의를 꽁꽁 묶어버린다.

어린 시절 어머니를 가까이 다가갈 수 없는 사람, 자신에게만 빠져 있는 사람, 사랑을 주지 않는 사람으로 느꼈을 수도 있다. 마땅히 누렸어야 할 어머니의 사랑은 말라버렸다고, 또는 어머니가 사랑을 주지 않기로 작정한 것이라고 여겨 어머니를 거부했을지도 모른다. 진실은 우리가 갈망한 그 사랑이 어머니 자신에게 없었기에, 즉 자신도 그런 사랑을 받은 적이 없었기에 줄 수 없었다는 것이다. 이와 유사한 환경에서 태어난 아이는 누구나 이런 경험을 하며 자란다.

어머니와의 관계를 스스로 단절한 사람이라면, 어린 시절 자신이 준 사랑에 어머니가 전혀 반응하지 않았다며 원망할 수도 있다. 우울증에 빠져 우는 일이 잦았던 어머니를 행복하게 해주려고 사랑을 쏟았을지도 모른다. 어머니를 보살피고 고통을 덜어주려 노력했을 것이다. 그러다 어느 날 모든 노력이 허사였고 자신의 사랑으로는 어머니 기분이 도무지 나아지지 않는다는 것을 깨달았을 수도 있다.

그때부터 어머니와 거리를 두기 시작하고 원하는 것을 주지 않는다며 비난했을 가능성이 크다. 진심은 '그토록 사랑을 쏟았는데 어머니가 똑같은 방식으로 사랑을 돌려주지 않아 낙심한 것'이다. 어쩌면 관계를 단절하는 것이 유일한 선택이었으리라. 관계를 끊으면 처음에는 자유를 느끼지만 그것은 어린아이의 방어 심리가 주는 것과 같은 가짜 자유이며, 결국 삶을 제한한다.

부모 중 어느 한쪽을 비난하거나 비판하고 있다면, 부모가 부부 싸움을 해서 어쩔 수 없이 부모 중 어느 한쪽 편을 들게 만들었다고 생각하기 때문인지도 모른다. 아이가 겉으로는 부모 중 어느 한쪽에 충성심을 보이면서도 남몰래 다른 쪽 부모에게 충성하는 경우도 흔하다. 그럴 때 아이는 폄하된 부모의 부정적인 면을 취하거나 모방함으로써 그 부모와 은밀히 유대감을 형성하기도 한다.

그토록 싫어한 부모의 감정, 특징, 행동이 내면에서는 계속 살아남을 수도 있다. 그것은 무의식이 그들을 사랑하는 방식, 부모를 다시 삶 안으로 데려오려는 방식이다. 이미 개빈의 사례에서 무의식적 의리가 어떻게 작용하는지 목격했다.

부모를 거부할 때는 부모와 자신의 비슷한 면을 보지 못한다. 우리는 속으로 그런 행동은 자신과 무관하다고 부인하며 오히려 주변 사람들에게 투사한다. 한편으로는 그 행동을 하는 친구나 연인, 동료에게 호감을 느끼기도 한다. 이런 역학 관계를 알아차리면 치유할 수 있는 소중한 기회가 생긴다.

부모를 거부하는 마음은 통증이나 팽팽한 긴장감, 무감각 같은 신체 증상을 동반한다. 거부한 부모를 다정하게 느끼기 전까지 우리 몸은 얼마간 불안감을 느낀다.

꼭 정확한 가족사를 알아야 거부의 이유가 드러나는 것은 아니다. 분명한 것은 둘 사이가 가까워지는 것을 막는 어떤 일이 있었다는 점이다. 어머니가 어렸을 때 외할머니에게 단절감을 느꼈거나 형제자매를 잃었거나 사랑하는 사람에게 버림받았을 수도 있다. 어머니가 과거사를 밝히지 않아 끝내 그 이야기를 알지 못하더라도 일단 어머니와의 관계를 치유하는 일은, 자신을 더 온전한 존재로 느끼는 데 도움을 준다. **분명 무슨 일이 있었다.** 알아야 할 것은 그것뿐이다. 그 일이 나 또는 어머니의 마음을 차단했거나 아니면 나와 어머니 모두의 마음을 차단했다. 이제 할 일은 어렸을 때 어머니에게 느꼈던 자연스러운 사랑에 자신을 다시 연결하는 것이다. 그래야 내면에 품었던, 사실은 자기 것이 아니라 어머니의 것인 무언가를 놓아버릴 수 있다.

부모와의 관계를 치유하는 과정은 보통 하나의 내적 이미지와 함께 시작된다. 때로는 내면세계에서 먼저 한 걸음을 내디뎌야 외부세계에서도 한 걸음을 내디딜 수 있기 때문이다. 다음은 그 과정에 시동을 거는 한 방법이다. 우선 어머니와의 관계에 초점을 뒀지만 똑같은 방법으로 아버지도 시각화할 수 있다.

어머니와 어머니의 과거사 시각화하기

어머니가 몇 걸음 앞에 서 있다고 상상해보라. 그리고 자기 내면을 살펴보라. 어떤 감각이 느껴지는가? 이제 어머니가 크게 세 걸음을 걸어 몇 센티미터 거리로 가까이 다가와 선다고 상상하자. 몸 안에서 어떤 일이 일어나는가? 몸이 열리는가, 아니면 움츠러들거나 피해버리고 싶은가? 움츠러들거나 피하고 싶은 몸을 여는 일은 어머니가 아니라 내 책임임을 깨달아야 한다.

이제 시야를 넓혀 어머니가 다시 몇 걸음 떨어져 서 있다고 상상해보라. 이번에는 어머니가 겪은 모든 트라우마 사건이 어머니를 에워싸고 있는 모습을 떠올려보라. 어머니에게 정확히 어떤 일이 일어났는지 모르는 경우에도 어머니 세대의 가족사를 생각하면 얼마나 힘들었을지 어느 정도 감이 올 것이다. 그런 일이 어머니에게 어떠했을지 진심으로 느껴보자.

- 눈을 감는다.
- 어머니 가족사 중 비극적인 일을 떠올려보라.
- 몰아치는 상실감에 맞서 팽팽히 긴장하고 맹렬한 고통에서 자신을 보호하려 애쓰는 젊은 여성, 어린아이, 심지어 작은 아기의 모습으로 어머니를 상상해보라.
- 어머니가 느꼈을 마음을 헤아리는 동안 몸에 어떤 느낌이 찾아왔는가? 그것은 어떤 감각이고 몸의 어디에서 느꼈는가?

- 어머니가 어떤 심정이었을지 느끼거나 상상해보라.
- 느낌이 여러분에게 와 닿는가? 어머니에 대한 연민이 느껴지는가?
- 마음속으로 어머니에게 말하라. "엄마, 이해해요." 완전히 이해하지 못하더라도 다시 한 번 말하라. "엄마, 나는 이해해요." 이렇게 덧붙여볼 수도 있다. "엄마, 엄마의 사랑을 판단하거나 다른 방식이기를 기대하지 않고 있는 그대로 받아들이려 노력할게요."
- 말할 때 어떤 느낌이 드는가?
- 말할 때 몸에서 어떤 일이 일어나는가?
- 몸에서 무언가가 풀려나거나 열리는 느낌 또는 부드러워진 느낌이 드는가?

부모와 가까운 관계를 유지하는 것은 심리적으로 안락함과 든든함을 줄 뿐 아니라 신체 건강에도 영향을 미치는 것으로 밝혀졌다. 하버드 대학교에서 35년 동안 추적 연구한 결과, 부모와 맺는 관계의 질이 이후 삶의 건강에 영향을 미친다는 강력한 증거가 나왔다.

연구진은 참가자들에게 부모와의 관계를 '매우 가까운', '따뜻하고 친근한', '참을 만한', '껄끄럽고 냉담한'이라는 네 단계로 묘사해달라고 요청했다. 어머니와의 관계가 참을 만하다거나 껄끄럽다고 말한 참가자 중 91퍼센트는 중년기에 심각한 병(암, 심장동맥질환, 고혈압 등)을 진단받았다. 반면 어머니와 따뜻하고 친근한 관계라고 말한 이들 중에서는 절반 이하인 45퍼센트가 그런 진단을 받았다. 아버지와의 관계를 답한 결과로도 거의 비슷한 수치가 나왔다. 아버지와 참을 만하거나 껄끄러운 관계라고 대답한 참가자 중 82퍼센트에게, 따뜻하고 친근한 관계라고 말한 이들 중 50퍼센트에게 중년에 심각한 건강 문제가 발생했다. 참가자가 부모 모두와 불편한 관계일 때는 놀랍게도 100퍼센트 심각한 건강 문제가 생겼다. 이에 비해 부모와 따뜻하고 친근한 관계라고 묘사한 이들은 47퍼센트에게서만 건강 문제가 나타났다.[94]

또한 존스홉킨스 대학교가 남자 의대생 1,100명을 50년 동안 추적 연구한 결과, 한쪽 부모에게 느끼는 거리감의 정도와 암 발병률 사이에 밀접한 상관관계가 있음을 알아냈다.[95]

이처럼 부모와의 불편한 관계는 건강에 직접적인 영향을 미친다. 특히 생애 초기에 어머니와 맺은 관계는 이후 우리가 만들어가는 인간관계의 기준이 된다. 다음 이야기는 어머니에 대한 풀리지 않은 감정이 파트너에게 어떤 식으로 투사되는지 보여준다.

트리샤 이야기

트리샤는 1년이나 2년 이상 연애를 지속한 적이 없었다. 이번에도 연인과 헤어져야겠다며 이렇게 불평했다.

"그는 냉정하고 무신경해요. 내가 필요로 할 때 늘 곁에 없어요."

트리샤는 깨닫지 못했지만 자기 어머니를 묘사할 때도 비슷하게 말했다.

"엄마와는 관계가 서먹하고 마음을 나누지 못해요. 결코 기댈 수 없는 분이죠. 한 번도 내가 필요로 하는 방식으로 사랑을 준 적이 없어요."

트리샤가 자꾸만 연애에 실패하는 배후에는 어머니를 거부한 일이 있었다. 어머니와의 관계에서 풀리지 않은 앙금이 연인과의 사이에서 무의식적으로 다시 떠올라 둘 사이의 유대감과 친밀감을 갉아먹었던 것이다.

트리샤는 어머니를 거부하게 만든 '사건'을 구체적으로 지목하지 못했다. 그러나 어머니가 가끔 외할머니를 이기적이고 마음이 닫힌 사람으로 묘사했다고 알려주었다. 사연은 이렇다.

외할머니는 걸음마를 시작할 즈음 어머니를 잃고 이모 집에서 자랐다. 새 가족 사이에서 겉도는 느낌을 받은 외할머니는 남은 생애 내내 원망을 버리지 못했다. 마침내 트리샤는 자기 어머니가 그다지 자상하지 않은 이유를 이해했다. 또한 자신이 '어머니에게 사랑받지 못하는 딸'이라는 가족 패턴을 단순히 반복하고 있었음을 깨달았다. 그 패턴은 트리샤의 가족사에서 최소한 3대에 걸쳐 파문을 일으킨 셈이다.

어머니를 냉담한 사람으로 만든 사건을 깊이 이해한 트리샤는 어머니에게 연민을 느꼈고, 시간과 공을 들여 어머니와 화해했다. 그랬더니 연인과의 관계에서도 즉각 효과가 나타났다. 예전 같으면 위협을 느껴 거리를 두거나 움츠러들었을 법한 상황에서도 방어적인 태도를 누그러뜨리고 열린 마음으로 상황을 받아들였다. 베일에 가려져 있던 무의식의 작용을 있는 그대로 보게 되었기 때문이다.

연인과의 관계가 꼬여 있는가. 이제 그 관계를 바로잡을 도구를 알게 될 테니 걱정할 것 없다. 부모가 조금이라도 달라질 것이라는 기대감은 버려라. 변화는 바로 자기 자신에게 달려 있다. 역학 관계는 변하지 않더라도 관점은 달라진다. 그것은 움직이는 기차 앞에 경솔하게 몸을 던지는 일이 아니라 여행하기에 가장 좋은 경로를 선택하는 일이다.

3. 생애 초기에 어머니와
유대가 단절되는 경험을 했는가

어머니를 거부하는 사람은 어린 시절 어머니와 유대를 쌓는 과정에서 문제를 겪었을지도 모른다. 그러나 유대가 일찍 단절되는 경험을 했다고 해서 모든 사람이 자기 어머니를 거부하는 것은 아니다. 대개는 나중에 타인과 친밀한 관계를 맺으려할 때 다소 불안감을 느끼는 정도다. 그런 불안감은 관계 유지를 어렵게 하거나 아예 관계 맺는 것 자체를 꺼리게 만들 수 있다. 또 자식을 낳지 않겠다는 결심으로 이어지기도 한다. 표면적으로는 아이를 기르는 일에 시간과 에너지가 너무 많이 들어서라고 말할지도 모른다. 그러나 내면을 깊이 들여다보면 자신이 사랑을 받지 못했으니 자식에게도 줄 수 없을 거라고 생각할 확률이 높다.

윗세대에서 부모 자식 사이의 유대가 단절된 일도 어머니와의 관계에 영향을 미친다. 어머니나 할머니가 자기 어머니와 유대가 단절된 일이 있는가? 과거의 그런 트라우마가 남긴 잔류물을 이후 세대가 경험할 수도 있다. 사랑받지 못한 어머니는 사랑을 주는 것도 어려워할 가능성이 크기 때문이다.

부모와 연락을 끊고 지내거나 부모가 세상을 떠났다면 아마 다음 질문에 답할 수 없을 것이다. 아주 어렸을 때 그런 단절을 경험했다면 더 그렇다. 뇌는 생애 초기 몇 년 동안의 경험을 잘 회상하지 못하므로 일반적으로 아주 어려서 발생한 단절은 알기 어렵다. 뇌에서 기억을 형성하고, 정리하고, 저장하는 일을 관장하는 해마는 두 살이 지난 뒤에야 전전두엽 피질(경험을 해석하도록 도와주는 뇌 부위)과 완전히 연결되기 때문이다. 아주 일찍 경험한 트라우마는 조각을 모아 이야기로 구성할 수 있는 명료한 기억이 아니라 신체감각이나 이미지, 감정의 파편으로 저장된다. 이야기가 없으면 감정과 감각을 이해하기 어려울 수도 있다.

단절된 유대를 찾을 때 물어볼 몇 가지 질문

- 어머니가 나를 임신했을 때 트라우마가 될 만한 어떤 일이 일어났는가? 어머니가 심하게 불안해하거나 우울해하거나 스트레스를 받았는가?
- 임신 기간에 부모님 사이에 문제가 있었는가?
- 태어날 때 분만이 쉽지 않았는가? 조산아로 태어났는가?
- 어머니가 산후우울증을 앓았는가?
- 태어난 지 얼마 되지 않아 어머니와 떨어져 지냈는가?
- 입양되었는가?
- 생애 첫 3년간 트라우마를 경험했거나 어머니와 따로 떨어져 살았는가?
- 내가 또는 어머니가 병원에 입원했거나 어쩔 수 없이 떨어져 지냈는가?(내가 한동안 인큐베이터에 있거나 편도선 절제 수술 또는 기타 의료 시술을 받았을 수도 있다. 어머니가 수술을 받거나 임신 합병증을 앓았을 수도 있다.)
- 생애 첫 3년간 어머니가 트라우마 사건이나 감정적 혼란을 겪었는가?
- 내가 태어나기 전에 어머니가 아이를 잃거나 유산한 적이 있는가?
- 어머니의 관심이 형제자매 중 한 사람과 연관된 트라우마(임신 후반의 유산, 사산, 죽음, 응급 상황 등)에 모두 쏠렸는가?

유대가 깨지는 일이 물리적으로만 일어나는 것은 아니다. 어머니가 물리적으로는 곁에 있지만 감정적으로 멀리 떨어져 있거나 감정 상태가 수시로 바뀔 수도 있다. 아이의 생애 첫 몇 년 동안 어머니의 존재감과 행동의 일관성은 심리적, 정서적 안녕에 중요한 역할을 한다. 정신분석학자 하인즈 코헛Heinz Kohut은 아기를 바라볼 때 "어머니의 눈에서 반짝이는 빛"은 아이에게 자신의 존재를 입증하고 확인받는다는 느낌을 전달해 건강하게 성장하도록 해주는 매개체라고 말했다.

성장 초기에 어머니와의 유대가 단절된 적이 있다면 자신의 과거사뿐 아니라 어머니의 과거사에서도 실마리를 찾아내 조각을 맞춰 보아야 한다. 과거를 돌아보며 질문해보라. 어머니에게 일어난 어떤 사건 때문에 내게 세심하게 관심을 기울이지 못한 것은 아닐까? 어머니는 내게 집중했는가, 아니면 다른 데 정신이 쏠려 있었는가? 어머니가 나를 쓰다듬는 방식과 바라보는 방식은 어땠는가? 어머니의 어조는 어땠는가? 나는 인간관계에서 유대를 맺는 일에 어려움을 느끼는가? 나는 친밀감을 차단하거나 달아나거나 밀어내는가?

관계를 복원하는 일

서른 살의 수전은 두 자녀를 둔 엄마로 어머니와 신체적으로 가까워지는 상황을 생각하기만 해도 몸을 움찔한다. 그녀가 기억하는 한 어머니에게 안기는 것을 좋아한 적이 한 번도 없었다. 수전은 남편과도 서로 육체적으로 애정을 표현하지 않는다고 털어놓았다. 그녀는

"포옹은 기력을 앗아가는 일"이라고 말했다. 생후 9개월 때 수전은 폐렴에 걸려 혼자 병원에서 2주를 보냈고 어머니는 다른 자녀들을 돌보느라 집에 남아 있었다. 그 시점부터 수전은 무의식적으로 움츠러들었다. 혼자 남겨진 수전은 상처받지 않고 자신을 보호하려고 어머니의 애정을 거부하기로 한 것이다. 어머니에 대한 반발심의 뿌리가 밝혀지자 수전은 끊겼던 유대를 되살릴 수 있었다.

일단 한 번 유대에 단절이 생기면 아이는 어머니와 다시 연결할 시기가 와도 주저한다. 이 관계를 어떻게 복원하는지가 미래에 누군가와 유대를 맺고 이별하는 방식의 청사진이 된다. 어머니와 아이가 관계를 완전히 복원하지 못하면 이후 아이는 누군가와 유대를 맺으려 할 때 계속 머뭇거릴 수 있다. 심리학자 데이비드 체임벌린David Chamberlain은 끊어진 유대를 다시 연결하지 못할 경우 "이유는 설명하기 어렵지만 왠지 친밀감을 느끼지 못해 일상에서 맺는 인간관계에 그림자가 드리운다"라고 말한다.[96]

아기는 어머니를 세상의 전부로 인식한다. 따라서 아기에게 어머니와 분리되는 일은 삶에서 분리되는 일로 느껴진다. 그러면 공허함과 단절을 경험하고 절망과 체념의 감정을 느끼며 자기 자신과 삶 자체가 무언가 끔찍하게 잘못되었다고 믿게 된다. 아주 어릴 때 분리를 경험하면 이 모든 것이 일어날 수 있다. 그런 트라우마를 처리하기엔 너무 어릴 때라 내면에서 벌어지는 감정과 신체감각을 느끼기만 할 뿐 그것이 어디서 왔는지는 알지 못한다. 살아가면서 겪는 수많은 상처와 상실, 실망, 단절에는 그러한 감정과 신체감각이 배어 있다.

부정적인 기억만 모아 자신의 역사를 쓴다

사람은 보통 어린 시절에 고통을 준 일의 이면에 무엇이 있는지 보지 못하며 좋았던 일도 기억하지 못한다. 누구나 어린아이일 때 안락한 시간과 불안한 시간을 모두 경험한다. 그중 어머니가 우리를 안고 먹이고 씻기고 흔들어 재우던 따뜻한 기억은 표면으로 떠오르지 않고 가라앉아 있다. 대신 원하는 것을 얻지 못하고 충분한 사랑을 받지 못할 때의 괴로움만 기억한다.

여기에는 그럴 만한 이유가 있다. 어린아이일 때 안전이나 안위를 위협받으면 몸은 그에 맞서 방어벽을 세운다. 이런 무의식적인 방어 행위는 위안을 준 일보다 괴로움과 불안을 안겨준 사건에 초점을 맞춰 기록하는 쪽으로 방향을 설정한다.

긍정적인 기억은 마치 우리 손이 닿지 않는 벽 너머에 있는 것 같다. 우리는 벽의 안쪽에서만 살 수 있으므로 우리에게는 좋은 일이 하나도 일어나지 않았다고 진심으로 믿는다. 이것은 원시적인 방어 구조, 즉 너무 오랫동안 벽의 안쪽에만 머물러서 이제는 나 자신이 되어버린 방어 구조를 뒷받침하는 기억만 모아 역사를 써내려가는 것과 같다.

우리가 세운 무의식의 방어벽 아래에는 부모에게 사랑받고 싶다는 깊은 욕망이 깔려 있다. 하지만 대부분 그런 감정에 접근하지 못한다. 부모와 나눈 따스하고 다정한 순간을 기억해내면 다시 연약한 존재가 되어 상처받을 위험에 처한다고 느끼기 때문이다. 그래서 우리는 정작 우리를 치유해줄 그 기억을 무의식적으로 차단한다.

　진화생물학자들도 이 전제를 뒷받침해준다. 그들은 편도체가 위협을 탐지하는 일에 뉴런의 약 3분의 2를 사용한다고 말한다. 그 결과 즐거운 일보다 고통스럽고 무서운 일이 장기기억에 더 쉽게 저장된다. 과학자들이 '부정성 편향negativity bias'이라 부르는 이 메커니즘은 지극히 합리적이다. 인류의 생존 자체가 잠재적 공격을 걸러내는 능력에 달려 있기 때문이다. 마음은 부정적 경험은 악착 같이 부여잡고 긍정적 경험은 힘없이 놓아버리는 경향이 있다.

4. 가족 체계 안에서 부모 이외의 다른 사람과 무의식적으로 동일시하는가

부모와 돈독하고 따뜻한 관계여도 때로 마음속에 설명할 수 없는 불편한 감정을 품기도 한다. 그럴 때면 보통 자기 내면에서 문제가 시작되었다고 가정하고, 깊이 파고들면 원인이 드러날 거라고 생각한다. 그러나 그런 감정을 촉발한 것이 가족사에서 일어난 사건임을 알아내기 전까지는 무의식 속 트라우마의 파편인 두려움과 다른 누군가의 감정을 계속 자기감정처럼 경험할 수도 있다.

토드 이야기

토드는 아홉 살 때부터 펜으로 소파를 찔러댔다. 그해에 막대기로 이웃집 아이를 공격해 40바늘이나 꿰매야 하는 상처를 입히기도 했다. 이후 몇 년 동안 약물 치료와 심리 치료를 받았지만 공격적인 행동은 멈추지 않았다. 토드의 아버지 얼이 내게 자기 아버지 이야기를 하고 나서야 잃어버린 퍼즐 조각이 눈에 들어왔다. 얼은 아버지를 혐오한다고 말했다.

토드의 할아버지는 폭력적인 사람으로 자기 아이들만 때린 것이 아니라 술집에서 싸움을 벌이다 한 남자를 찔러 죽이기까지 했다. 그는 평생 제멋대로 살았지만 그의 후손은 그렇지 못했다. 손자 토드가 자기 몫이 아닌 난폭한 감정을 아무 의심 없이 고스란히 떠안고 만 것이다. 토드는 할아버지와 무의식적으로 연결되어 있었고 아버지가 가족의 과거를 캐고 들어가기 전까지 그 연결은 드러나지 않았다.

상담하는 동안 얼은 자기 할아버지 역시 누군가를 살해했다고 고백했다. 그리고 증조할아버지는 이웃 마을의 어느 지주와 그 패거리 손에 다른 가족 몇 명과 함께 살해당했다. 토드 가족의 패턴이 점점 드러났다. 얼은 아버지가 가족 폭력이라는 물레방아에서 하나의 톱니바퀴에 불과했음을 이해했다.

시야를 넓히자 얼은 평생 '혐오해온' 아버지에게 처음으로 연민을 느꼈다. 또 아버지가 살아계셔서 가족 얘기를 나눌 수 있으면 좋았을 거라고 안타까워했다. 집으로 돌아간 얼은 그날 자신이 알게 된 이야기를 토드에게 들려줬고 토드는 골똘히 귀를 기울였다. 충분한 대화와 받아들임이 이어지면서 이윽고 그들은 무언가가 멈추었음을 직관적으로 알아챘다. 그들의 직관은 옳았다. 다섯 달 뒤 얼은 내게 전화를 걸어 토드가 더 이상 약을 먹지도 않고 폭력적으로 행동하지도 않는다고 전했다.

우리는 가족 체계 안의 누군가와 자신을 동일시하면서도 그 사실을 의식하지 못할 수도 있다. 동일시는 무의식적으로 일어나는 일이므로 혼자서 그걸 파악하기란 쉽지 않다. 책의 도입부에서 만난 제시와 그레첸도 가족 체계 안의 다른 구성원을 자신과 동일시했는데 아래 등장하는 메건도 마찬가지였다.

메건 이야기

열아홉 살에 딘과 결혼한 메건은 둘 사이가 영원할 거라고 생각했다. 그런데 스물다섯 살 무렵 어느 날 식탁에 마주 앉은 딘을 바라보던 메건은 망연자실했다. 딘을 사랑하는 감정이 갑자기 싹 사라져버렸기 때문이다. 몇 주 뒤 메건은 이혼 소송을 냈지만 느닷없이 사랑이 식어버린 것이 정도를 벗어났음을 깨닫고 내게 도움을 청했다.

나는 그녀가 모르는 가족사가 있을 거라 짐작하고 탐색을 시작했다. 메건이 파악하지 못한 연결 고리는 쉽게 드러났다. 메건의 외할머니가 겨우 스물다섯 살이었을 때 세상에서 가장 사랑하는 남편이 바다낚시 중 익사한 것이다. 외할머니는 재혼하지 않고 메건의 어머니를 홀로 키웠다. 외할아버지의 갑작스러운 죽음은 그들 가족에게 일어난 거대한 비극이었다.

너무도 잘 아는 일이기에 메건은 그 사건이 자신에게 미친 영향을 생각해본 적이 없었다. 자신이 외할머니에게 갑작스럽게 닥친 외로움과 깊은 상실감, 망연자실함을 재현해왔음을 깨달은 메건은 눈을 깜빡이며 얼굴을 찌푸렸다. 나는 그녀가 스스로 간파한 사실을 온전히 소화할 때까지 기다렸다. 얼마 후 메건은 얕은 숨을 연이어 뱉어냈다. 몇 분 더 지나자 메건의 호흡이 다시 길어지기 시작했다. 그렇게 조각을 맞추던 그녀가 말했다.

"이상하게도 희망적인 느낌이 들어요. 딘에게 말해야겠어요."

며칠 후 그녀는 전화를 걸어 자기 내면에서 무언가가 변하고 있다고, 딘을 향한 감정이 되살아나고 있다고 알려왔다.

내 행동이 모두 내게서 비롯된 것은 아니다. 이전에 살았던 가족에게서 비롯되었을 수도 있다. 단순히 그들을 대신해 감정을 짊어지고 있거나 공유하는 것인지도 모른다.

가족 체계 내의 어떤 구성원과 자신을 동일시하는가

- 윗세대 가족 중 누군가처럼 느끼고 행동하고 고통스러워하고 속죄하느라 슬픔을 안고 있을 가능성이 있는가?
- 스스로 경험한 맥락에서 설명하기 어려운 증상이나 감정, 행동이 있는가?

- 윗세대 가족 중 누군가가 죄책감이나 고통 때문에 사랑하는 감정을 잃었거나, 제대로 슬퍼하지 못했는가?

- 윗세대 가족 중 누군가가 자신이 저지른 어떤 일 때문에 가족에게 배척당했는가?

- 가족사에 너무 끔찍하거나 고통스럽거나 수치스러워서 말하지 못하는 트라우마 사건(부모·자식·형제자매의 이른 죽음, 방임, 살인, 범죄, 자살 등)이 있는가?

- 아무도 입에 올리지 않는 그 가족 구성원과 내가 비슷한 삶을 살고 있을 가능성이 있는가?

- 그 가족 구성원의 트라우마를 내 것처럼 다시 경험하고 있을 가능성이 있는가?

무의식의 네 가지 테마가
작동하는 방식

비극적인 시나리오를 하나 생각해보자. 갑자기 두 살짜리 형 또는 오빠가 죽고 슬퍼하는 부모와 아직 너무 어려서 무슨 일이 일어났는지 이해하지 못하는 동생이 남는다. 상상하기 고통스러운 일이지만 이 사건은 살아남은 아이에게 다음의 넷 중 하나 이상의 상황을 야기한다.

아이가 부모 중 한쪽을 거부한다. 부모 중 한쪽이 슬픔으로 살아갈 의지를 상실하거나 고통을 잊으려고 술을 마신다. 또는 함께 있으면 견딜 수 없을 만큼 슬픔이 깊어진다는 이유로 남은 가족을 소홀히 대한다. 어쩌면 아들의 죽음에 원인을 제공했다고 믿는 어떤 일 때문에 스스로를 탓할지도 모른다. 부모가 속으로 서로를 탓할 수도 있다. 겉으로 말하지는 않지만 '당신이 엉뚱한 의사를 찾아갔기 때문이야'라든가 '아이를 더 주의 깊게 지켜봤어야지'라는 비난의 말이 내면에서 부글거리는 것이다.

어떤 경우든 살아남은 아이는 분노, 자기 비난, 폐쇄 같은 부모의 악화된 감정을 느낀다. 갑자기 세상이 무너지거나 사라져버린 느낌을 받기도 한다. 이때 아이는 자신을 보호하려고 압도적인 감정을 자기 몸에서 분리하거나 감정적 갑옷으로 무장한다. 물론 두 살 때는 그 사건의 비극성을 제대로 이해하지 못한다. 그러나 부모의 관심이 사라지면 아이는 혼란에 빠지고 심지어 생명의 위협을 느낄 수도 있다. 나중에 아이는 어떤 일이 있었는지, 그것이 부모에게 어떤 영향을 미쳤을지 고려하지 않고 자신이 느끼는 아픔과 냉랭한 거리감 때문에 부모를 탓할 수도 있다.

남은 아이와 어머니의 유대가 끊어진다. 아이의 죽음이 남긴 충격은 어머니의 마음을 산산조각 낸다. 참담하고 절망적인 마음에 어머니는 몇 주나 몇 달 동안 비탄에 빠져 지내느라 두 살 난 작은아이와의 다정하고 활기차던 유대를 깨트릴 수 있다. 이것은 두 살짜리 아이의 몸과 뇌에서 일어나야 하는 중대한 신경 발달을 저해한다. 그맘때는 엄마의 관심이 엄청난 비극 때문에 잠시 멀어진 것임을 이해하지 못한다. 아이는 그저 엄마가 한순간 자신에게 빛을 비춰주다가 다음 순간 그 빛을 차단해버렸다고 느낄 뿐이다. 그러면 아이의 몸속에서 경계 상태를 촉발하는 화학물질이 분비되고 아이는 지속적인 경계태세에 들어간다. 결과적으로 엄마를 불신하고 일관성 없는 엄마의 태도를 두려워하며 엄마가 언제든 또다시 눈앞에서 '사라지지 않을까' 신경을 곤두세운다.

아이가 어머니나 아버지의 고통에 동화된다. 손위 형제가 죽은 뒤 남은 아이는 어머니나 아버지가 느끼는 고통의 무게를 자기 것인 양 받아들인다. 폭포처럼 쏟아져 내리는 슬픔이 가족 전체를 경직시키기도 한다. 아이는 부모의 고통을 달래겠다는 맹목적인 생각으로 자신에게 부모의 우울이나 비탄을 제거할 마력이라도 있는 것처럼 그들의 감정을 짊어지려 한다. 이런 아이는 이렇게 말하기도 한다.

"내가 엄마, 아빠의 고통을 함께 짊어지거나 대신 짊어지면 엄마, 아빠는 기분이 더 나아질 거예요."

물론 그런 시도가 성공할 리 없다. 슬픔만 대물림될 뿐이다. 아이가 부모의 고통을 그대로 떠안는 것은 자신이 부모를 구할 수 있다는 환상 아래 나오는 무의식적인 행동이다. 아이는 본능적으로 의리를 지키려는 마음에서 부모의 슬픔을 반복하고 불운을 재현한다. 베르트 헬링어가 '의리로 맺은 유대'라고 표현한 이런 상황은 몇 대까지 이어지면서 불행한 유산을 만든다.

아이가 죽은 형 또는 오빠와 자신을 동일시한다. 한 아이가 죽으면 슬픔의 장막이 가족을 뒤덮는다. 견딜 수 없는 고통의 출렁임은 생기와 행복을 표현하는 것조차 가로막는다. 남은 아이는 부모의 슬픔이 조금이라도 더 커질까 봐 조심스럽게 행동한다. 가족은 죽음의 고통과 무상함을 외면하려고 죽은 아이를 생각하지 않으려 하거나 심지어 이름조차 입에 올리지 않으려 한다. 이런 식으로 죽은 아이를 배제하면 남은 아이가 죽은 아이와 동일시하기 쉽다.

헬링어는 이런 가족 체계에서는 나중에 태어난 아이(다음 세대 아이일 수도 있다)가 가족이 억제해온 것을 표출할 수 있다고 말한다. 가령 살아 있는 동생은 가족이 죽은 큰아이를 인식하는 방식과 유사하게 자신을 우울하고 생기 없는 사람으로, 마치 존재하지 않는 듯 자신의 본질에서 분리된 사람으로 느낀다. 또한 자신을 가족 안에서 관심받지 못하고 눈에 띄지 않는 존재, 중요하지 않은 존재라고 여기거나 그래도 상관없다고 생각할 수 있다. 심지어 성별과 성격, 병, 트라우마 등 죽은 형이나 오빠의 특징을 흉내 내는 경우도 있다. 무의식적으로 죽은 형이나 오빠와 자신을 동일시해서 스스로 열의가 없거나 에너지가 충분치 않다고 느끼기도 한다. 그것은 살아 있는 아이가 침묵의 동조 속에서 죽은 동기에게 합류해 "형이, 또는 오빠가 죽었으니 나도 완전하게 살지는 않을 거야"라고 말하는 것과 같다.

언젠가 나는 오빠가 사산되고 1년이 채 지나지 않아 태어난 여성과 상담한 적이 있다. 죽은 오빠에게는 이름도 없었고 가족 안에서 아무런 자리도 차지하지 못했다. 실제로 그 가족은 자녀가 둘, 즉 그 내담자와 그녀의 여동생뿐이라고 여겼다. 내담자도 동기가 여동생 한 명뿐이라고 말했다. 그런데 그녀는 왠지 겉도는 느낌 때문에 괴로워하고 있었다.

"나는 가족 안에서 외부인처럼 느껴져요. 내가 있을 자리가 없는 것 같아요."

그녀는 가족에게 배제당한 죽은 오빠의 경험을 떠안고 있는 것 같았다. 그렇게 상담한 후 그녀는 겉도는 느낌이 누그러들었다고 말했다.

원인을 밝히면 삶의 행로를 바꿀 수 있다. 그런데도 알아차리기는커녕 의심조차 해보지 않은 채 가족 트라우마의 양상을 고스란히 재현하면서 경악스러운 결과를 만들어내는 일이 그리 드물지 않다. 수많은 사람이 트라우마를 겪은 가족에게 자신도 모르게 동정심을 품고, 그들과 동일시하며 살아간다. 너무 괴로운데 이유를 알 수 없어 당혹스럽다면 우리는 이렇게 자문해봐야 한다. 지금 내가 겪는 것은 누구의 감정일까?

핵심 언어 지도의 네 가지 도구

트라우마 치유를 방해하는 커다란 요소 중 하나는 근원이 눈에 보이지 않는다는 점이다. 어떤 맥락으로 그 감정을 이해해야 하는지 모르면 다음 단계에서 어떤 조치를 취해야 할지도 알 수 없다. 이럴 때 트라우마의 근원을 드러내 과거를 재현하는 습관에서 벗어나게 돕는 것이 핵심 언어다.

이제 핵심 언어 지도를 작성해볼 것이다. 핵심 언어 지도 작성은 네 단계로 이루어진다. 각 단계마다 새로운 도구가 하나씩 주어지는데 제각각 새로운 정보를 파악하는 데 쓰인다. 그 도구는 다음과 같다.

1. 핵심 불평
2. 핵심 묘사어
3. 핵심 문장
4. 핵심 트라우마

다음 장에서는 자신의 핵심 불평을 이루는 단어에 귀를 기울여 실마리를 찾아내는 법을 알아본다. 자기 자신과 가족사에서 비롯된 단어를 분석하거나 해독하는 법도 다룬다. 이로써 과거의 트라우마가 자신을 사로잡지 못하게 하고, 그 트라우마 때문에 생긴 감정과 증상을 원래 있어야 할 과거사의 맥락 속에 되돌려놓는 법을 알게 될 것이다.

2부

핵심 영어 지도

6 핵심 불평, 해결의 씨앗

내면의 어떤 상황을 의식으로 포착하지 못하면 그것은 외부에서 운명으로 펼쳐진다.

—카를 융, 《아이온: 자아의 현상학에 대한 연구Aion: Researches into the Phenomenology of the Self》

걱정과 괴로움을 묘사할 때 사용하는 단어는 생각보다 훨씬 더 많은 것을 말해준다. 그런데도 그 단어를 살펴보려는 사람은 많지 않다. 이 장에서는 각자의 핵심 언어 지도를 작성해볼 것이다. 단어가 던져주는 실마리를 따라가다 보면 스스로 느끼는 두려움의 근원으로 이어지는 길이 생긴다. 그 언어의 길에서 첫 정류장이 바로 **핵심 불평**이다. 아직 들여다본 적 없는 핵심 불평이라는 상자에는 아주 귀중한 보

> **핵심 불평**
> 자신을 괴롭히는 주된 문제로, 내면화한 것일 수도 있고 외부를 향한 것일 수도 있다. 흔히 트라우마 경험의 파편에서 유래하며 핵심 언어로 표현된다.

물이 들어 있을지도 모른다. 무엇보다 핵심 불평에는 걱정과 괴로움을 해결할 씨앗이 담겨 있다. 이제 해야 할 일은 그 안을 들여다보는 것뿐이다.

일상적으로 사용하는 언어에서 핵심 불평을 알아들으려면 단어의 구조물에서 가장 깊은 곳에 깔린 감정의 줄기를 찾아야 한다. 감정적으로 가장 강력하게 반향을 일으키는 단어에 귀를 기울이는 것이다. 그런 단어에는 사람을 꼼짝없이 사로잡고 기운을 앗아가는 공포나, 무언가를 요구하거나 요청하는 절박감이 담겨 있다. 때로는 어마어마한 고통을 떠안기는 단어도 있다.

쉰두 살의 구조공학자 밥은 불안하고 외로울 때마다 이렇게 불평한다.

"왜 항상 사람들은 날 떠나지? 내가 어디가 그렇게 모자랄까?"

어떤 단어나 구절은 마치 생명을 지닌 존재 같다. 조앤의 불평은 어머니가 늘 자신을 집안의 '치욕적인 실망거리'라고 부른다는 사실이었다. 어머니와 사이가 가깝지 않은 것이 조앤의 가장 큰 불만이었다. 조앤이 느끼는 커다란 고통과 공허함의 근원에는 모녀 사이에 오가는 신랄한 말과 거리감이 있었다.

모녀간에 느끼는 괴로움을 에워싼 층을 하나하나 벗겨본 뒤, 조앤은 '치욕적인 실망거리'가 자신이 아니라 외할머니였음을 알게 되었다. 사연은 이랬다.

아일랜드의 작은 마을에 살았던 외할머니는 열다섯 살 때 마을의 어느 유부남과 사랑에 빠졌다. 그러나 외할머니가 임신을 하자 남자는 모른척했다. 그 일로 집에서 쫓겨난 외할머니는 수치심을 짊어진 채 청소부로 일하며 홀로 외동딸을 키웠다. 외할머니는 평생 결혼하지 않았고 자신이 사생아를 낳아 가족에게 치욕을 안겨주었다는 생각을 떨쳐내지 못했다.

외할머니는 한 번도 '치욕적인 실망거리'라는 말을 입 밖에 낸 적이 없었지만, 그 말은 세 여인에게 계속 울려 퍼졌다. 조앤의 외할머니는 집에서 쫓겨났을 때 그 단어를 몸소 겪었다. 조앤의 어머니는 자기가 서출로 태어나 자기 어머니의 인생을 망쳤다고 느꼈을 때 그 단어를 체험했다. 2대가 지난 뒤에 태어난 손녀 조앤 역시 자신이 어머니에게 실망스러운 존재라고 느끼며 같은 감정을 공유했다.

손녀는 자신의 핵심 불평에 담긴 '치욕적인 실망거리'라는 단어의 근원을 추적한 뒤 거짓말처럼 평온해졌고 모든 것을 이해했다. 조앤은 어머니가 던진 악담이 사실은 자기를 향한 것이 아님을 깨달았다. 이제 그녀는 그 말을 들으면 아일랜드에서 힘겨운 삶을 살았을 어머니와 외할머니에 대한 연민의 감정이 생긴다고 했다.

공포감을 표현하는 방식

핵심 불평을 분석할 때 나는 말로 하는 언어뿐 아니라 몸의 언어도 관찰한다. 또한 특이하고 기이해서 두드러지는 증상이나 행동에도 면밀히 주의를 기울인다. 스물여섯 살의 소방수 카슨은 공포감을 말뿐 아니라 몸으로도 표현했다.

카슨은 스물네 살 때 운전을 하다가 보호난간을 들이받으면서 하마터면 절벽 아래로 떨어질 뻔했다. 순간적으로 핸들을 꺾어 큰 사고는 모면하고 안전하게 목적지에 도착했지만 이후 인생을 통제할 수 있다는 자신감은 완전히 사라졌다.

그날부터 카슨은 매일 공황 발작을 겪었다. 어지러움과 휘청거리는 느낌이 전해지는 와중에도 만약 이대로 죽으면 자기 인생은 무無가 된다는 생각이 분명하게 떠올랐다. 구체적으로 그의 핵심 불평은 이랬다.

"내가 죽으면 나는 아무런 유산도 남기지 못하고 아무도 나를 기억하지 않을 것이다. 나는 마치 존재하지 않았던 것처럼 완전히 사라지리라. 나를 호의적으로 기억하는 사람은 한 명도 없을 것이다."

카슨은 겨우 스물여섯 살 먹은 청년이었다. 인생을 제대로 시작조차 하지 않은 시점에 이미 후회로 가득한 평생을 보낸 사람처럼 한탄하는 것이 기이해보였다. 이는 무언가 단단히 어긋났다는 것을 암시했다.

핵심 불평을 이루는 단어를 검토할 때, 단어 자체는 신뢰하되 그 단어가 품은 맥락을 항상 그대로 믿어서는 안 된다. 단어는 그 사람 본인의 맥락에는 맞지 않더라도 누군가에게는 진실하다. 그것이 누군지 알아내려면 가족사의 커튼 뒤를 들춰봐야 한다.

카슨에게 그 누군가는 바로 아버지였다. 아버지는 어머니와 이혼할 때 긴 양육권 분쟁 끝에 당시 네 살이던 아들의 친권을 포기해야 했다. 어머니에게 늘 아버지를 폄하하는 말만 들었던 카슨은 다시는 아버지를 만나지 않을 작정이었다. 게다가 성까지 그를 입양한 새아버지의 성으로 바꿨다.

카슨의 핵심 불평에 담긴 핵심 언어를 다시 살펴보자.

"내가 죽으면 나는 아무런 유산도 남기지 못하고 아무도 나를 기억하지 않을 것이다. 나는 마치 존재하지 않았던 것처럼 완전히 사라지리라. 나를 호의적으로 기억하는 사람은 한 명도 없을 것이다."

이제 카슨의 이야기를 바라보는 새로운 관점이 생겼다. 그는 자신의 살아 있는 유산, 즉 아들을 잃은 아버지의 현실에 동화되었고 이는 사라진 아버지와 계속 연결되기 위한 그만의 은밀한 방식이었다. 그는 아버지의 고통을 떠안으면서 자신도 갑자기 사라지거나 잊힐지 모른다고 두려워했다.

자신의 핵심 불평의 뿌리를 발견한 카슨은 아버지를 찾기로 했다. 다른 주로 이사해 두 번째 아내와의 사이에 세 자녀를 둔 아버지는 카슨의 연락을 받고 뛸 듯이 기뻐했다. 20년 전 첫아들을 잃고 느꼈던 "가슴에 구멍이 뚫린 듯한" 허전함이 여전히 남아 있다고 했다. 그 말을 듣자 카슨은 깊이 가라앉긴 했지만 명백히 가슴속에 존재하는 무언가를 느꼈다. 그것은 바로 아버지를 사랑하는 마음이었다.

역사는 승자가 쓰는 법이다. 그렇게 쓰인 이야기는 대개 반대편을 전혀 고려하지 않고 한쪽으로 치우치고 일방적일 가능성이 크다. 카슨의 경우 승자는 어머니였고, 아버지는 아들을 키울 수 없는 처지였다는 점에서 패배자였다. 두 사람 모두 양육권을 가지려 싸웠으나 결국 아버지가 졌다.

카슨은 오랜 세월 어머니에게 들은 부정적인 이야기가 아버지와 함께한 어린 시절 기억을 가렸음을 깨달았다. 그 후 몇 달 동안 카슨과 아버지는 카슨이 어릴 때 자주 그랬듯 캠핑과 등산, 낚시, 여행 등을 함께하며 새로운 추억을 쌓았다. 그러는 동안 카슨의 공황 발작은 완전히 사라졌고 두 사람은 새롭고 실질적인 유산을 함께 만들어나갔다.

다음은 각자가 직접 써볼 첫 과제다. 펜과 종이 또는 노트를 준비하고 시작해보자.

쓰기 과제 1 자신의 핵심 불평 살펴보기

① 인생에서 가장 긴박한 한 가지 문제에 초점을 맞춰라. 그것은 건강 문제거나 직업 또는 인간관계 문제일 수 있다. 이는 안전과 평화, 안정 그리고 잘 살고 있다는 느낌을 파괴하는 문제다.

② 가장 치유하고 싶은 뿌리 깊은 문제는 무엇인가? 아마도 그것은

여러분을 압도하는 문제일 것이다. 어쩌면 평생 사라지지 않을 듯한 어떤 증상이나 감정일지도 모른다.

③ 무엇이 달라지기를 원하는가?

④ 감정을 재단하거나 편집하지 마라.

⑤ 지금 중요하게 느껴지는 것을 적어보라.

⑥ 떠오르는 그대로 적어라. 미래에 뭔가 끔찍한 일이 일어날지도 모른다며 두려워할 수도 있다. 무슨 말이 튀어나오든 상관없다. 그냥 계속 써라.

⑦ 아무것도 떠오르지 않는다면 이 질문에 답해보라. 만약 두려움을 일으키는 감정이나 증상, 상태가 절대로 사라지지 않을 경우 어떤 일이 벌어질 거라 생각하는가?

⑧ 가장 긴급한 걱정거리를 다 쓰기 전에는 다음으로 넘어가지 마라.

이제 써놓은 것을 읽자. 읽되 내용에 빠져들 만큼 세세하게 읽지는 마라. 단어와 감정에 휩쓸리지 마라. 아무런 감정도 느껴지지 않을 만큼 가볍게 훑어보라. 범상치 않거나 기이한 단어 또는 문구를 찾아보라. 예컨대 항상 사용하는 단어나 문구는 무엇인가? 쓰기 과제 이전에는 한 번도 쓴 적 없는 단어나 문구는 무엇인가? 어떤 단어가 유난히 주목을 끄는가?

이제 다시 읽어보자. 이번에는 자신에게 들려주듯 소리 내 읽어보자. 감정을 느끼지 않고 들을 수 있는 새로운 귀가 생긴 것처럼 들으려고 노력하라. 나는 이런 식으로 듣는 것을 '메타 귀로 듣기' 또는 '제3의 귀로 듣기'라고 부른다. 어떤 단어나 문장이 절박함을 띠는가? 어떤 단어가 강렬한 감정적 반향 또는 극적인 감정을 불러일으키는가? 낯섦과 기이함이 느껴지는 단어는 무엇인가? 그동안의 인생 경험과 맥락에 전혀 어울리지 않는 단어가 있는가?

자기가 쓴 글을 마치 다른 사람이 한 말을 듣는 것처럼 들어보라. 어쩌면 그 단어는 정말로 다른 사람의 것이고, 지금 우리는 그 단어를 읽는 목소리만 빌려준 것인지도 모른다. 그 단어는 가족 중 트라우마를 겪었으나 그것을 드러내놓고 말하지 못한 사람의 몫일 수 있다. 자기 불만을 말한다고 생각하지만 실은 그의 이야기일지도 모르는 것이다. 카슨이 자기 아버지의 불안을 공유한 것처럼 말이다.

글에서 자신을 붙잡는 무언가가 있는지 가능한 한 깊이 귀 기울여보라. 이러한 듣기는 **이야기의 저변에 귀를 기울여** 본질이 드러나도록 하는 일이다. 이야기의 감정적인 요소에 빠져버리면 핵심 불평을 놓칠 수도 있다.

베르트 헬링어는 이런 유형의 듣기를 다음과 같이 묘사했다.

"내가 누군가와 상담할 때 일어나는 일을 기술해보겠다. 상대가 내게 무언가 말하는 동안 나는 반 정도 귀를 기울인다. 나는 그가 하는 말을 고스란히 다 듣지도 않을뿐더러, 다 아는 것도 원치 않는다.

그래서 주의를 집중해서 듣지는 않고 그저 들으면서 큰 그림을 놓치지 않을 정도로만 귀를 기울인다. 그러다 보면 어느 순간 그의 말 중 어떤 단어가 내 주의를 바짝 끌어당긴다. …… 그가 쏟아낸 모든 단어 밑에서 갑자기 내게 말을 거는 단어 하나가 나타나는 것이다. 그런 단어에는 에너지가 있다. 정확히 무엇을 할지는 모르지만 그 단어야말로 내가 무언가를 할 수 있는 출발점이라는 것을 안다. 그 단어가 발휘하는 영향력에 나를 내맡기면 해결에 필요한 사람이 누구인지 감이 온다." [97]

"나는 죽게 될 거야"

이제 샌디의 핵심 불평을 함께 해부해보자. 샌디 역시 그레첸처럼 홀로코스트 생존자의 후손이다. 샌디는 죽음을 떠올릴 때 느끼는 압도적인 공포의 특이한 양상을 이해하고 싶어 했고 나는 그녀를 돕기 위해 핵심 언어 일부를 분석했다.

　　샌디는 자신이 두려워하는 것은 "죽음 자체가 아니라 내가 죽어간다는 것과 그것을 멈추기 위해 어떤 일도 할 수 없음을 안다는 것"이며, "그것은 내가 전혀 통제할 수 없는 일"이라고 말했다.

　　또한 샌디는 폐쇄된 공간에 있을 때 느끼는 공포도 치유하기를 원했다. 폐소공포증 때문에 비행기도, 승강기도 타지 못했다. 승강기

문이 닫히려 할 때나 비행기에 사람이 가득할 때, "나와 출구 사이에 수많은 사람이 우글거릴" 때마다 극심한 공포에 사로잡혔다. 샌디의 핵심 불평이 모든 걸 말해주고 있었다.

"숨을 쉴 수 없어. 빠져나갈 수 없어. 나는 죽게 될 거야."

샌디는 열아홉 살 때부터 폐소공포증과 호흡 곤란을 느꼈다. 샌디의 조부모와 고모가 아우슈비츠에서 질식사했을 때 샌디 아버지의 나이가 열아홉이었다. 증상은 10년 전 아버지가 돌아가신 뒤로 더 악화되었다. 홀로코스트 희생자 집안의 후손과 여러 차례 상담해본 내게는 연결 고리가 명백히 보였지만 샌디는 그 상관관계를 선뜻 납득하지 못했다. 그녀는 조부모와 고모의 극심한 공포를 내면에 품고 있었다. 어쩌면 가족 중 혼자 살아남은 아버지의 죄책감까지 끌어안고 있는지도 몰랐다.

샌디의 핵심 언어를 다시 살펴보자.

"내가 죽어간다는 것과 그것을 멈추기 위해 어떤 일도 할 수 없음을 아는 것. 그것은 내가 전혀 통제할 수 없는 일이다."

샌디의 조부모와 고모는 죽음의 수용소에서 지낼 때, 그리고 가스실로 끌려갈 때 분명 그렇게 느꼈을 것이다. 가스실에 들어간 뒤에는 '자신과 출구 사이에 수많은 사람이 우글거리는' 상황을 경험했으리라. 물론 가늠조차 할 수 없는 막대한 공포가 그들을 집어삼켰을 것이다. 샌디의 핵심 언어에서는 비극으로 치닫는 결말이 그대로 드러났다.

152

"숨을 쉴 수 없어. 빠져나갈 수 없어. 나는 죽게 될 거야."

이제 샌디도 그 상관관계를 명확히 알아보았다. 조부모와 고모가 느낀 극심한 공포가 샌디의 내면에서 그대로 솟아났다. 샌디는 가족에게 일어난 비참한 사건을 알고 있었지만 자기 몫이 아닌 고통을 짊어지고 있을 거라고 생각해본 적은 없었다. 이제 연결 고리는 명백했다.

나는 샌디에게 조부모와 고모가 앞에 서 있는 상황을 상상해보라고 했다. 그리고 그들과 대화를 나눠보라고 했다. 샌디가 그들에게 말했다.

"저도 할아버지, 할머니, 고모처럼 공포에 질려 있었답니다. 이제는 그 공포가 제 것이 아님을 알아요. 제가 공포를 짊어지는 것이 세 분은 물론 제게도 아무런 도움이 되지 않는다는 것을 깨달았어요. 세 분도 그걸 원하지 않으리라 생각해요. 제가 이렇게 불안해하는 모습을 보는 것이 세 분께 부담이 되리라는 것도 알고요. 이제는 이 불안한 감정을 할머니, 할아버지, 사라 고모께 맡겨두려고 해요."

세 사람이 미소를 지으며 그녀의 행복을 빌어주는 모습을 상상하자 샌디의 눈가에 눈물이 맺혔다. 샌디는 자신의 몸이 세 사람이 보내주는 사랑으로 가득 차오르는 상상을 했다. 폐소공포증과 죽음에 대한 공포의 근원을 정확히 짚어내자 마침내 샌디는 그간 자신을 짓누르던 공포의 무게가 흩어지는 것을 느꼈다.

"나는 미쳐버릴 거야"

수많은 사람이 미래에 자신에게 무언가 끔찍한 일이 일어날 거라는 두려움을 안고 산다. 이 두려움은 핵심 불평에 고스란히 드러난다.

열아홉 살 로레나는 여럿이 모이는 자리에 나가면 불안해했고 공황 발작을 겪기도 했다. 친구들과 함께 있으면 '덫에 걸린' 듯했고 '빠져나갈' 수 없다는 느낌이 들었다. 처음 불안감을 알아챈 것은 3년 전인데 그 무렵 로레나는 방광염이 좀처럼 낫지 않아 고생 중이었다. 당시 병을 고치려고 이 의사 저 의사를 찾아다녔지만 그들이 처방한 약은 어느 것도 증상을 완화해주지 못했다.

로레나는 그 무엇도, 그 누구도 자신을 도와줄 수 없고 염증은 절대 낫지 않으리라는 생각에 극심한 두려움을 느꼈다. 그녀는 당시를 떠올리며 방광염 자체보다 두려움이 더 끔찍했다고 말했다. 마침내 방광염은 나았지만 불안감은 사라지지 않고 계속됐다.

우리는 이런 대화를 나눴다.

마크 만약 방광염이 끝까지 낫지 않았다면 어땠을까요?
로레나 아프고 우울했겠죠. 끝없이 의사들을 찾아다녀야 했을 거고요. 제 인생이 제한을 받았겠지요. 행복하지 않고 성공하지도 못하고요. 항상 불안해했을 거예요. 패배자가 되었을 거고요.

로레나의 핵심 언어를 들을 때 확연히 눈에 띄는 단어가 있는가? '제한'이나 '패배자'는 어떠한가? 자세히 살피면 그 단어들이 새로운 방향으로 데려가려 한다는 걸 알 수 있다. 잠시 로레나가 말한 단어의 에너지가 이끄는 대로 따라가보자.

로레나는 핵심 언어에 가까이 다가갔지만 아직 완전히 도달하지는 못했다. 그녀가 더 깊이 들어가도록 나는 다른 사람에게 벌어질 최악의 상황을 묘사해보라고 주문했다. 자기가 느끼는 가장 큰 두려움을 명확히 표현하도록 유도해도 별 진전이 없으면 몇 걸음 물러서서 다른 사람에게 벌어질 최악의 상황을 상상해보는 것도 도움이 된다. 로레나가 하는 말을 잘 살펴보라.

마크 다른 사람에게 일어날 수 있는 가장 나쁜 일은 뭔가요? 당신이 아니라 다른 누군가에게 말입니다.

로레나 성공하지 못하는 거죠. 그들은 행복하지 않을 거예요. 자기가 하고 싶은 일을 하지도 못하고요. 그 사람은 미쳐버릴 거예요. 은둔자가 될지도 모르지요. 결국 정신병원에 들어가고 마지막에는 자살할 거예요.

이 말에서 나온 핵심 언어는 어떤가? '미쳐버리다', '결국 정신병원에 들어가다', '자살하다' 등에 주목하라. 이제 이 모두를 모으면 무엇이 나타나는지 보자. '인생에 제한을 받는' '패배자'가 '미쳐서' '정신병원에 들어가고' 그곳에서 '결국 자살하는' 이야기다. 이 모든 정보가 어디서 나왔는지 이제 그것을 알아보자.

로레나는 겹겹이 쌓인 핵심 불평의 층을 하나하나 파고들면서 자신의 가장 깊은 두려움을 캐냈고 그것을 고스란히 핵심 문장으로 바꾸어놓았다. 핵심 문장은 8장에서 더 자세히 다룬다.

로레나의 핵심 문장: "나는 패배자가 되고 미쳐서 정신병원에 들어가 결국 자살할 것이다."

핵심 언어 지도를 따라가는 과정에서 로레나는 자기 가족사에서 결정적인 트라우마를 발견했다.

로레나의 가족 앨범을 열고 가장 큰 두려움을 표현한 단어를 따라가 보자. 그것은 핵심 언어 지도에서 다음 역으로 데려다줄 가족사에 관한 질문으로 바꿀 수 있다. 나는 이런 유형의 질문을 다리 놓기 질문bridging guestion이라고 부른다.

로레나의 다리 놓기 질문: "혹시 가족 중에 패배자로 불렸고 정신병원에 입원했다가 결국 자살한 사람이 있습니까?"

다리 놓기 질문
끈질긴 증상, 문제, 두려움을 핵심 트라우마 또는 비슷하게 고통 받은 가족 구성원과 연결해주는 질문.

바로 그랬다. 로레나의 외할아버지는 존경받지 못했고 가족은 그를 패배자로 여겼다. 정신병원을 들락날락하던 그는 결국 입원 중에 자살했다.

다음 세대에서는 로레나의 이모, 그러니까 로레나 어머니의 언니가 가족에게 '미친 패배자' 취급을 받았다. 이모 역시 정신병원에 입원하고 퇴원하기를 반복했다. 가족은 이모의 행동을 부끄럽게 여겨 거의 입에 올리지도 않았다. 말로 표현하지는 않았지만 그들은 그녀가 자기 아버지처럼 자살할 거라고 예상했다.

가족 중 누군가가 불행하게 살아가거나 지독하게 힘겨운 운명으로 고통받을 때, 그들을 사랑으로 보듬고 함께 고통을 느끼기보다 아예 거부하는 쪽을 택하는 경우가 꽤 있다. 대개 슬픔보다는 분노가 더 감당하기 쉽기 때문이다. 가족이 이모를 분노로 대한 것도 이런 이유였다. 그녀를 사랑하기보다 배척하는 것이 더 쉬웠던 것이다.

3장에서 살펴봤듯 거부당한 가족 구성원의 운명은 되풀이된다. 거부당한 '패배자' 외할아버지와 다음 세대에 거부당한 '패배자' 이모도 그런 경우다. 로레나는 3세대 '패배자' 대기자 줄에 서서 그 고통을 3대째 이어가려는 찰나였다.

가족 중 누군가가 자살하면 애도조차 극도로 어려울 수 있다. 가족은 자기 목숨을 그처럼 비극적인 방식으로 앗아간 사람에게 분노를 품는다. 게다가 수치, 당혹, 무시무시한 이미지, 해결하지 못한 일, 빚, 종교적 불확실성 등 자살이 초래한 결과는 온전히 가족이 감당해야 할 몫으로 남는다.

로레나는 불길한 운명을 직감했지만 아직 확실히 결정난 것은 아니었다. 일단 그동안 느낀 두려움이 자신에게서 비롯된 것이 아님을 이해하면 로레나도 그 두려움을 진짜 주인에게 맡길 수 있을 터였다. 나는 로레나에게 외할아버지와 이모가 자기 앞에 서 있는 모습을 떠올려보라고 했다. 로레나는 곧바로 두 사람에게 마음에서 우러난 진정한 사랑을 표현했다. 그리고 두 사람이 자신의 안녕을 기원하는 모습과 호흡으로 자기 몸에서 불안감을 뽑아내 그들에게 돌려보내는 상황을 상상했다.

몇 분 동안 심호흡을 한 로레나는 몸이 훨씬 가볍고 평온해졌다고 말했다. 그녀는 두 사람에게 비록 두 분은 행복하게 살지 못했지만 손녀이자 조카인 자신은 행복한 인생을 살아가도록 축복해달라고 부탁했다. 나아가 자신이 그들의 불안감을 짊어지는 것은 누구에게도 좋은 일이 아니며 가족에게 더 큰 고통만 안겨주는 일임을 이해하고, 두 사람에게 더 이상 두려움을 짊어지지 않겠노라고 약속했다. 또한 앞으로 불안해지면 남은 불안감을 다시 그들에게 돌려보내리라고 다짐했다. 단 한 차례 상담으로 로레나는 그때까지 자신을 집어삼키고 있던 공황장애에서 벗어났다.

신경가소성이 내 임상 경험과 어떤 연관이 있느냐는 질문을 받으면 나는 로레나를 제일 먼저 떠올린다. 불안감이 높은 상태에서 비교적 평온하고 균형 잡힌 상태로 곧바로 옮겨간 로레나의 사례는 개인의 가족사가 현실 인식과 만나면 얼마나 효과적인 결과를 내는지 생생하게 보여준다. 일단 핵심 언어로 상관관계를 파악하고 치유 이미지와 경험에 집중하면 새로운 신경 경로를 만들 토대가 놓이고, 거기서부터 놀랍도록 효과적인 치유가 시작된다.

나침반으로서의 핵심 언어

핵심 언어가 시사하는 바가 너무도 명백해서 답을 찾아 가족의 과거를 파헤칠 수밖에 없는 때는 분명히 있다. 그러나 가족사의 숨은 이야기를 쉽게 알아낼 수 없는 때도 많다. 수치심이나 고통 때문에 집안의 비밀로 덮어두면 저녁 식탁에서 대화 주제로 떠오를 가능성은 매우 낮다. 때로는 가족사에 트라우마의 역사가 도사리고 있음을 알아도 자기 문제를 그 트라우마와 연결해서 생각하지 못할 수도 있다.

핵심 불평에 담긴 핵심 언어는 수 세대에 걸친 가족의 불안감을 살펴볼 때 나침반이 되어준다. 트라우마 사건은 그 불안감 속에서 기억하고 알아봐주기를, 그래서 마침내 해결되어 쉴 날을 기다린다.

다음은 자신의 핵심 불평에서 핵심 언어를 캐내는 데 도움을 주는 열 가지 질문이다. 각 질문에 가능한 한 자세히 답하라. 마음을 열고 자신의 반응을 편집하지 마라. 각 질문의 답은 지금 겪는 문제와 가족사에 남은 트라우마 사이의 관계를 밝혀줄 것이다.

쓰기 과제 2   핵심 언어를 캐내는 열 가지 질문

① 문제의 증상이 처음 나타난 시기에 삶에 어떤 일이 벌어지고 있
   었는가?

② 증상이 나타나기 직전에는 무슨 일이 벌어졌는가?

③ 증상이 처음 나타났을 때 당신은 몇 살이었는가?

④ 그 비슷한 나이에 가족 중 누군가에게 트라우마로 남을 만한 일
   이 일어났는가?

⑤ 그 문제가 닥치면 정확히 어떤 일이 벌어지는가?

⑥ 증상이 가장 지독할 때 어떤 느낌이 드는가?

⑦ 어떤 일이 일어난 직후에 그런 느낌이 들거나 증상이 나타나는가?

⑧ 그 기분과 증상을 개선하거나 악화시키는 것은 무엇인가?

⑨ 그 기분과 증상 때문에 할 수 없는 일은 무엇이며, 그 때문에 반드
   시 하게 되는 일은 무엇인가?

⑩ 그 기분과 증상이 끝까지 사라지지 않을 경우 발생 가능한 최악
   의 일은 무엇인가?

이제 써둔 것을 읽어보라. 다음은 가족 안에서 반복되는 몇 가지
주제로 그동안 내가 관찰해온 내용이다. 자신에게 해당하는 것이 있
는지 찾아보라.

반복되는 언어: 그동안 경험한 삶의 맥락에 어울리지 않는 언어가 있는가? 그 언어가 가족 중 다른 누군가에게서 온 것일 가능성이 있는가?

반복되는 나이: 문제의 증상이 처음 나타났을 때의 나이와 가족 중 누군가가 괴로움을 겪었을 때의 나이 사이에 연관이 있는가? 예를 들어 부모 중 한쪽이 젊어서 세상을 떠났다면 그 부모가 세상을 떠난 나이가 되었을 때 어떤 식으로든 인생을 제약하는 문제나 증상이 생기기도 한다. 부모가 세상을 떠났을 때의 나이가 된 시점부터 자기도 의식하지 못한 채 행복하거나 온전하게 사는 것을 어려워하는 것이다. 또는 자녀가 그 부모가 세상을 떠났을 때의 당신과 같은 나이가 되었을 때 증상이나 문제가 시작될 수도 있다.

반복되는 사건: 삶의 이정표로 볼 만한 중요한 단계에 이르렀을 때 예기치 못한 공포나 불안, 증상이 느닷없이 시작될 수 있다. 예를 들어 결혼, 출산, 갑작스런 이별, 분가 등의 상황에 놓이면 마치 내면에서 알람시계가 켜진 것처럼 갑자기 없던 증상이 생긴다. 이 경우 가족 중에서 비슷한 시기에 비슷한 증상으로 고통을 겪은 사람이 있는지 살펴봐야 한다.

반복되는 감정, 행동, 증상: 돌이켜보라. 문제나 증상을 촉발한 것은 무엇인가? 배후에서 무슨 일이 벌어졌는가? 누군가가 자신을 떠났는가? 무시당하거나 배척당하거나 방기된 느낌을 받았는가? 포기하거나 그만두고 싶은 느낌이 들게 한 어떤 일이 있었는가? 그 문제나 증상이 유년기에 있었던 어떤 경험이나 상황을 흉내 내거나 재현하고 있는가? 가족사에서 일어난 어떤 사건과 비슷한 점이 있는가? 어머니, 아버지, 할머니, 할아버지에게 일어난 어떤 사건과 비슷한가?

이들 질문에 대한 답에서 가족 내의 연계를 밝히는 데 중요한 실마리가 나올 수 있다.

증상과 불평은 해결의 실마리

내 증상과 불평의 구체적인 특징은 무엇이며 어떤 핵심 메시지를 담고 있는가? 한 발 떨어져 바라보면 증상과 불평은 무언가를 완성하거나 치유하거나 통합하려는 표현일지도 모른다. 또 자기가 경험한 것이 아닌데도 자기 것으로 떠안아버린 어떤 감정을 자신에게서 분리하려는 창의적인 표현일 수도 있다.

증상과 불평은 그동안 한번도 취해보지 않은 조치, 그러나 더 이상 무시할 수 없는 조치를 취하라는 신호인지도 모른다. 어렸을 때 갑자기 중단된 발달 단계를 지금이라도 마무리하라는 요구일 수도 있다. 증상과 불평 때문에 빚어지는 속수무책의 상황은 부모와의 관계를 회복하는 계기로도, 부모의 그늘에서 벗어나는 계기로도 작용할 수 있다. 또 끝내지 못한 어떤 과제를 완수하라거나 어느 길로 가라고 알려주는 것인지도 모른다. 또는 그간 외면해온 어린 시절의 자신이나 현재 자아의 한 부분이 증상으로 표출되기도 한다.

증상과 불평은 오랫동안 억압해온 감정을 직시하게 함으로써 무너진 관계를 바로잡도록 이끌거나 트라우마를 치유하게 한다. 완전히 해결하지 못한 가족 트라우마를 발견할 기회를 주거나, 그동안 품어온 죄책감을 자각하게 하거나, 화해로 나아가도록 빛을 비춰주기도 한다.

불평과 증상과 문제는 아직 해결하지 못한 어떤 일을 향한 길잡이 역할을 한다. 미처 보지 못한 것을 드러내기도 하고 자신 또는 가족이 거부해온 무엇이나 누군가와 연결하기도 한다. 잠시 멈춰 서서 그 속을 들여다보면 미해결 상태로 가라앉아 있던 것이 표면으로 떠올라 치유 과정에 새로운 차원이 더해진다. 그 과정을 거치고 나면 더 온전하고 완전해진 자신을 느낄 것이다.

7 핵심 묘사어, 내 안으로 들어가는 문

..... 말은, 자연이 그렇듯 내면의 영혼을 반은 드러내고 반은 감추지.
— 앨프리드 테니슨Alfred Tennyson, 〈A.H.H.를 추모하며In Memoriam A.H.H.〉

부모에 대한 감정은 자기 자신에게로 들어가는 문이자 5장에서 소개한 무의식의 네 가지 테마로 들어가는 입구다. 무엇보다 네 가지 중 어떤 테마가 자기 삶에서 작동하는지 정확히 파악하게 해준다. 이 장에서는 친어머니와 친아버지를 묘사해볼 것이다. 응답은 아무런 거리낌 없이 자유롭게 해야 한다. 다음 질문에 답하는 동안 부모보다 자신을 더 잘 알게 될 가능성이 크다. 만약 친부모를 한 번도 만난 적 없다면 다음 장으로 넘어가라.

어머니 묘사하기

성장기에 함께한 어머니를 묘사해보라. 어머니는 어떤 사람이었는가? 머리에 곧바로 떠오르는 형용사나 문구는 무엇인가? 어머니는 따뜻한 사람이었나? 다정한? 냉정한? 냉담한? 행복한? 슬픈? 어머니가 많이 안아주었는가, 아니면 좀처럼 안아주지 않았는가? 종이나 노트 위에 어머니를 떠올리면 제일 처음 드는 생각, 제일 먼저 떠오르는 단어를 적어보라.

쓰기 과제 3　어머니 묘사하기

내 어머니는 ~하다.

어머니의 어떤 점을 탓하는지 써보라.

나는 어머니의 ~을 탓한다.

모든 것을 써라. 머릿속으로 생각만 해서는 안 된다. 단어가 떠오르는 순간 그대로 적는 것이 핵심이다.

아버지 묘사하기

이제 아버지도 묘사해보자. 아버지를 어떻게 묘사하겠는가? 다정한 사람이었나? 느긋한? 모진? 비판적인? 가족 일에 적극적으로 관여했는가, 아니면 방관자였는가? 모든 것을 그대로 다 적어라. 편집하고 싶은 충동이 일어나도 참아라.

쓰기 과제 4　　**아버지 묘사하기**

내 아버지는 ~하다.

아버지의 어떤 점을 탓하는지 써보라.

나는 아버지의 ~을 탓한다.

일단 몰입하면 연애 상대나 친한 친구, 어쩌면 상사도 묘사해보고 싶을지도 모른다.

쓰기 과제 5　　**연인, 친한 친구, 상사 묘사하기**

내 연인/친한 친구/상사는 ~하다.

나는 그/그녀의 ~을 탓한다.

이제 방금 쓴 글에 드러난 점을 살펴보자. 마음에서 즉흥적으로 떠오르는 형용사와 문구를 나는 **핵심 묘사어**라고 부른다. 이 묘사어는 무의식적 감정으로 들어가는 입구로, 스스로 의식조차 못했던 부모에 대한 느낌을 드러낸다.

즉흥적으로 떠오른 단어와 문구를 적다 보면 성인이 되어 했던 포장과 합리화를 걷어내고 유년기를 그대로 돌아볼 수 있다. 이렇게 글을 쓰면 평소 늘 작동하는 여과 장치나 검열에서 벗어나 진짜 마음이 드러나기 때문이다. 또한 이런 글쓰기에서 나온 언어는 부모와 무의식적으로 맺은 의리와 동맹 관계도 밝혀준다. 나아가 부모 중 한 사람 또는 두 사람 모두를 어떻게 거부하는지, 부정적으로 평가했던 부모의 행동을 스스로 어떻게 답습하고 있는지도 보여준다. 묘사어는 거짓말을 하지 않는다. 상처 입을 만한 일에서 자신을 보호하려고 오래전부터 품어온 내면의 이미지에서 나온 것이기 때문이다.

핵심 묘사어
부모에 대한 무의식적 감정을 드러내는 형용사와 짧은 묘사 어구.

묘사어는 거짓말을 하지 않는다

어릴 때 우리 몸은 유입되는 정보를 시간 순서대로 정리해 각각의 감정 상태로 기록한다. 우리가 묘사에 사용한 형용사는 과거의 감정 상태와 그에 따르는 이미지 속으로 우리를 데려간다. 그 형용사가 중요한 이유는 우리가 앞으로 나아가는 것을 방해하는 오래된 이미지를 드러내주기 때문이다.

수많은 사람이 고통스러운 이미지, 부모에게 충분히 사랑받지 못했다는 이미지, 필요로 하는 것을 얻지 못했다는 이미지를 지니고 있다. 이러한 내면의 이미지는 제대로 검토되지 않은 채 삶의 경로와 방향을 정하고 미래의 청사진을 형성하기도 한다. 더구나 이러한 이미지는 가장 중요한 진실이 빠져 있기 때문에 불완전하다. 그 진실은 바로 가족 안에서 사랑의 흐름을 막아버릴 만큼 강력한 이들 이미지의 배후에 어떤 트라우마 사건이 도사리고 있느냐다.

써놓은 단어를 다시 살펴보자. 단어에서 부모에게 품고 있는 원망이 보이는가? 불평이 있는가? 혹시 그 불평이 연인이나 친구를 향한 불평과 동일하지 않은가? 부모에게 품은 불만은 연인에게 투사되거나 가까운 친구 사이에서 불거지기도 한다. 이처럼 부모와의 관계에서 해결하지 못한 일은 사라지지 않고 남아 이후 인간관계의 틀을 형성한다.

부모와의 관계가 불편한 사람에게 핵심 묘사어는 그가 어떤 식의 분노를 품고 있는지 드러내준다. 원망하는 마음은 내면의 평화를 갉아먹는다. 부모, 특히 어머니에게 충분히 사랑받지 못했다고 느끼는 사람은 흔히 다른 사람에게도 충분히 사랑받지 못한다고 느낀다.

부모와 친밀한 관계를 맺고 있는 사람의 핵심 묘사어에서는 따뜻함과 연민이 드러난다. 부모에게 긍정적인 감정을 느끼는 사람은 삶에 대한 태도도 긍정적이며 늘 좋은 일이 생길 거라고 믿는 경향이 있다.

핵심 묘사어에 양가감정이 담긴 경우도 있다. 사람들은 대부분 부모에 대해 서로 전혀 다른 감정을 동시에 품고 있는데, 그중에서도 유독 불편하게 풀리지 않고 남은 감정이 핵심 언어의 중심 주제로 떠오른다. 어떤 사람들은 부모의 행동을 여전히 자기에 대한 공격이나 거부로 해석한다.

유년기에 각자 다른 경험을 한 두 자매가 어머니를 묘사한 단어를 보자.

언니 "외로운, 슬픈, 좌절한, 엄격한, 폭력적인, 화를 잘 내는"
동생 "잔인한, 복수심 강한, 감정적으로 학대하는"

언니는 단순히 사실을 묘사한 반면 아직 고통을 해결하지 못한 동생은 어머니를 비난하거나 비판하는 식으로 묘사했다. 동생은 어머니의 행동을 의도적인 것으로 여겼다. 어머니가 폭력적이고 화를 잘

내는 성격이라도 자식들과 사이좋게 지낼 수 있다. 그런데 어머니가 의도적으로 잔인하게 행동한다고 보는 동생은 아니나 다를까 어머니와 사이가 나빴다.

두 자매가 경험한 인생은 서로 어떻게 달랐을까? 그들은 같은 어머니 밑에서 자랐지만 내면에는 각자 다른 어머니상을 품고 있었다. 동생은 인생이 자신을 잔인하게 괴롭힌다고 느꼈다. 거의 언제나 감정적으로 지쳐 있던 그녀는 기댈 곳이 없고 외로웠다.

부모 중 한쪽만 사랑하는 경우도 있다. 어머니보다 아버지를 더 좋아한 킴은 어머니가 "어린애 같고 어떤 일에서든 의지할 수 없는 사람"이라고 불평했다. 이와 대조적으로 아버지에 대한 묘사는 극찬일색이었다.

"아빠는 굉장하다. 우리는 뭐든 함께했다. 위로와 보살핌이 필요할 때면 언제나 아빠에게 가면 됐다. 아빠는 오래전에 엄마를 떠났어야 했다. 아빠는 엄마에게 자신이 원하는 사랑을 받지 못했다."

어머니를 향한 킴의 반감 밑에는 거대한 상처의 바다가 넘실댔고, 아버지가 어머니를 떠나길 바라는 배신의 감정도 있었다. 한마디로 킴의 핵심 언어에는 공허함과 단절감이 짙게 배어 있었다.

부모를 서로 대립 관계로 설정하면 우리는 자기 존재의 근원과 대립하게 된다. 절반은 어머니에게서 나머지 절반은 아버지에게서 왔다는 사실을 잊고 마는 것이다. 이는 무의식적으로 자신에게 균열을 만들어낸다. 킴의 분노는 자기혐오와 내면의 불안감을 부추겼다. 그것은 킴에게 감옥과 다름없었고 거기에서 탈출하는 유일한 방법은 자기 인식뿐이었다.

　부모가 한 어떤 일 때문에 인생이 망가졌다는 생각에 사로잡힌 사람이 많다. 그 기억이 정확하든 왜곡되었든 이는 부모가 해준 좋은 것마저 없었던 일로 만들어버린다. 부모는 부모 노릇을 하는 과정에서 뜻하지 않게 자식에게 고통을 주기도 한다. 그것은 피할 수 없는 일이다. 문제는 부모가 한 일이 아니라 우리가 아직도 그 생각에 매달려 있다는 점이다.

　부모가 상처를 주는 일이 있더라도 대개는 고의가 아니다. 많은 사람들이 부모에게서 뭔가 받지 못한 것이 있다고 생각한다. 부모와 편안하게 지낸다는 것은 받은 것뿐 아니라 받지 못한 것도 편안하게 받아들인다는 의미다.

몸에 새겨진 이별의 기억

어머니와 일찌감치 이별했거나 유대가 깨지는 일을 경험한 사람은 평온함을 찾으려, 발밑에 탄탄한 지반이 버티고 있다는 느낌을 되찾으려 애쓴다. 다음은 일찍이 어머니와의 단절을 경험한 사람이 흔히 사용하는 핵심 묘사어다.

- "엄마는 냉정하고 거리감이 있었다. 나를 안아주는 법이 없었다. 나는 엄마를 전혀 신뢰하지 않았다."
- "어머니는 너무 바빠 내게 신경을 쓰지 못했다. 어머니는 늘 내게 내줄 시간이 없었다."
- "엄마와 나는 정말 가깝다. 엄마는 내가 돌봐줘야 하는 동생 같다."
- "엄마는 나약하고 연약했다. 엄마보다 내가 훨씬 강인하다."
- "나는 엄마에게 결코 부담을 주고 싶지 않다."
- "어머니는 냉담하고 마음을 주지 않으며 비판적이다."
- "엄마는 늘 나를 밀어내려 한다. 내게 별로 관심도 없다."
- "우리 사이에는 관계라고 할 만한 것이 없다."
- "나는 할머니가 훨씬 더 가깝게 느껴진다. 내게 엄마 역할을 해준 사람은 바로 할머니다."
- "어머니는 철저히 자기중심적이다. 모든 일에서 자기 생각만 한다. 내게는 어떠한 사랑도 표현한 적이 없다."
- "엄마는 대단히 계산적이고 술수에 능한 사람이다. 엄마와 함께 있으면 안정감이 느껴지지 않는다."
- "나는 어머니가 무서웠다. 다음에 무슨 일이 일어날지 도무지 알 수 없었다."
- "나는 어머니와 가깝지 않다. 어머니에게는 모성이 없다. 어머니 같지 않은 사람이다."

- "나는 한 번도 자식을 원한 적이 없다. 내 안에서 그런 모성을 느껴본 적이 없다."

이 핵심 묘사어에서 고통스런 외침이 들려오지 않는가? 11장에서 분리의 핵심 언어 그리고 어머니와의 관계를 재건하는 방법을 자세히 살펴볼 것이다.

일찍이 유대가 깨지는 경험을 했다고 모두가 자기 어머니에게 적의를 품는 것은 아니다. 그럴 때도 어머니를 깊이 사랑하고 신뢰하는 이들도 많다. 그러한 이별을 경험한 아이들이 때로는 자신도 모르게 어머니의 보살핌을 기대하는 대신 어머니를 보살피는 방식을 택하기도 한다. 단절이 너무 일찍 일어나면 그 일을 미처 인식하지 못한다. 그러나 몸에 새겨진 이별의 기억은 긴밀한 대인관계를 맺거나 헤어짐을 경험할 때 다시 촉발되기도 한다. 왜 그러는지 이유도 모른 채 압도적인 공포감과 분열, 무감각, 단절감, 패배감, 절멸감 등을 느끼는 것이다.

부모와의 관계를 다시 세우는 재료

핵심 묘사어에 담긴 감정의 무게는 앞으로 치유 과정이 어느 정도 필요할지를 측정하는 지표다. 부정적 힘이 강할수록 치유 방향도 더 명확하다. 우선 감정적 힘이 강하게 실린 단어를 찾아내야 한다. 스물일곱 살 젊은이가 알코올의존증 환자인 아버지를 묘사하며 한 다음의 말에서 감정적 힘을 느껴보라.

"내 아버지는 술꾼이다. 완전히 쓸모없는 인간이다. 멍청이에다 철저한 패배자다. 어머니와 내가 필요로 할 때 단 한 번도 같이 있어준 적이 없다. 어머니를 함부로 대했고 폭력적이었다. 나는 아버지를 눈곱만큼도 존경하지 않는다."

술꾼, 쓸모없는, 멍청이, 패배자라는 단어에서 아들의 상처가 느껴진다. 소년의 분노와 무감각한 느낌은 겉으로 드러난 표층일 뿐이다. 분노와 무감각을 느끼는 것이 슬픔과 고통을 느끼는 것보다 훨씬 쉽다. 아들은 아버지가 술을 마실 때마다 깊은 내면에서 망연자실했을 것이다.

또한 "어머니와 내가 필요로 할 때 단 한 번도 같이 있어준 적이 없다"는 말에서는 아버지를 향한 어머니의 감정을 엿볼 수 있다. "쓸모없는"이나 "같이 있어준 적이 없다"는 말은 아마 어머니가 한 말이었을 것이다. 어머니는 남편에게 마음을 닫아버림으로써 아들도 아버지에게 마음을 열지 못하게 만들어버렸다. 아들은 표면적으로는 어머니에게 의리를 지키는 것처럼 보였지만 실제로는 자진해서 아버지와 같은 처지가 되었다. 아버지처럼 술을 마시고 여자 친구에게 불같이 화를 냈다. 그러다 아버지가 어머니에게 쫓겨난 것처럼 그도 결국 쫓겨났다. 아들은 부지불식간에 아버지와 자신을 연결하는 은밀한 줄을

엮어낸 것이다. 그는 아버지보다 더 비참한 상황을 자초하고 있었다. 아버지와의 관계를 치유할 때까지 그는 아버지의 고통을 계속 반복했다. 다행히 아버지를 다시 받아들인 후에는 자유롭고 건강한 삶을 살게 되었다.

한쪽 부모에게 다른 쪽 부모가 거부당하거나 무시당하는 경우 자녀가 거부당한 부모를 대리해 고통을 떠안기도 한다. 그 자녀는 비슷한 고통을 겪음으로써 거부당한 부모와 자신을 같은 입장에 놓는다. 이는 마치 아이가 "혼자서 그 일을 겪지 않도록 저도 함께 겪을게요"라고 말하는 것과 같다. 이런 식의 의리로 아이는 고통을 자기 세대까지 이어간다. 물론 거기서 멈추지 않는 경우도 많다.

부모와의 화해는 필수다. 그래야 내면이 평화로워진다. 또 후손에게 부정적인 감정이 대물림되는 것을 막고 조화로움이 퍼져 나갈 조건을 갖출 수 있다. 온화하게 마음을 열고 부모와의 사이를 가로막던 과거사를 떨쳐내야 세대에서 세대로 이어지는 고통의 무의미한 반복이 멈춘다. 처음에는 버겁게, 심지어 불가능하게 보이겠지만 충분히 가능한 일이다. 나는 지금까지 부모와의 관계를 치유한 뒤 건강과 인간관계를 회복하고 직업적 성취를 거둔 사례를 수없이 목격해왔다.

부모를 상징하는 내면의 이미지 바꾸기

1. 아까 쓴 핵심 묘사어를 다시 읽어보라. 이번에는 소리 내 읽는다.

176

2. 마음을 열고 들어라. 무언가 새로운 것이 들리는가?

3. 감정이 강하게 실린 단어를 들으면 아직도 풀리지 않은 감정이 있다고 여겨지는가?

4. 묘사어를 읽을 때 몸에 어떤 느낌이 오는가? 긴장해서 굳어지는가, 아니면 긴장이 풀리고 느긋해지는가? 호흡은 어떤가? 자연스럽게 흐르는가, 아니면 자꾸 멈추는가?

5. 자기 내면에서 변화를 원하는 무언가가 있는지 주의를 기울여보라.

핵심 묘사어는 부모와의 관계를 새로 세우는 일에서 귀중한 재료다. 부모가 살아 있든 이미 세상을 떠났든 상관없다. 일단 핵심 묘사어를 해독하고 나면 부모에게 품었던 부정적인 감정과 태도, 비판은 바뀔 수 있다. 핵심 묘사어에 강한 감정이 깃들어 있을수록 고통도 깊다는 것을 기억하라. 분노의 단어 밑에는 슬픔이 겨울잠을 자고 있다. 슬픔 때문에 죽지는 않지만, 분노 때문에 죽을 수는 있다.

부모를 어떤 이미지로 그리느냐는 삶의 질에 막강한 영향을 미친다. 그런데 내면의 이미지는 일단 알아차리고 나면 바꿀 수 있다. 부모를 바꿀 수는 없지만 내면에 품은 태도는 바꿀 수 있는 것이다.

8 핵심 문장, 깊숙한 곳에 박힌 두려움

당신이 들어가길 두려워하는 그 동굴은 알고 보면 당신이 찾아 헤매던 근원이다.

— 조지프 캠벨Joseph Campbell, 《신화와 인생Reflections on the Art of Living》

공포나 공포증, 공황장애, 강박관념과 싸워본 사람이라면 누구나 내면에 갇혀 옴짝달싹못하는 느낌이 무엇인지 잘 알 것이다. 어떤 재판에서도 유죄판결을 받은 적 없지만 내면을 틀어쥔 끊임없는 걱정과 짓누르는 감정, 기운을 앗아가는 신체감각 때문에 종신형life sentence을 살고 있는 것처럼 느껴질 정도다. 공포와 불안감은 세계를 쪼그라들게 하고 생기를 모조리 말려버리며 하루하루를 제약하고 다가올 삶마저 제한한다. 그런 식으로 살다 보면 진이 다 빠진다.

탈출구를 찾는 방법은 생각보다 단순하다. 그저 다른 종류의 '인

핵심 문장

마음속 가장 깊숙한 곳에
있는 두려움을 표현하는 강
한 감정이 실린 짧은 문장
이다. 유년기나 가족사에서
해결하지 못한 트라우마의
잔류물이 담겨 있다.

생 문장life sentence'으로 '형기를 채우기'만 하면 되는데, 그것은 바로 자신이 가장 끔찍하게 생각해온 두려움이 만들어낸 문장이다. 아마 이 문장은 어렸을 때부터 쭉 함께해왔을 것이다. 큰 소리로 말하든 조용히 속삭이든 이 문장은 우리를 절망 속으로 더 깊이 끌고 들어간다. 그러나 그 문장에는 내면의 감옥을 벗어나 이해와 해결의 세계로 가도록 이끌어주는 힘도 있다. 이러한 문장을 나는 **핵심 문장**이라고 부른다. 핵심 언어 지도가 보물이 묻힌 위치를 찾아내는 도구라면, 핵심 문장은 그곳에 도착해 찾아낼 다이아몬드다.

정곡을 찌르는 핵심 문장 찾기

다음 단계로 나아가기 전에 먼저 이 질문에 답해보자.

'인생에서 가장 두려워하는 공포, 발생 가능한 최악의 일은 무엇인가?'

어쩌면 그것은 평생 지니고 살아온 두려움이나 감정일지도 모른다. 심지어 그 두려움을 갖고 태어났다고 생각할 수도 있다. 이제 질문을 살짝 바꿔보자.

'만약 인생이 무너진다면, 상황이 지독하게 잘못된다면 가장 두

려운 일은 무엇인가? 내게 일어날 수 있는 최악의 일은 무엇인가?'

답을 써보라.

쓰기 과제 6   핵심 문장 찾아내기

내가 가장 두려워하는 것, 내게 일어날 수 있는 가장 나쁜 일은……

지금 막 적은 것이 자신의 핵심 문장이다. 그 문장을 완성하기 전까지는 아래 내용을 읽어선 안 된다.

- 핵심 문장은 아마 '나는'이라는 단어로 시작할 것이다.
  "나는 모든 것을 잃을 것이다."
- 또는 '그들은'이라는 단어로 시작할 수도 있다.
  "그들이 나를 파멸시킬 것이다."
- 어쩌면 '내(나의)'라는 단어로 시작할지도 모른다.
  "내(나의) 아이가 / 가족이 / 아내가 / 남편이 나를 떠날 것이다."

핵심 문장은 다른 단어로 시작할 수도 있다. 이제 더 깊이 들어가 같은 질문에 다시 대답해보자. 이번에는 편집하지 마라.

갈 수 있는 한 가장 깊숙한 마음속으로 들어가 계속 써라. 이 질문에 대한 답은 앞으로 진행될 자기 발견 과정의 출발점이다.

쓰기 과제 7   핵심 문장 변형하기

내게 발생 가능한 최악의 일은……

"나는……"

"그들은……"

"어쩌면 내가……"

"어쩌면 내 아이가/가족이/배우자가……"

이제 적은 것을 보라. 만약 가장 밑바닥까지 내려간 느낌이 든다면 이 질문에 답해보라. 만약 그 일이 정말로 벌어진다면 어떨까? 그럴 때 가장 나쁜 결과는 무엇일까?

예를 들어 "어쩌면 내가 죽을지도 모른다"라고 썼다면 좀 더 나아가라. 그 일이 일어났을 때 예상 가능한 가장 나쁜 결과는 무엇인가?

"내 가족이 나 없이 지내야 한다."

거기서 한층 더 깊이 내려가 보라. 가장 나쁜 결과는 무엇인가?

"그들이 나를 잊는다."

이 문장에 앞의 두 문장보다 더 진한 알맹이가 담겨 있다고 느껴지는가?

다시 한번 초점을 좁혀 핵심 문장이 지닌 감정적 울림을 깊이 느껴보라.

쓰기 과제 8　　**핵심 문장 심화하기**

내가 궁극적으로 두려워하는 최악의 사태는……

지금 쓴 글을 들여다보라. 핵심 문장은 아마 서너 개 또는 대여섯 개의 단어로 이루어졌을 것이다. 앞에서도 말했듯 주로 '나는'이나 '그들은'으로 시작하지만 다른 단어로 시작해도 괜찮다. 그 일이 지금 일어나고 있거나 곧 일어날 것처럼 현재형이나 미래형으로 쓰는 경우도 많다. 그 단어들이 마치 살아 있는 것처럼 느껴질 수도 있다. 소리 내 문장을 말하면 몸속에서 반향이 일어난다. 정곡을 때린 핵심 문장에서는 목재에 부딪힌 '쿵' 소리가 아닌 수정에 부딪힌 '쨍' 소리가 난다. 핵심 문장은 주로 다음과 같다.

"나는 철저히 혼자다."
"그들이 나를 거부한다."
"그들이 나를 떠난다."
"내가 그들을 실망시킨다."

"나는 모든 것을 잃을 것이다."

"나는 허물어질 것이다."

"모든 잘못은 내게 있다."

"그들이 나를 버린다."

"그들이 나를 배신한다."

"그들이 나를 모욕한다."

"나는 미쳐버릴 것이다."

"나는 아이에게 상처를 줄 것이다."

"내가 가족을 잃을 것이다."

"내가 통제력을 잃을 것이다."

"내가 끔찍한 짓을 저지를 것이다."

"내가 누군가를 다치게 할 것이다."

"나는 살 가치가 없는 사람이다."

"나는 미움받을 것이다."

"나는 자살할 것이다."

"내가 나를 가둘 것이다."

"그들이 나를 멀리할 것이다."

"그 일은 결코 끝나지 않을 것이다."

핵심 문장 미세 조정하기

한 단계가 더 남았다. 만약 '나는 철저히 혼자다'라는 문장을 썼다면 다이얼을 양방향으로 조금씩 돌려가며 핵심 문장이 가장 감도 높은 주파수에 맞춰지도록 한다.

예를 들어 그 문장은 '나는 철저히 혼자다'와 '그들이 나를 떠난다' 중 어느 쪽에 더 가까운가? '그들이 나를 떠난다'나 '그들이 나를 거부한다' 또는 '그들이 나를 버린다' 중 어느 쪽에 더 가까운가?

검안사가 처방을 내리기 전에 시력을 체크하고 또 체크하듯 내면의 느낌과 정확히 일치하는 단어를 찾아냈는지 체크해야 한다. 계속 테스트해보라. 핵심 문장이 '그들이 나를 버린다'에 더 가까운가, 아니면 '나는 버림받았다'에 더 가까운가? 우리 몸은 문장이 내면에서 일으키는 떨림에 따라 어느 단어가 가장 정확한지 알아낼 수 있다. 핵심 문장을 이루는 단어는 최적의 단어를 말했을 때 육체적인 반응, 주로 불안한 느낌이나 밑으로 가라앉는 느낌을 불러일으킨다.

아무것도 떠오르지 않는다면

핵심 문장을 써보려고 노력했으나 아무것도 떠오르지 않았다면 이 질문에 대답해보자. 누군가에게 일어날 수 있는 일 중 최악은 무엇인가? 자신이 아니라 다른 어떤 사람에게 말이다. 어쩌면 뉴스에서 본 모르는 사람이 겪은 무시무시한 사건이 기억에 남았을지도 모른다. 아는 사람에게 일어난 끔찍한 일이 떠오를 수도 있다. 그들에게 무슨 일이 일어났는가? 그것을 적어보라. 그것이 무언가 말해줄 수 있다.

다른 사람이 겪은 비극에는 자신이 가장 끔찍하게 여기는 공포의 양상이 반영된 경우가 많다. 우리를 둘러싼 무수한 고통의 이미지 중에서 마음에 익숙하게 와 닿는, 좀 더 정확히 말하면 가족과 관련해 마음에 와 닿는 이미지가 내면에서 반향을 일으킬 가능성이 크다. 그 것을 가족의 영혼으로 들어가는 뒷문이라고 해두자. 모든 끔찍한 일 중에서도 특별히 끔찍하게 다가오는 일은 가족 안에서 벌어진 트라우마 사건과 연결됐을 확률이 높다. 때론 직접 경험한 트라우마를 상기시킨다. 다른 사람이 겪은 비극이 반향을 불러일으킨다면 그 비극에는 자신과 관련된 무언가가 있게 마련이다.

핵심 문장에 접근하는 방법은 또 있다. 깊은 감응을 불러일으킨 책, 영화, 연극의 한 장면을 생각해보라. 어떤 구절이나 장면이 감정을 가장 크게 자극하는가? 예컨대 어머니 없이 홀로 지내는 아이 이야기가 마음에 울림을 일으킨다면 구체적으로 어떤 내용이 감정을 뒤흔드는가? 어머니가 아이를 떠났다는 사실인가, 아니면 아이가 홀로 남겨졌는데 돌봐줄 사람이 아무도 없다는 점인가?

같은 책을 읽거나 영화를 본 사람도 서로 다른 지점에 감응한다. 한 사람은 어머니가 아이를 떠났다는 점에, 또 다른 사람은 아이에게 돌봐줄 사람이 아무도 없다는 점에 더 크게 동요하는 것이다. 전자의 가족 체계를 보면 가족 중 누군가가 아이를 떠났거나 포기한 사람을 발견할 공산이 크다. 전자의 가족 체계에 털어놓지 못한 죄책감이 울려 퍼지고 있다면, 후자에는 버려진 아이의 깊은 슬픔이 배어 있다. 감정을 뒤흔드는 책, 영화, 연극에 등장하는 이미지는 가족사의 구석진 곳에 매달린 연약한 열매를 뒤흔드는 폭풍과도 같다.

운 나쁜 때, 운 나쁜 장소에

팸은 언제나 낯선 무리가 집에 침입해 자신을 난폭하게 해칠 거라며 두려워했다. 최근까지 그 공포는 멀리 있는 기계의 낮은 소음처럼 감지하기 힘든 곳에만 맴돌고 있었다. 그러던 어느 날 자신이 사는 도시에서 한 소말리아 출신 소년이 남자아이 패거리에게 맞아 죽었다는 기사를 읽었다. 낮게 진동하던 공포는 이제 요란한 굉음을 내며 세차게 돌아갔고 팸의 몸속에 극심한 공포의 격류를 풀어놓았다. 자기 존재가 산산이 부서지는 듯했던 팸은 이것을 자신이 몸 밖으로 나와 둥둥 떠다니는 느낌이라고 묘사했다.

팸이 말했다.

"그 애는 그냥 어린아이에 불과해요. 아무 죄도 없었어요. 그저 운 나쁜 때, 운 나쁜 장소에 있었을 뿐이죠. 그들이 아이의 목숨을, 존엄을 앗아갔어요. 그 아이에게 고통을 가했어요."

팸은 눈치 채지 못했지만 사실 그는 열한 살 때 죽은 외삼촌 월터의 이야기를 한 것이었다. 가족은 그 일을 거의 입에 올리지 않았고 팸도 어린 시절에 딱 한 번 들었을 뿐이다. 평소에 월터를 자주 괴롭히던 이웃 아이들이 월터를 집 밖으로 불러냈고, 이후 월터는 버려진 갱도 바닥에서 죽은 채 발견됐다. 월터 스스로 떨어졌거나 아니면 아이들이 밀어서 떨어졌을지도 모른다. 며칠이 지나서야 시체를 찾았는데 이웃 아이들은 모두 겁을 먹고 달아난 뒤였다. 월터는 '운 나쁜 때, 운 나쁜 장소에' 있었던 것이다.

묻어둔다고 안전한 것이 아니다

가족이 전쟁으로 고난을 겪거나 사망하거나 폭력을 당하면 누군가가 그 트라우마의 지뢰밭을 물려받고 만다. 그들은 수십 년 전의 트라우마 경험을 재현한다는 것도 모른 채 납치, 살해, 강제로 끌려가는 공포를 물려받아 그것을 자기감정인 것처럼 느낀다.

여덟 살 난 캄보디아 소년 프락은 크메르루주°에게 살해당한 할

○ '붉은 크메르'라는 뜻으로 캄보디아의 캄푸치아 공산당과 무장 군사 조직이다. 캄보디아 정권을 장악한 이들은 1975에서 1979년 사이 공산주의 이념을 인민에게 강요하며 대학살을 저질렀다. '킬링필드'는 희생자들을 살해하고 시체를 집단으로 매장한 장소(2만 군데 넘게 발견됨)와 대학살 모두를 가리키는 말이다.

아버지의 존재를 전혀 몰랐다. 프락의 할아버지는 CIA 스파이로 몰려 마체테와 비슷한 농기구인 커다란 낫에 맞아 죽었다. 프락이 자꾸만 머리에 부상을 입자 부모인 리트와 시타가 내게 도움을 청했다. 부부는 킬링필드 생존자 1세대였다. 예의바르고 조용조용하게 말하는 리트와 시타는 과거의 짐에 무릎이 꺾인 듯 짓눌린 모습이었다. 그들은 어설픈 영어로 대학살이 끝나고 10년 뒤인 십대 시절에 로스앤젤레스로 건너와 외동인 프락을 낳았다고 설명했다.

이제 여덟 살인 프락은 그동안 이런저런 소동을 벌여왔다. 아버지 리트는 프락이 무턱대고 벽이나 쇠기둥에 머리를 박는다며 일부러 그러는 것 같다고 말했다. 또한 프락이 매일 옷걸이로 바닥이나 소파를 후려치면서 "죽여라! 죽여라!" 하고 소리치며 '논다'고 했다. 아이는 오싹할 정도로 친할아버지가 살해당한 모습을 유사하게 재현하고 있었다.

프락의 핵심 언어는 '죽여라, 죽여라!'로 이는 언어뿐 아니라 신체적으로도 두 가지의 심란한 방식으로 드러났다. 아이는 옷걸이로 후려치는 동작으로 살해자가 할아버지에게 가한 치명적 타격을 소름끼치게 재현했고, 또 자기 머리에 상처를 입힘으로써 할아버지의 머리 부상을 재현했다.

비극적이고 고통스러운 사건을 겪은 가족은 과거를 외면하며 묻어두려는 경향이 있다. 부모는 자식이 불필요한 고통에 노출되지 않는 편이 최선이라고 생각해 입을 다물고 과거로 가는 문을 굳게 닫아버린다. 그들은 아이가 아는 것이 적을수록 더 보호받고 고통과 멀어질 거라고 생각한다.

프락은 킬링필드나 살해당한 친할아버지 이야기를 전혀 듣지 못했다. 심지어 부모는 프락에게 할머니가 재혼한 남편을 친할아버지라고 알려주었다.

과거를 묻어둔다고 해서 다음 세대가 고통에서 안전한 것은 아니다. 생각하지 않고 눈에 띄지 않게 감춰도 저절로 사라지지는 않는다. 오히려 그것은 다음 세대에게서 행동과 증상으로 다시 나타나는 경우가 많다.

리트와 시타에게 이런 개념을 설명하는 것은 쉽지 않았다. 문화적 장막이 대학살을 입에 올리는 일 자체를 가로막았다.

시타가 말했다.

"우리는 앞만 보고 갑니다. 과거는 보지 않아요."

리트도 거들었다.

"우리는 운 좋게 살아남아 미국에서 살고 있습니다."

프락이 시련을 겪는 것은 과거가 명백히 되살아나고 있는 거라고 여러 차례 설명해준 뒤에야 리트와 시타는 내 방식을 받아들이기로 했다. 리트에게 말했다.

"집에 돌아가 프락에게 할아버지 이야기를 들려주세요. 당신이 아버지를 얼마나 사랑했는지, 아직도 얼마나 그리워하는지 말해주세요. 아이의 진짜 친할아버지인 당신 아버지의 사진을 아이의 침대맡에 두고, 할아버지가 아이를 보호해주며 잠자는 동안 아이를 축복해준다고 말해주세요. 할아버지가 축복해주고 있으니 더 이상 머리에 상처를 입히지 않아도 된다는 이미지를 심어줘야 합니다."

마지막 단계를 알리는 것이 가장 어려웠다. 내가 보기에 프락은 할아버지뿐 아니라 치명적 타격을 가한 살인자와도 자신을 동일시하고 있었다. 나는 시타와 리트에게 가족을 해친 사람도 가족 체계에 속하며 그들을 의식에서 배제하면 우리가 그들과 자신을 동일시할 수 있다고 설명했다. 또 가해자의 아이와 피해자의 아이는 서로 비슷한 방식으로 괴로움을 겪으므로 우리는 관련된 모든 이에게 선의의 감정을 품어야 한다는 얘기도 들려주었다. 가족을 해친 사람과 가족에게 해를 당한 사람 모두를 위해 똑같이 기도할 수 있어야 모두에게 이롭다.

시타와 리트는 내 말을 이해했다. 불교신자인 그들 부부는 프락과 함께 캄보디아 사원에 가서 양쪽 집안의 자손이 모두 고통에서 벗어나도록 리트의 아버지와 살인자를 위해 향을 피우겠다고 말했다. 할아버지의 사진을 침대맡에 두고 사원에 다녀온 지 3주 후 프락은 시타에게 옷걸이를 건네며 말했다.

"엄마, 이제는 이거 갖고 놀지 않을래요."

고통스러워서 침묵한 결과

책의 앞부분에서 만난 그레첸은 아우슈비츠에서 모든 가족을 잃고 혼자 살아남은 할머니의 불안한 감정을 품고 있었다. 홀로코스트에서 살아남았음을 온전히 다행스럽게 받아들일 수 없었던 그레첸의 할머니는 일생을 유령처럼 보냈다. 그리고 자녀와 손주들은 그녀에게 더 이상 고통이 더해지지 않도록 달걀 껍질 위를 걷듯 조심스럽게 살았다.

할머니와 죽은 가족의 이야기를 나누는 것은 있을 수 없는 일이었다. 그럴라치면 할머니의 눈이 금세 그렁그렁해지고 얼굴에서 핏기가 사라졌기 때문이다. 할머니의 기억은 저 깊은 지하 납골당에 남겨두는 것이 최선이었다. 어쩌면 할머니는 무의식적으로 다른 가족처럼 죽고 싶다고 바랐을지도 모른다. 2대가 지난 뒤 그레첸은 그 감정을 물려받아 자기 할머니의 가족처럼 소각되고 싶다는 이미지에 사로잡혔다.

그레첸의 핵심 언어: "나 자신을 증발시킬 거예요. 내 몸은 몇 초 안에 소각될 거예요."

그레첸은 자신이 할머니의 트라우마와 얽혀 있음을 알고 나서 마침내 자신이 품었던 감정을 어떤 맥락으로 이해해야 하는지 깨달았다. 나는 그레첸에게 눈을 감고 할머니와 그녀가 전혀 알지 못하는 모든 유대인 가족이 그녀를 아기처럼 부드럽게 안아주는 모습을 상상해보라고 했다. 그 안락한 이미지를 떠올린 그레첸은 평화로운 기분이라고 말했고 그런 감정이 많이 낯설다고 했다. 그녀는 자신을 소각하고 싶어 한 바람이 정말로 소각당한 친척들과 연관된 것임을 받아들였다. 그 순간 자살 충동은 흩어져 사라졌고 그레첸은 더 이상 죽고 싶은 욕구를 느끼지 않았다.

그레첸은 자신을 할머니뿐 아니라 할머니의 가족을 죽인 살인자들과 동일시했을 수도 있다. 만약 스스로 목숨을 끊었다면 그녀는 무의식적으로 그 살인자들의 공격 행위를 재현한 셈이었을 것이다. 가해자와의 동일시는 드문 일이 아니며 이후 세대에게 폭력적인 행동이 나타날 때는 꼭 그 점을 고려해야 한다.

트라우마의 잔해들

스티브는 새로운 장소에 갈 때마다 공황 발작으로 괴로워했다. 어떤 건물이나 레스토랑에 처음 들어가든 새로운 도시를 여행하든 마찬가지였다. 스티브는 낯선 환경에 처할 때마다 해리(dissociation, 자기 자신, 시간, 주위 환경에 대한 연속적인 의식이 단절되는 현상) 증상을 일으켰다. 그는 그 상태를 "기절하는" 느낌, "내면을 깜깜하게" 만드는 현기증, "머리 위에서 하늘이 닫히는" 느낌으로 묘사했다. 이러한 감각과 함께 그는 심장이 가쁘게 뛰고 진땀을 쏟는 상태를 매번 경험했다.

어린 시절에 겪은 일 중에서 이처럼 극단적인 공포를 자아낼 만한 사건은 전혀 생각나지 않았다. 스티브의 아내와 아이들은 그가 늘 안전하다는 느낌을 유지하도록 익숙한 범위 안에 갇힌 채 지냈다. 그들에게는 여름휴가도, 처음 가보는 레스토랑도, 놀랄 일도 없었다.

스티브의 핵심 언어: "나는 사라질 것이다. 나는 쓸려갈 것이다."

스티브의 가족사를 들여다보면 그가 안전함을 느끼지 못하는 근원이 드러난다. 가족 중 무려 일흔네 명이 홀로코스트로 사망했다. 그들은 평생 살아온 익숙한 환경에서 끌려나와 강제수용소라는 새로운 곳으로 옮겨져 살해당한 것이다. 가족과 공유해온 연결을 알아차리자 스티브는 공황 발작의 근원이 삶을 제한해왔음을 깨달았다. 한 번의 상담만으로도 그의 공포는 걷혔다. 희생당한 가족들이 이제 평화로운 상태에 있고 그가 공포에서 벗어나도록 축복해준다는 새로운 내적 이미지를 받아들이면서 스티브는 그때까지 가시철조망으로 막아놓았던 삶의 문을 열고 탐험과 모험이 가득한 새 삶 속으로 들어갔다.

린다도 공황 발작 때문에 좀처럼 안전함을 느낄 수 없었고, 늘 공포로 둘러친 감옥에 갇혀 있는 기분이었다.

"세상은 안전한 곳이 아니에요. 당신이 누구인지 숨겨야 해요. 너무 많이 알려지면 사람들이 당신을 해칠 수 있어요."

그녀는 언제나 낯선 무리에게 납치당하는 악몽을 꿨다. 린다도 스티브처럼 공포라는 문이 가로막고 있는 감옥에 갇혀 살았지만 그 상태는 어린 시절에 겪은 일과 연관이 없었다.

내가 가족사를 묻자 린다는 어린 시절 홀로코스트 당시 살해당한 할머니의 자매가 있다는 얘기를 들었다고 했다. 내막을 알아보니 이모할머니는 이웃집에 숨어 지내다가 유대인임이 발각되었고 그 뒤

낯선 사람들, 즉 나치 병사에게 끌려가 수로 근처에서 총에 맞아 사망했다는 것이다.

린다의 핵심 언어: "세상은 안전한 곳이 아니다. 당신이 누구인지 숨겨야 한다. 사람들이 당신을 해칠 수 있다."

린다는 핵심 언어를 이모할머니의 비극과 비교하면서 자신의 불안한 감정이 어떤 맥락에서 나왔는지 깨달았다. 그녀는 상상 속에서 이모할머니와 대화했고 이모할머니는 린다에게 보호해주고 안전함을 느끼도록 도와주겠다고 말했다. 이 새로운 이미지 속에서 린다는 불안한 감정을 원래 주인인 이모할머니에게 돌려주기로 했다.

물론 누구에게나 홀로코스트, 아르메니아 대학살, 캄보디아의 킬링필드, 스탈린이 야기한 우크라이나 대기근, 중국 · 르완다 · 나이지리아 · 엘살바도르 · 구 유고슬라비아 연방 지역, 시리아, 이라크 등에서 일어난 집단살해 등에서 목숨을 잃었거나 그 과정에 참여한 조상이 있는 것은 아니다. 하지만 윗세대 가족 중 누군가가 다양한 형태의 전쟁, 폭력, 살인, 강간, 압제, 노예 생활, 추방, 강제 이주를 당했을 수는 있다. 이 트라우마가 남긴 잔해는 우리 안에 수많은 공포와 불안을 불어넣는다. 그것을 바로잡아줄 핵심 문장은 현재의 것에서 과거의 것을 캐내도록 돕는 연결 고리다.

최초의 공포는 누구 것인가

핵심 문장은 흔히 공포감을 유발한다. 단어를 말하는 것만으로도 몸에서 일어나는 강렬한 신체 반응을 느낄 수 있다. 핵심 문장을 말하면 내면에서 여러 감각이 파도처럼 퍼지는 것 같다고들 말한다. 이는 핵심 문장이 아직 해결하지 못한 비극에서 나온 것이기 때문이다. 만약 그것이 내가 겪은 비극이 아니라면 이제 비극의 주인이 누구인지 알아내야 한다.

핵심 문장을 말하고 그에 따르는 두려움을 느끼는 사람은 우리지만 최초의 공포는 우리가 태어나기 훨씬 이전에 일어난 비극적인 사건에서 온 것인지도 모른다. 따라서 스스로에게 이렇게 물어야 한다. 최초의 공포는 누구 것인가?

핵심 문장을 스스로에게 말해보라. 내면에서 일어나는 떨림을 느껴보고 귀 기울여라. 잠시 그 단어가 다른 누군가의 것이라고 상상해보라. 눈으로 볼 수 있도록 핵심 문장을 종이에 써보는 것도 좋다. 커다란 트라우마를 경험했거나, 깊은 슬픔 또는 죄책감을 안고 살았거나, 폭력적으로 안타깝게 죽었거나, 공허한 삶을 살았거나, 조용히 절망을 견디며 살았던 사람의 것이라 생각하고 핵심 문장이 내는 소리를 들어보라. 그 문장은 어머니나 아버지의 문장일 수도 있고 할머니, 할아버지, 손위 동기, 부모의 형제자매의 문장일 수도 있다. 그런데 지금은 우리 안에 살고 있는 것이다.

핵심 문장은 외판원이 문을 열어줄 누군가를 찾아 이집 저집 돌아다니듯, 자손 중에서 마음의 문을 열어줄 누군가를 찾아다닌다. 그러다 보면 누군가는 자기도 의식하지 못한 채 문을 열어 그 문장을 내면에 받아들인다.

어떤 사람은 자기도 모르게 가족사에 일어난 비극을 해결하려는 모종의 의무감을 안고 산다. 할머니가 자기 어머니나 남편, 자식의 죽음 때문에 응어리진 슬픔을 안고 살았고 내가 할머니와 비슷한 슬픔을 공유하고 있다면 그것은 가족의 고통을 치유하겠다는 내 무의식의 발로일지 모른다. '나는 모든 것을 잃었다'라는 할머니의 감정이 내 내면에 옮겨오면 왠지 모르게 모든 것을 잃을 듯한 공포감에 사로잡힌다.

핵심 문장은 자의식에 영향을 미친다. 또 살면서 내리는 선택과, 몸과 마음이 주변 세계에 반응하는 방식에도 영향을 미친다. 꿈에 그리던 남자에게 청혼을 받았는데 의식 뒤편에서 '그는 나를 떠날 거야'라는 문장이 떠오르면 어떤 일이 벌어지겠는가? 곧 엄마가 될 임신부가 생물학적, 감정적으로 복잡한 상태에서 '나는 내 아이를 다치게 할 거야' 같은 문장을 떠올린다면 어떤 영향을 받을까?

핵심 문장을 다시 한 번 들어보라. 단어를 큰 소리로 말해보라. 그 단어가 정말 내 것인가? 혹시 가족 중에 그 감정의 진짜 주인은 없는가?

부모와 조부모를 생각해보라. 그들에게 너무 고통스러워 묻어버린 경험이 있는가? 갓난아이를 잃었거나 임신 말기에 유산한 적이 있는가? 마음을 다해 사랑한 사람에게 버림받았거나 어렸을 때 부모 또는 형제자매를 잃은 적은? 누군가에게 해를 끼쳤다는 죄책감을 품고 있거나 어떤 일에 대해 자책하고 있지는 않은가?

아무것도 떠오르지 않는다면 한 세대를 더 올라가 증조부모대를 돌아보거나 삼촌, 고모, 이모를 살펴봐야 할지도 모른다.

죽기 위해 태어난 사람

잭은 두 세대를 거슬러 올라가보고서야 마음의 평화를 찾았다. 그가 살아 있는 것은 그야말로 행운이었다. 몇 차례의 자살 기도 후 그는 마침내 가족의 과거로 들어가는 문을 열어보기로 결심했다.

잭은 언제부터인지 기억도 나지 않을 만큼 늘 자신은 죽어야 한다는 생각을 하며 살아왔다. 심지어 자신은 죽기 위해 태어난 것이라고 말하기도 했다.

잭의 핵심 문장: "나는 죽어야 한다."

성년이 되자 잭은 싸우다 죽기 위해 이라크 파병군에 지원했다. 보병으로 참전해 최전선에서 총에 맞아 죽으면 인생의 목적을 달성할 수 있으리라 여겼다. 그는 성실하게 훈련을 받아 영웅이 될 작정이었다. 막대한 위험을 감수하다가 조국을 위해 명예롭게 죽을 생각이었던 것이다.

그러나 잭의 계획은 빗나갔다. 군부에서 그의 부대를 파병하지 않은 것이다. 잭은 즉각 기지에서 무단이탈해 두 번째 자살 계획을 실행에 옮겼다. 고속도로를 터보 속력으로 달리면 곧 경찰관이 차를 세울 거라 확신했다. 면밀하게 계획을 세운 잭은 경찰관이 차를 세우면 곧바로 뛰쳐나가 경찰관의 총을 빼앗을 작정이었다. 경찰관은 어쩔 수 없이 잭을 쏠 것이고 그러면 잭은 죽을 수 있었다. 그는 계획한 대로 전속력으로 고속도로를 달렸지만 이번에도 운명이 훼방을 놓았다. 아무 일도 일어나지 않은 것이다. 경찰관도, 총격도 없었다.

잭은 단념하지 않고 워싱턴 D.C.까지 곧바로 차를 달렸다. 세 번째 계획은 결코 실패할 리 없을 터였다. 그는 장난감 총을 손에 들고 백악관의 담장을 뛰어넘어 대통령 집무실을 향해 전력 질주할 생각이었다. 그러면 대통령 경호원들은 그를 쏘지 않을 수 없을 것이다. 하지만 이번에도 운명은 잭의 몫으로 다른 계획을 세워두고 있었다. 백악관으로 이어지는 펜실베이니아 애버뉴에 도착하니 경호원들이 백악관 담장을 어찌나 잘 방어하던지 잭은 그 근처에도 가지 못했다.

잭의 머리에는 자살 계획이 하나 더 남아 있었다. 하지만 그 계획은 실행에 옮기지도 못했다. 주지사가 연설하는 정치 집회에 참가해 장난감 총을 휘두르며 주지사를 겨냥할 생각이었다. 그러면 경호원들이 그를 사살할 거라고 계산하고 말이다. 그때 잭의 머리에 번쩍하고 한 가지 생각이 떠올랐다. 군중으로 혼잡한 상황에서는 경호원들이 잭을 사살하는 것이 아니라 땅바닥에 눕혀 완전히 제압했다가 교도소로 보낼 거라는 생각이었다. 교도소에서 남은 생을 보내기는

싫었다. 마침내 잭은 절망적인 상태에서 필사적으로 도움을 구하는 심정으로 나를 찾아왔다.

잭의 죽음 계획을 관통하는 주제가 들리는가? 각각의 자살 시도가 성공했을 경우 잭은 나라를 지키는 누군가의 총에 맞아 죽는다. 그러나 잭은 24년을 살아오면서 그런 벌을 받아 마땅한 일을 저지른 적이 없었다. 그는 누구를 해친 적이 없었고 죄책감도 없었다. 누군가가 자기 때문에 고통을 받았다고 스스로를 탓한 적도 없었다.

그렇다면 잭은 누구를 대신해서 죽어야 하는 것일까? 혹시 그의 가족 체계 안에 자기가 저지른 어떤 일 때문에 총살을 당해야 한다고 생각한 사람은 없었을까? 답을 찾으려고 우리는 잭의 가족사 속으로 과거 여행을 떠났다. 그의 핵심 문장은 여행길에 빛을 비춰주었고 나는 잭의 핵심 불평을 바탕으로 세 가지 다리 놓기 질문을 던졌다.

- 가족 중 범죄를 저지르고 처벌을 받지 않은 사람이 있는가?
- 자기가 저지른 어떤 일 때문에 '총살'을 당해야 한다고 생각한 사람은 누구인가?
- 가족 중 총에 맞아 죽었지만 애도조차 할 수 없었던 사람은 누구인가?

처음 두 질문 중 하나는 정곡을 찔렀다. 잭은 첫 번째 질문을 듣고 어렸을 때 엿들은 어떤 대화를 떠올렸다. 잭의 외할아버지는 무솔

리니 내각의 고위 관료로 수많은 사람을 죽음으로 몰아넣은 일에 결정권을 행사한 인물이었다. 이탈리아에서 전쟁이 끝나갈 무렵 문서를 위조한 그는 신분을 위장해 미국으로 탈출했다. 이탈리아에 남은 내각 인사들은 체포되어 총살당했지만 잭의 할아버지는 그런 운명을 피해갔다. 그는 운이 좋았다. 아니, 운이 좋았다는 것은 그만의 생각이었는지도 모른다. 그는 몰랐겠지만 그의 운명은 집안에 처음으로 태어난 사내아이, 그러니까 자기 외손자에게로 내려갔다.

3장에서 보았듯 베르트 헬링어는 자기 운명은 각자 책임을 져야 하며 그 운명이 불러오는 결과도 스스로 짊어져야 한다고 말했다. 운명을 피하거나 거부하거나 교묘히 비껴가면 가족 체계 안의 다른 구성원이 대가를 치르려 시도하다가 심지어 목숨을 잃을 수도 있다.

잭은 할아버지가 저지른 범죄의 대가를 치르려 했다. 그것은 지나치게 대가가 큰 유산이었지만 잭은 자기가 그것을 떠안았다는 것도 의식하지 못했다. 그는 총에 맞아 죽으려는 충동이 자기 내면에서 생긴 것이라고 생각했다. 자신은 그냥 결함을 안고 태어난 사람이라고 여긴 것이다. 그는 자신이 그토록 깊이 가족사의 영향을 받았으리라고 생각해본 적이 없었고 연관을 지어본 일도 없었다. 잭은 어리벙벙한 듯했다.

"죽어야 하는 사람이 제가 아니라는 말인가요? 그러니까 저는 죽을 필요가 없다는 말이죠?"

잭의 할아버지는 총살형을 피함으로써 자신이 초래한 죽음의 불균형을 바로잡지 못했다. 두 세대가 지난 뒤 잭이 자기 목숨으로 속죄함으로써 그 빚을 갚으려 한 것이다. 이는 공정하지 않지만 실제로 일어난 일이다. 심지어 잭은 거의 성공할 뻔했다.

다행히 잭은 죽어야 한다는 감정을 할아버지에게 돌려주기로 했다. 그 감정을 넣어둘 곳이 생긴 것만으로도 잭에게는 대단히 큰 의미가 있었다. 처음으로 그는 자신의 감정과 자기 것이 아닌 감정을 분리했다. 한때 자기 것으로 내면화한 것을 이제 자기 밖으로 꺼내놓은 것이다.

잭은 오래된 그 감정이 다시 올라올 때를 대비해 계획을 세웠다. 그럴 때는 마음의 눈으로 할아버지를 보며 존중의 마음을 담아 고개 숙여 인사할 생각이었다. 할아버지는 분명 그에게 '죽어야 한다는 마음은 내 것이니 이제는 그 감정을 내가 처리하겠노라'고, '너는 숨을 들이쉬고 내쉬면서 평화를 느끼라'고 말해줄 것이었다. 잭은 사후 세계에서 할아버지가 과거에 해친 사람들에게 죗값을 치르는 모습도 상상했다. 잭의 마음속 풍경은 점점 화해와 평화의 분위기를 띠었다.

대부분 잭처럼 현재 자기가 겪는 문제가 가족사의 트라우마 사건과 연결되어 있다고 생각하지 않는다. 이제 핵심 문장을 찾았으니 관계를 돌아볼 방법이 생겼다. 아까 찾은 핵심 문장을 다시 한 번 말해보고 스스로에게 두 가지 질문을 던져보라. 그 두려움의 근원이 자기 자신이라고 확신하는가? 가족 체계 안에 이같이 느낄 만한 다른 누군가가 있는가?

가족의 과거에 관해 아무런 정보가 없더라도 치유를 향한 길은 여전히 곧게 뻗어 있다. 어려운 과정은 이미 마쳤다. 그것은 핵심 문장으로 마음속 가장 깊은 두려움을 분리해낸 일이다. 물론 여전히 두려움을 느낄 수 있지만, 두려움 그 자체는 우리가 태어나기도 전에 일어난 트라우마 사건에서 유래한 것이거나 부모 중 한 사람이 겪은 고통의 결과물일 가능성이 크다. 정확히 어떤 일인지는 모르더라도 트라우마가 있었다는 사실은 분명히 알 수 있다. 어렴풋이 그것을 느낄 테니 말이다.

에이프릴 이야기

퀼트 장인 에이프릴은 아프리카계 미국인으로 40대에 접어든 어느 날 사진 한 장을 보았다. 1911년에 찍은 이 사진에는 흑인 여성과 그녀의 아들이 목이 매달린 채 다리 아래로 늘어져 있고, 백인 남녀와 몇몇 아이가 그 다리 위에 서 있는 장면이 담겨 있었다. 사진을 본 뒤 에이프릴의 삶은 이전과 완전히 달라졌다. 사진 속 이미지와 과거의 잔인한 역사에 압도된 것이다. 그날부터 에이프릴의 불안은 계속 커져갔다.

"나무만 봐도 나무마다 시체가 매달려 있는 것 같았어요."

나는 가족 중에 누군가에게 잔인하게 폭력을 입은 사람이 있는지 물었다. 그녀는 정확히 답하지 못했다. 1880년대 말에 에이프릴의 할아버지는 흑인 남성과 백인 여성 사이에서 태어났고, 누이와 함께

길에 버려졌다. 둘을 발견한 지금의 에이프릴 집안은 누이는 그냥 두고 할아버지만 거둬 키웠다. 이후 할아버지의 누이와 부친에게 어떤 일이 벌어졌는지는 아무도 알지 못했다.

과거에 백인 여성과 성관계를 맺은 흑인 남성은 처벌을 받았다. 반면 백인 남성 노예주들은 아무렇지도 않게 흑인 여성 노예를 범하고 자식을 낳았다. 2016년 5월 한 연구팀이 그러한 과거사의 유전적 증거가 오늘날 아프리카계 미국인의 DNA에 담겨 있다고 발표했다. 노예제 시대에 새겨진 유럽 혈통의 흔적이 아프리카계 미국인의 DNA에 남아 있을 거라는 오랜 상식을 과학으로 입증한 것이다.[98]

에이프릴은 할아버지의 아버지나 누이, 아니면 가족 중 누군가가 목매달려 죽었다고 확신하진 못했다. 그러나 누군가는 그런 죽음을 당했을 거라고 의심했다. 최소한 에이프릴의 내면에는 그 집단 트라우마의 흔적이 남아 있었고, 다른 아프리카계 미국인들도 비슷한 공포를 느끼며 그 흔적을 공유했다.

가만히 있을 수 없었던 에이프릴은 1865년부터 1965년까지 억울하게 죽임을 당한 아프리카계 미국인에 관한 기록을 남녀노소 할 것 없이 샅샅이 조사했다. 그렇게 찾아낸 5천여 명의 이름을 황금색 실크사로 검정색 천에 수놓았다. 이름을 하나씩 새길 때마다 또 한 명의 영혼이 마침내 영원한 휴식에 들어가는 듯한 느낌을 받았다. 3년에 걸쳐 9킬로그램이나 나가는 그 퀼트를 완성하자 에이프릴은 마침내 자유로움을 얻었다.

핵심 문장 뒤에 가족 구성원이 있음을 인정하기

1. 핵심 문장에 표현한 두려움이 원래 누구의 것인지 명확히 안다면 지금 그 사람의 모습을 떠올려보라.

2. 누구인지 모르면 일단 눈을 감는다. 가족 중 비슷한 감정을 느꼈을 법한 누군가를 상상해보라. 그 사람은 삼촌이나 할머니일 수 있고, 어쩌면 한 번도 만난 적 없는 어머니나 아버지 중 한쪽의 형제자매일 수도 있다. 누구인지 꼭 알아야 하는 것은 아니다. 심지어 혈연으로 연결된 사람이 아니라 가족 누군가에게 해를 끼쳤거나 해를 당한 사람일 수도 있다.

3. 핵심 문장의 배경인 트라우마 사건에 얽힌 사람이나 사람들을 머릿속에 떠올려보라. 그 사건이 무엇인지 반드시 알 필요는 없다.

4. 이제 고개를 약간 숙인 채 입을 벌리고 깊게 호흡한다.

5. 그 사람 또는 사람들에게 그들과 그들에게 일어난 모든 일을 존중한다고 말하라. 또 그들을 잊지 않을 것이며 그들을 사랑으로 기억하겠다고 말하라.

6. 그들이 평화로워하는 모습을 머릿속에 떠올려보라.

7. 그들이 온전한 삶을 살라고 축복해주는 것을 느껴보라. 숨을 들이쉬면서 그들의 호의적인 축원이 신체적 효과로 나타나는 것을 느껴보라. 또 숨을 내쉬면서 핵심 문장에 담긴 감정이 몸에서 빠져나가는 것을 느껴보라. 마치 강도 조절 다이얼을 0으로

낮춘 것처럼 두려움이 서서히 사라지는 것을 느껴보라.

8. 몸이 차분하게 안정을 찾을 때까지 몇 분 동안 위 과정을 계속한다.

두려움을 떨쳐버리는 길

이 책에서 제안하는 핵심 언어 도구 중 숨은 가족 트라우마를 밝혀내는 직접적인 수단은 바로 핵심 문장이다. 핵심 문장은 두려움의 근원으로 안내해줄 뿐 아니라 미처 몰랐던 가족 트라우마에 연결해준다. 근원을 알면 두려움을 떨쳐버릴 수 있다. 다음은 핵심 문장의 열 가지 속성이다.

핵심 문장의 열 가지 속성

1. 핵심 문장은 가족사나 어린 시절 트라우마 사건과 연관된 경우가 많다.

2. '나는'이나 '그들은'으로 시작하는 문장이 많다.

3. 표현하는 단어는 몇 개에 불과해도 매우 극적이다.

4. 가장 큰 두려움이 실려 있어 감정적 무게가 무거운 단어로 이뤄진다.

5. 그 문장을 말하면 신체 반응이 일어난다.

6. 어떤 트라우마를 겪으며 '잃어버린 언어'를 되찾아주고, 그 언어가 가족사 중 어느 지점에서 유래했는지 밝혀준다.

7. 숨은 트라우마의 기억을 되찾아준다.

8. 그동안 경험해온 감정과 감각, 불편한 증상을 이해할 맥락을 제공한다.

9. 증상이 아니라 원인을 표적으로 삼는다.

10. 그 문장을 말하면 과거에서 벗어나는 데 도움이 된다.

다음 장에서는 가족 관계도로 핵심 문장에 연결된 핵심 트라우마를 찾는 법을 배운다. 우선 핵심 언어 지도를 다시 한 번 그려보자.

쓰기 과제 9 핵심 언어 지도 구성하기

① 핵심 불평을 적는다. 예를 들어 아들을 사산한 후 그 일을 입에 담지 않고 회피해온 집안에서 태어난 메리의 불평은 이렇다.

"내겐 소속감이 없다. 어딘가에 속한 느낌이 들지 않는다. 아무도 내게 관심이 없다. 나는 삶을 관찰할 뿐 삶 속에 내가 없는 것 같다."

② 부모에 관한 핵심 묘사어를 적는다. 메리의 핵심 묘사어는 다음과 같다.

"엄마는 다정하고 쉽게 상처받고 자상하고 우울하고 어딘가에 정신이 팔려 있고 멍했다. 나는 나를 위해 존재하지 않은 엄마를 탓한다. 내가 엄마를 보살펴야 한다는 느낌이 들었다."

"아빠는 재미있고 외롭고 거리감이 있고 종종 곁에 없었고 열심히 일하는 사람이었다. 나는 가족 곁에 있어 주지 않은 아빠를 탓한다."

③ 지금 가장 두려운 일, 즉 핵심 문장을 적는다. 메리가 가장 두려워한 것은 이랬다.

"나는 늘 외롭게 남아 있고 배제될 것이다."

이제 가족의 핵심 트라우마를 발견하는 방법으로 나아가는 데 필요한 핵심 언어를 모두 갈무리했다.

9 핵심 트라우마, 현재와 과거를 잇다

> 잔혹한 일은 …… 묻히기를 거부한다. …… 민담에는 자기 이야
> 기를 전할 때까지 무덤 속에서 편히 쉬지 못하는 유령이 가득
> 하다.
>
> ― 주디스 허먼Judith Herman, 《트라우마Trauma and Recovery》

이제 핵심 언어 지도의 모든 조각을 한데 모아보자. 지금까지 핵심 불
평에서 핵심 언어라는 보석을 뽑아내는 법과 그것을 분석하는 방법을
배웠다. 또 부모를 묘사할 때 사용하는 형용사가 부모보다 자기 자신
을 더 많이 드러낸다는 것도 배웠다. 나아가 가
장 큰 두려움을 표현하는 문장, 즉 핵심 문장이 | **핵심 트라우마**
우리를 가족 체계에서 일어난 트라우마로 이끌 | 생애 초기나 가족사에 미해결
어준다는 것도 알게 됐다. 이제 마지막으로 배 | 상태로 남은 트라우마로 행동,
워야 할 것은 핵심 **트라우마**, 그러니까 어린 시절 | 선택, 건강, 안녕에 무의식적
| 으로 영향을 미친다.

이나 가족사에서 일어난 해결하지 못한 트라우마로 다가갈 다리를 놓는 방법이다.

핵심 언어 지도의 네 가지 도구를 순서대로 보면 핵심 불평, 핵심 묘사어, 핵심 문장, 핵심 트라우마다. 핵심 트라우마를 발굴해내는 방법은 두 가지다. 하나는 족보를 그림으로 표현하는 **가족 관계도**genogram를 이용하는 것이고 다른 하나는 다리 놓기 질문을 활용하는 것이다.

첫 번째 방법, 다리 놓기 질문

앞서 잭의 사례로 보았듯 밑바탕에 자리한 트라우마에 다가가는 한 가지 방법은 질문으로 다리를 놓는 것이다. 핵심 문장은 과거 세대에서 왔을 가능성이 큰데, 다리 놓기 질문으로 문장을 물려준 가족 구성원을 불러낼 수 있다. 그렇게 문장의 원래 소유주를 찾아내면 상황을 이해하고 마음의 평화를 얻게 된다. 이는 자신뿐 아니라 자녀를 위한 일이기도 하다.

잭은 "가족 중 범죄를 저지르고 처벌을 받지 않은 사람이 있는가?"라는 질문으로 무솔리니 정부 시절 막강한 힘을 휘둘러 많은 사람에게 해를 가한 외할아버지를 찾아냈다. 그동안 잭의 집안은 할아버지가 전쟁 중 한 일을 아예 말하지 않거나 쉬쉬했다.

다리 놓기 질문은 현재와 과거를 이어준다. 가장 큰 두려움을 캐내고 그 실마리를 따라가면 가족 체계에서 자기와 동일한 감정을 느꼈을 만한 사람에게 도달한다. 예를 들어 가장 큰 두려움이 '어린아이를 다치게' 할지도 모른다는 것이라면 그 두려움을 질문으로 바꿔보라. 현재 느끼는 공포의 근원이 될 만한 이전 세대의 사건으로는 어떤 것이 있을지 생각해보라.

"어린아이를 다치게 할지도 모른다"는 핵심 문장을 바탕으로 핵심 트라우마를 찾기 위한 다리 놓기 질문의 예시는 다음과 같다.

- 가족 체계 안에서 아이를 다치게 했거나 안전하게 지키지 못했다고 자신을 탓했을 만한 사람은 누구인가?
- 어떤 아이의 죽음을 놓고 자기 책임이라고 생각했을 만한 사람은 누구인가?
- 자신의 행동이나 결정 때문에 아이가 다쳤다며 죄책감을 느꼈을 만한 사람은 누구인가?
- 가족 체계 안에서 해를 당했거나 방치됐거나 남에게 보내졌거나 학대당한 아이는 누구인가?

이 질문들 중 적어도 하나는 두려움의 근원으로 데려다준다. 물론 그 근원을 언제나 쉽게 찾을 수 있는 것은 아니다. 부모와 조부모 중에는 가족의 과거를 말하지 않는 이들이 많고 이 때문에 중요한 정보가 영원히 사라지기도 한다.

사람은 깊은 고통을 겪을 때 회피함으로써 감정적 고통과 거리를 두려고 한다. 그렇게 해야 자신과 자녀들을 보호할 수 있다고 생각하기 때문이다. 그러나 모르는 체하면 고통은 더 깊어질 뿐이다. 눈에 보이지 않게 감춰둔 것은 더 격렬해진다. 침묵은 결코 고통을 치유하는 효과적인 방법이 아니다. 괴로움은 다시 표면으로 떠오르게 마련이고 대개는 이후 세대에게 어떤 공포나 증상으로 나타난다.

가족에게 어떤 일이 있었는지 알아내지 못해도 핵심 언어 지도는 완성할 수 있다. 핵심 문장 안에 '가족 트라우마의 정체'를 파악하도록 돕는 실마리가 담겨 있기 때문이다. 구체적인 세부 사항이 빠져 있거나 불분명해도 다리 놓기 질문으로 충분히 연결할 수 있다.

리사 이야기

리사는 자신을 "과보호하는 엄마"라고 표현했다. 자기 아이들에게 무언가 끔찍한 일이 생길 거라는 두려움에 사로잡혀 한시도 눈을 떼지 못하는 탓이다. 세 아이 중 누구에게도 심각한 일이 일어난 적이 없건만 리사는 "내 아이가 죽을 거야"라는 핵심 문장에 늘 시달렸다. 그녀는 자기 가족사를 거의 알지 못했지만 핵심 문장에 담긴 두려움을 따라가며 다음과 같은 다리 놓기 질문을 했다.

- 우리 가족 중 아이가 죽은 사람은 누구인가?

212

- 우리 가족 중 아이를 안전하게 지키지 못한 사람은 누구인가?

리사가 아는 유일한 정보는 외조부모가 우크라이나의 카르파티아 산지에 살다가 미국으로 이민을 왔다는 사실뿐이었다. 기근과 굶주림에서 탈출한 조부모는 두 분이 겪은 역경을 한 번도 입에 올리지 않았고, 자녀들 역시 물어볼 생각을 하지 않았다.

리사의 어머니는 막내로 유일하게 미국에서 태어난 자식이었다. 그녀도 자세히는 몰랐지만 미국으로 오는 도중 형제 몇 명이 목숨을 잃은 게 아닐까 추측했다. 막연하게나마 그런 정보가 드러나자 리사는 자신이 품은 공포를 좀 더 잘 이해했고 "내 아이가 죽을 거야"라는 문장은 조부모의 몫이었을 가능성이 크다고 여겼다. 이런 생각을 하는 것만으로도 리사는 두려움의 강도가 조금 줄어들었음을 느꼈다. 그리고 조금씩 아이들과 함께하는 시간에 느끼던 불안감을 내려놓을 수 있었다.

다리 놓기 질문을 던지면 가족 안에서 완전히 해결하지 못한 트라우마 사건에 직면한다. 끔찍한 고통을 겪은 가족 구성원과 정면으로 만나기도 한다. 무언가로 힘들다면, 어쩌면 그들이 겪은 고통의 부산물을 짊어지고 있는 것일지도 모른다.

두 번째 방법, 가족 관계도

가족 관계도는 가계도를 나타내는 2차원의 시각 표현물이다. 가족 관계도를 만드는 단계는 다음과 같다.

1단계: 위로 3대·4대까지 거슬러 올라가 부모, 조부모, 증조부모, 형제자매, 부모의 형제자매까지 포함하는 관계도를 그린다. 증조부모의 윗세대는 포함시키지 않아도 된다. 남성은 사각형으로 여성은 원으로 표시해 가계도를 만든다(217쪽 그림 참고). 선으로 가계도 가지를 그려 누가 어느 세대에 속하는지 표시한다. 부모와 조부모, 증조부모의 자녀를 모두 표시한다. 사촌과 조카는 표시하지 않아도 괜찮다.

2단계: 사각형이나 원으로 표시한 각 가족 구성원 옆에 그 사람이 경험한 중요한 트라우마와 역경을 적는다. 부모가 살아 있다면 그들에게 물어서 적어라. 답을 찾을 수 없더라도 걱정할 필요는 없다. 무엇이든 지금 알고 있는 것만으로도 충분하다. 트라우마 사건을 찾아내는 질문의 예는 이렇다.

누가 일찍 죽었는가? 누가 떠났는가? 누가 가족에게 버림받거나 고립되거나 배제됐는가? 누가 입양됐거나 아이를 입양 보냈는가? 누가 출산 중 죽었는가? 누가 사산했거나 낙태했는가? 누가 자살했는가? 누가 범죄를 저질렀는가? 누가 심한 트라우마나 참사를 경험했는가? 누가 집이나 재산을 잃고 회복하지 못했는가? 누가 전쟁에 나가 잊혔거나 고통을 받았는가? 누가 홀로코스트를 비롯한 대학살에서 목숨을 잃었거나 그 일에 참여했는가? 누가 살해당했는가? 누가 누군가를 살해했는가? 누가 다른 사람의 죽음이나 불행을 자기 탓이라고 느꼈는가?

가족 중 누군가가 다른 사람을 다치게 했거나 살해했다면, 해를 입었거나 살해당한 사람도 가계도에 포함시켜라. 내가 그들과도 동일시할 수 있기 때문에 이 작업은 매우 중요하다. 마찬가지로 가족 구성원을 다치게 했거나 살해한 사람과도 무의식적으로 동일시할 수 있으므로 포함시킨다.

계속해보자. 누가 다른 사람을 다치게 하거나 속이거나 이용했는가? 누가 다른 사람의 손실에서 이득을 보았는가? 누가 억울하게 누명을 썼는가? 누가 투옥당하거나 입원했는가? 누구에게 신체적, 정서적, 정신적 장애가 있었는가? 부모나 조부모 중 결혼 전에 중요한 인연을 맺은 사람이 있었는가? 그들에게 어떤 일이 일어났는가? 부모와 조부모의 이전 배우자가 있다면 모두 포함한다. 누군가에게 깊은 상처를 입었거나 누군가에게 깊은 상처를 입힌 사람이 떠오르면 모두 적어보라.

3단계: 가족 관계도의 제일 위에 핵심 문장을 쓴다. 이제 가족 체계에 속하는 모든 사람을 훑어보라. 나와 비슷한 감정을 느꼈을 만한 사람은 누구인가? 어머니나 아버지일 수도 있다. 둘 중 한 사람이 험난한 운명을 겪었거나 상대에게 존중받지 못했다면 더욱더 그렇다. 또는 병원에 입원한 이모할머니나 내가 태어나기 전에 유산된 오빠일지도 모른다. 주로 가족 안에서 언급을 회피하는 사람인 경우가 많다.

엘리 이야기

다음 그림은 자기가 미쳐버릴 거라는 두려움으로 괴로워하는 엘리의 가족 관계도다. 엘리는 모계의 가족 관계도를 그려보기 전까지는 자기 자신이 두려움의 근원이라고 믿었다.

엘리에게 미칠 것 같은 공포가 생긴 것은 고등학교를 졸업한 무렵인 열여덟 살 때였다. 흥미로운 것은 이모할머니가 열여덟 살 때 병원에 입원했다는 점이다. 이는 외증조할머니가 실수로 낸 불에 자기 첫아이를 잃은 때와 같은 나이다. 3대 전체를 놓고 살피면 엘리의 상황을 새롭게 바라볼 수 있다. 이모할머니는 누구의 광기를 재현한 것

엘리의 가족 관계도

핵심 문장: "나는 미쳐버릴 것이다"

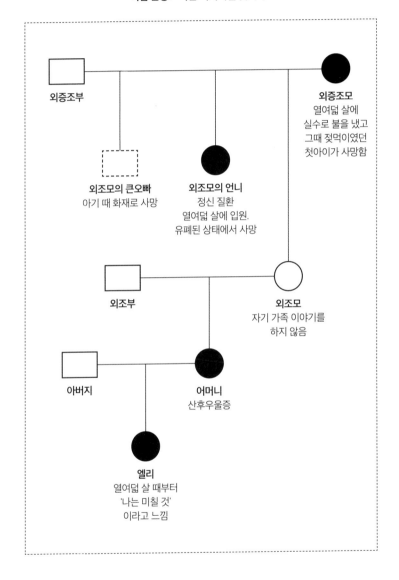

외증조부

외증조모
열여덟 살에
실수로 불을 냈고
그때 젖먹이였던
첫아이가 사망함

외조모의 큰오빠
아기 때 화재로 사망

외조모의 언니
정신 질환
열여덟 살에 입원.
유폐된 상태에서 사망

외조부

외조모
자기 가족 이야기를
하지 않음

아버지

어머니
산후우울증

엘리
열여덟 살 때부터
'나는 미칠 것'
이라고 느낌

일까? 그보다 더 중요한 질문은 이것이다. 엘리가 윗세대 가족과 똑같은 두려움을 공유함으로써 드러내고자 한 이야기는 무엇일까?

가족 관계도는 '미칠 것 같다'는 느낌이 엘리에게서 비롯된 것이 아님을 알려준다. 열여덟 살 때 병원에 입원한 엘리의 이모할머니는 혼자 죽음을 맞이했다. 가족 중 누구도 이모할머니의 이름을 말해주거나 이야기를 들려준 적이 없었다. 엘리는 지금껏 외할머니에게 형제자매가 있었는지도 몰랐고 누차 질문을 하고서야 그 사실을 알아냈다. 가족 관계도를 만들면서 안개 속에 묻혀 있던 엘리의 가족사가 분명해진 것이다. 엘리의 생명력을 갉아먹던 공포는 그녀가 몰랐던 것을 발견하는 길로 이끌었다. 엘리는 가족 관계도를 자세히 들여다보며 더 많은 이야기를 알게 되었다.

엘리는 자신이 태어난 후 어머니가 1년 동안 산후우울증을 앓았다는 얘기도 들었다. 엘리의 어머니 역시 외증조할머니의 트라우마를 물려받은 것이었다. 엘리의 어머니는 엘리가 태어나자마자 무언가 끔찍한 일이 생길 것 같은 두려움에 사로잡혔다고 털어놓았다. 구체적으로 말하면 자기도 모르게 저지른 어떤 일 때문에 엘리가 죽을 것 같아 공포감에 휩싸였다고 했다. 임신 기간 동안 그녀는 참을 수 없는 두려움을 느꼈고 엘리가 태어난 뒤 두려움은 더욱 강렬해졌다. 엘리의 어머니는 산후우울증을 가족사와 연관지어본 적이 없었다. 그러나 가족이 의식적으로 언급하지 않은 일은 무의식의 영역에서 가족 구성원의 공포와 여러 감정, 행동으로 나타난다.

가족 관계도 만들기

남성은 사각형으로 여성은 원으로 표시해 가족 구성원을 그리고 그
들이 경험한 중요한 트라우마와 역경을 기록한다. 백지 한 장을 모두
사용한다. 맨 위에 핵심 문장을 적는다.

이제 뒤로 물러나 가족 관계도를 바라본다. 너무 세심하게 읽지
말고 전체 형태를 눈에 담으면서 부계와 모계 양쪽을 훑어 내려간다.
자신이 태어나 관계도 안에 속하면서 얻은 감정의 무게, 즉 감정의 가
벼움이나 무거움을 가늠해본다.

부계와 모계를 비교해보라. 어느 쪽이 더 무겁게 느껴지는가? 어
느 쪽이 더 부담스러운 느낌이 드는가? 트라우마 사건을 살펴보라. 힘
겨운 운명으로 가장 고통받은 사람은 누구인가? 누가 가장 힘든 삶을
살았는가? 다른 가족은 그 사람을 어떻게 생각했는가? 가족 중 어떤
사람 또는 어떤 일을 거의 입에 올리지 않는가? 정보가 완전하지 않아
도 걱정 마라. 떠오르는 생각과 감정, 신체감각을 안내자로 믿고 따라
가라.

이제 핵심 문장을 큰 소리로 말해본다. 가족 중 비슷한 감정을
느꼈을 만한 사람은 누구인가? 누가 비슷한 감정으로 괴로워했을까?

"내 몸이 나를 배신했다"

캐롤은 열한 살 때부터 늘 과체중이었고 성인기에는 줄곧 300파운드(약 136킬로그램) 안팎이었다. 서른여덟 살이 된 캐롤은 생애 최고의 몸무게를 기록했고 결혼은커녕 인간관계도 제대로 맺지 못했다.

캐롤은 체중이 자신을 "질식시키고 숨 막히게 하는" 것 같고 "내 몸에게 배신당한" 느낌이라고 표현했다. 핵심 언어를 바탕으로 다리 놓기 질문을 던졌다. 가족 중 자기 몸에게 배신당했다고 느낀 사람은 누구일까? 누가 질식했는가? 누가 숨이 막혔는가?

캐롤이 설명을 이어갔다.

"나는 다른 여자애들보다 훨씬 빨랐어요. 열한 살에 생리를 시작했는데 이미 그때부터 내 몸을 미워했죠. 그토록 조숙하게 발달하다니, 내 몸이 나를 배신했다는 느낌이 들었어요. 그때부터 체중이 불기 시작했죠."

자기 몸에게 **배신당한다**는 특이한 생각이 또 등장했고, 새로운 실마리도 나왔다. 캐롤은 자기 몸이 **여자 몸**, 그러니까 **자궁** 속에서 생명을 창조할 수 있는 몸으로 바뀌자 **배신당했다**고 느꼈다.

이 정보를 더하니 또 다른 다리 놓기 질문이 떠올랐다. 캐롤의 가족 중 자신의 **자궁**에게 **배신당했다**고 느낀 **여자**는 누구일까? 캐롤이 여자가 되거나 임신하면 어떤 끔찍한 일이 생기는 걸까?

지금까지 나온 질문은 모두 과녁에 적중했다. 단지 우리가 아직 그 사실을 모를 뿐이다. 그러면 여기에 캐롤이 느끼는 가장 큰 공포를 더해보자.

"나는 주위에 아무도 없이 철저히 외롭게 살 것이다."

300파운드의 몸무게에 짓눌려 고립된 채 살던 캐롤은 자신이 가장 끔찍해하는 공포를 차근차근 현실로 만들어나갔다.

이제 모든 조각을 모아 캐롤의 핵심 언어 지도를 살펴보자. 캐롤의 괴로움은 자궁이 가임 상태가 되자마자 시작되었다는 것을 기억하자. 다음은 캐롤이 사용한 말, 핵심 언어 지도를 구성하는 말이다.

캐롤의 핵심 불평: "체중은 나를 질식시키고 숨 막히게 한다. 내 몸에게 배신당한 느낌이다."

캐롤의 핵심 문장: "나는 주위에 아무도 없이 철저히 외롭게 살 것이다."

캐롤의 다리 놓기 질문: 다음은 가족의 트라우마 사건과 핵심 언어를 연결하는 데 도움을 줄 다리 놓기 질문이다. 가족 중 자기 몸에게 배신당했다고 느낀 사람은 누구인가? 누가 질식했는가? 누가 숨이 막혔는가? 가족 중 어떤 여성이 자기 자궁에게 배신당했다고 느꼈는가? 임신한 여자에게 어떤 끔찍한 일이 일어났는가? 주위에 아무도 없이 철저히 혼자라고 느낀 사람은 누구인가?

캐롤의 핵심 트라우마: 이제 캐롤의 핵심 트라우마이자 가족 트라우마 사건, 즉 미해결로 남은 비극을 살펴보자. 캐롤의 외할머니는 장남과 캐롤의 어머니 그리고 막내아들을 두었다. 그런데 두 아들은 모두 분만 중에 할머니의 산도에서 압박을 받아 질식했고, 극심한 산소 결핍으로 정신 장애를 안고 태어났다. 그들은 켄터키에 있는 할머니의 시골집 지하실에서 거의 50년을 살았고 할머니는 남은 생애 내내 비탄과 공허함에 젖어 지냈다.

비록 밖으로 소리 내 말한 적은 없지만 "내 몸이 나를 배신했다"라는 문장은 분명 캐롤 외할머니의 것이었을 터다. 외할머니의 몸은 아기들을 "숨 막히게" 했고 외할머니는 고통과 죄책감에 휩싸여 "철저히 외롭게" 살았다. 그들을 짓누르는 삶의 "무게에 질식된" 두 아들 역시 세상과 단절된 채 지하실에서 철저히 외롭게 지냈다. 자기 어머니를 "물리적으로는 존재했지만 감정적으로는 존재하지 않았다"라고 묘사한 캐롤의 어머니 역시 유년기 내내 외로움을 느꼈다. 캐롤의 핵심 언어와 그녀의 몸이 무의식중에 가족 이야기를 모두 들려준 셈이다.

다시 한 번 돌아보자. 가임기에 들어선 캐롤은 체중을 늘려 고립을 자초했다. 고립 상태로 남음으로써 외할머니처럼 임신을 해서 고통받는 일이 없도록 확실히 못을 박은 것이다. 캐롤은 외할머니가 슬픔 속에서, 외삼촌들이 지하실에서, 어머니가 슬픔이 가득 깃든 삶에서 그랬듯 세상에 자기 혼자뿐이라고 느끼며 외롭게 살았다.

캐롤은 자기 몸무게에 짓눌리는 느낌을 묘사할 때 "질식시키고 숨 막히게 하는"이라는 단어를 사용했다. 그러나 그 단어는 캐롤보다 그녀의 가족사에 더 깊은 의미가 있었다. 그것은 캐롤 가족의 트라우마를 일깨우는 금기 단어였다. 아무도 외할머니 앞에서 감히 그 단어를 입에 올릴 수 없었다. 그러나 역설적이게도 그 단어는 캐롤 가족을 비극적인 사건에서 벗어나게 해줄 열쇠였다.

외할머니가 자신이 겪은 엄청난 비극을 극복했다면, 상실을 슬퍼하면서도 스스로를 비난하지 않고 자기 몸에게 배신당했다고 느끼지 않았다면, 캐롤 가족은 다른 삶을 살았을지도 모른다. 그랬다면 캐롤도 가족의 고통을 짊어지지 않았을 것이다.

이런 비극적인 사건은 한 가족의 회복 탄력성을 망가뜨리고 의지할 곳을 앗아간다. 또 부모에게서 자식에게로 전해지는 사랑의 흐름을 막고 아이들이 슬픔의 바다 위에서 표류하게 만든다.

캐롤은 자기가 가족사의 고통을 짊어졌을 거라고 생각해본 적이 없었다. 그저 내면의 어디에선가 불거진 고통이라고만 생각했고, 자신이 어딘가 문제가 있는 사람이라고 여겼을 뿐이다. 일단 자기 몸에게 배신당했다는 느낌이 자신이 아니라 외할머니의 감정이었음을 이해하자 캐롤은 서서히 고통에서 벗어났다.

외할머니와 외삼촌들, 어머니를 대신해 가족의 고통을 흡수해왔음을 깨닫자마자 캐롤의 온몸이 떨리기 시작했다. 감정의 무게가 걷히면서 비로소 오랫동안 닫혀 있던 마음을 열어 바라볼 수 있었다. 오래지 않아 캐롤은 자신의 몸을 구체적으로 의식했고 그럼으로써 예전과 다른 생활 방식을 선택했다.

캐롤의 핵심 언어는 가족 치유의 시동을 거는 매개체였다. 달리 말하면 캐롤의 고통은 가족의 힘겨운 비극을 알려주는 전달자였다. 마치 가족의 고통이 치유와 해결, 도움을 요청하자 캐롤의 언어와 몸이 그 지도를 제공해준 것 같았다.

이처럼 핵심 언어 지도는 치유로 가는 길을 안내한다. 가족사와의 연결 고리를 찾고 나면, 지금까지 발견한 것을 모두 자기 자신에게 다시 적용하기만 하면 된다.

가족사에서 미처 말하지 않고 보이지 않는 것은 자의식의 그림자 속에 감춰져 있을 가능성이 크다. 그 연결을 찾아내면 보이지 않던 것이 보이면서 치유의 기회가 열린다. 이때 새롭게 알게 된 이미지를 마음뿐 아니라 몸으로까지 받아들여 체화하려면, 즉 완전히 통합하려면 끊임없이 주의를 기울이고 관심을 쏟아야 한다. 다음 장에서는 이러한 이미지를 강화하고 고통에서 벗어나 더 온전한 상태로 나아가도록 해줄 과제와 실천 방법 그리고 문장을 제공한다.

3부

열렬하고 화해하기

10 마침내 해방감을 느끼는 방법

> 한 사람은 전체의 한 부분입니다. …… [비록] 그는 자신을, 자신의 생각과 감정을, 나머지와 분리된 무엇으로 여기지만 이는 그의 의식이 만들어낸 일종의 시각적 망상이지요.
>
> —알베르트 아인슈타인이 소아마비로 아들을 잃은 로버트 S. 마커스Robert S. Markus에게 보낸 애도 편지 중에서, 1950년 2월 12일

아인슈타인이 말한 '시각적 망상'이란 우리가 주위 사람뿐 아니라 이전에 살았던 사람과 분리되어 있다고 생각하는 것을 의미한다. 그러나 거듭 확인했듯 우리는 가족사에 일어난 미해결 트라우마를 유산으로 물려준 이들과 연결되어 있다. 그 연결을 계속 의식하지 못하면 내 것이 아닌 줄도 모른 채 과거에서 온 감정과 감각에 갇혀 살아간다. 반대로 가족사를 조망하면 고통에서 벗어날 길이 훤히 보인다.

때로는 가족 트라우마와 자기 경험을 연결하는 단순한 행동만으로도 충분하다. 캐롤은 핵심 언어로 표현한 감정을 가족 트라우마와

연결하자마자 마치 그것을 떨쳐내기라도 하듯 몸을 떨었다. 캐롤에게는 그것이 신체 반응을 촉발할 만큼 중대한 인식이었던 것이다. 물론 가족에게 일어난 일을 인식하는 것만으로는 충분치 않고 연습과 경험을 더해야 해방감이나 편안함을 온몸으로 느끼는 사람도 있다.

집으로 돌아가는 지도

여기까지 읽은 독자는 분명 자신의 핵심 언어 지도를 이루는 중요한 조각을 찾아냈으리라. 또한 자기 것이라고 생각한 단어나 문장이 실은 다른 사람의 것이라는 사실을 인식했을지도 모른다. 언어의 씨앗이 된 트라우마 사건이나 드러나지 않은 무언가를 발견함으로써 가족사와 자신 사이에 놓인 연관성을 파악했을 수도 있다. 이제 조각을 모두 모아 다음 단계로 나아갈 때다. 다음은 이 단계에서 필요한 것의 목록이다.

- 핵심 불평 ― 가장 깊은 걱정, 고투苦闘, 불평을 묘사하는 핵심 언어
- 핵심 묘사어 ― 부모를 묘사하는 핵심 언어
- 핵심 문장 ― 가장 큰 두려움을 묘사하는 핵심 언어
- 핵심 트라우마 ― 핵심 언어의 배후에 있는 가족사의 사건 또는 사건들

쓰기 과제 12   가족사와 화해하기

① 크게 소리 내 말할 때 감정적 무게가 가장 큰 핵심 언어 또는 가장 크게 감정의 동요를 일으키는 핵심 언어를 적는다.

② 핵심 언어와 연결된 트라우마 사건 또는 사건들을 적는다.

③ 사건의 영향을 받은 사람의 이름을 모두 적는다. 가장 큰 영향을 받은 사람은 누구인가? 어머니인가? 아버지? 조부모? 삼촌? 이모? 가족에게 인정받지 못했거나 이름을 입에 올리지도 않은 사람은 누구인가? 입양을 보냈거나 살아남지 못한 형제자매가 있는가? 조부모나 증조부모 중 가족을 떠났거나 요절했거나 그 밖의 끔찍한 방식으로 고통을 당한 사람이 있는가? 부모나 조부모 중에서 이전에 약혼했거나 결혼한 적 있는 사람이 있는가? 그 배우자는 가족에게 인정받았는가? 가족이 아닌 사람 중 가족 구성원에게 해를 끼쳤다고 비난 또는 비판받거나 거부당한 사람이 있는가?

④ 어떤 일이 일어났는지 서술해보라. 글을 쓰는 동안 머릿속에 어떤 이미지가 떠오르는가? 천천히 시간을 두고 그들이 어떤 마음이었을지, 어떤 일을 겪었을지 머릿속에 그려보라. 이런 생각을 하는 동안 몸에서 어떤 반응이 일어나는가?

⑤ 가족 중에서 특별히 끌리는 사람이 있는가? 감정적으로 그들에게 끌리는 느낌이 드는가? 그 감정이 몸 안에서 공명을 일으키는가? 몸 속 어느 부분에서 감각이 느껴지는가? 익히 잘 아는 부분인가? 그 부위가 특별히 민감하거나 특정한 증상이 있는가?

⑥ 손을 그 부위에 얹고 호흡을 불어넣어보라.

⑦ 사건과 연관이 있는 가족(들)을 시각적으로 상상해보라. 그(들)에게 이렇게 말하라.

"당신은 중요한 사람입니다. 제가 무언가 의미를 부여해 당신을 기리겠습니다. 당신이 겪은 비극에서 무언가 좋은 것을 만들어내겠습니다. 저는 최선을 다해 충만한 삶을 살아갈 것이고 당신이 제게 원하는 바도 그것임을 잘 압니다."

⑧ 그 사람(들)과의 특별한 관계를 인정하는 자기만의 언어를 만들어보라.

대물림의 악순환 끝내기

자기도 모르게 과거를 다시 사는 일은 몇 대고 계속 이어질 수 있다. 하지만 지금 끌어안은 생각과 감정, 느낌, 행동, 증상이 내 것이 아님을 깨달으면 악순환을 멈출 수 있다. 먼저 그 비극적 사건과 거기에 연루된 사람을 인정하는 것부터 시작한다. 대체로 이 과정은 입 밖으로 직접 말하든 머릿속에서 상상하든 가족 중 한 명과 대화하는 것에서 출발한다. 알맞은 단어만 사용한다면 대물림된 트라우마의 순환을 끝낼 수 있다.

열아홉 살 때부터 눈보라 속에서 사망한 삼촌의 사고를 재현하며 불면증을 앓던 제시는 내 사무실에서 대화를 시작했다. 나는 제시에게 삼촌이 앞에 서 있다고 상상하면서 말을 걸어보라고, 원한다면 속으로 말하라고 했다. 나는 제시가 문장을 구성하는 것을 도우며 이렇게 제안했다.

"나는 열아홉 살 생일 이후 매일 밤 추워서 덜덜 떨고, 잠드는 데 어려움을 겪고 있습니다."

제시의 호흡이 깊어졌고 날숨에서 목쉰 듯 거친 소리가 들려왔다. 순간 눈꺼풀이 파르르 떨리더니 눈가에 눈물이 맺혔다.

"콜린 삼촌, 지금부터 삼촌은 불면증이 아니라 내 심장 속에서 살 것입니다."

말을 하는 동안 제시는 눈물을 뚝뚝 흘렸다. 이 지점에서 내가 말했다.

"삼촌이 당신에게 하는 말을 잘 들어봐요. 숨을 내쉬라고, 그 공포를 놓아 자기에게 돌려보내라고 말하는 소리를 상상해보는 거예요. 불면증은 제시 몫이 아니에요. 한 번도 그런 적이 없었죠."

내 말을 듣자 제시는 점점 더 많은 눈물을 쏟아냈다.

제시는 존재조차 몰랐던 삼촌과 상상의 대화를 나눈 것만으로도 평정을 되찾았다. 숨을 내쉬는 동안 굳어 있던 턱이 편안해졌고 어깨가 아래로 내려왔다. 창백하던 볼에 핏기가 돌았으며 눈에는 다시 생명의 불꽃이 켜진 것 같았다. 내면 깊은 곳에서 무언가가 풀려난 듯한 모습이었다.

제시는 삼촌과 상상으로 대화를 나눴지만 뇌 과학 연구에 따르면 제시가 활성화한 뉴런과 뇌 부위는 그가 실제로 삼촌과 직접 대화할 경우에 활성화하는 것과 정확히 일치한다. 이 상담이 끝난 뒤 제시는 중간에 한 번도 깨지 않고 밤새 잘 잤다고 알려왔다.

문장이 나를 치유한다

나와 상담한 또 다른 내담자는 자신이 가족에게 배척당한 할아버지의 외로움과 고립감을 무의식적으로 반복해왔음을 깨달았다. 그는 이렇게 말했다.

"저도 할아버지처럼 고립되어 외롭게 지내왔습니다. 이런 감정이 제 것이 아니었음을 이제야 알았습니다. 할아버지께서 원하는 일이 아니라는 것도요. 제가 이렇게 고통받는 모습을 보는 것은 할아버지께도 부담스러운 일이겠지요. 이제부터 주변 사람들과 조화를 이루며 살겠습니다. 그렇게 함으로써 할아버지를 기리겠습니다."

어떤 내담자는 어머니와 할머니가 인간관계에 실패하고 불행하

게 살았던 삶을 무의식적으로 되풀이해왔음을 알아
챘다. 그녀는 이렇게 얘기했다.

치유의 문장

안녕을 위한 새로운 이미지와 감정을 안겨주는 화해의 문장 또는 결심의 문장.

"엄마, 비록 엄마는 아빠와 행복하게 살지 못했지만 부디 제가 남편과 행복하도록 축복해주세요. 저는 엄마와 아빠를 기리고 두 분 모두 제가 순조롭게 살아가는 것을 보시도록 남편과 충분히 사랑을 나누며 살 거예요."

어느 젊은 여성은 언제나 불안하고 위축된 상태로 살아왔다고 털어놓았다. 그녀는 자신을 낳다가 돌아가신 어머니에게 말했다.

"이젠 불안감을 느낄 때마다 엄마가 내게 힘을 주고 축복하며 미소 짓고 있다고 생각할 거예요. 숨 쉴 때마다 엄마가 나와 함께한다고, 나를 보며 행복해하고 있다고 굳게 믿고 살래요."

그 밖의 **치유의 문장**은 다음과 같다.

"당신에게 일어났던 일을 반복하는 대신 제 인생을 충만하게 살 것을 약속합니다."

"당신에게 일어난 일은 헛된 것이 아니었습니다."

"그때 일어난 일을 제 강인함의 원천으로 삼겠습니다."

"당신이 주신 생명으로 무언가 좋은 일을 함으로써 그 생명에 경의를 표하겠습니다."

"무언가 의미 있는 일을 해서 그것을 당신에게 바치겠습니다."

"당신을 늘 제 가슴에 담아두겠습니다."

"당신을 위해 촛불 하나를 밝히겠습니다."

"충만한 삶을 살아감으로써 당신을 기리겠습니다."

"사랑이 가득한 인생을 살아가겠습니다."

"이 비극을 바탕으로 무언가 좋은 것을 만들어내겠습니다."

"이제 저는 당신을 이해합니다."

이미지가 나를 치유한다

삶은 내면 이미지와 믿음, 기대, 가정, 견해로부터 심대한 영향을 받는다. '내 인생은 잘 풀리지 않을 거야', '아무리 노력해도 나는 실패할 거야', '나는 몸이 약해' 같은 내적 각인은 삶의 청사진이 되어 새로운 경험을 받아들이는 것을 제한하고 치유 방식에도 영향을 미친다. '나는 힘든 유년기를 보냈어' 같은 내면 이미지 또는 '우리 어머니는 잔인했어', '아버지는 정서적으로 학대하는 사람이었지' 등의 이미지가 자기 몸에 어떤 여파를 미칠지 상상해보라.

그런 이미지에는 상당한 진실이 담겨 있지만 전체 이야기를 다 드러내지 못할 수도 있다. 유년기가 매일 힘들기만 했을까? 아버지가 한 번도 온화한 적이 없었을까? 어머니가 따뜻하게 보살펴준 적이 정말 없었을까? 아기 때 안아주고 젖을 주고 밤이면 침대에 눕혀주던 먼 옛날 일을 혹시 기억하지 못하는 것은 아닐까?

5장에서 배웠듯 우리는 다시 상처받지 않으려고 본능적으로 자신을 보호해줄 기억, 방어를 뒷받침해줄 기억, 진화생물학자들이 선천적 '부정성 편향'의 일부라고 주장하는 기억만 주로 간직한다. 놓쳐버린 기억은 없을까? 그보다 더 중요한 것은 이런 질문을 해본 적 있느냐는 점이다.

"어머니는 어떤 사연이 있었기에 내게 상처를 줬을까? 아버지의 좌절감 뒤에는 어떤 트라우마 사건이 있을까?"

치유의 문장을 만들면 새로운 내적 경험이 뿌리내린다. 그것은 이미지나 느낌으로 또는 소속감이나 연결감으로 다가오기도 한다. 자기를 굽어살피는 가족의 든든한 지지가 느껴지기도 한다. 중요한 사실은 그러고 나면 끝내지 못한 일을 마침내 마무리하기라도 한 것처럼 한없는 평화로움이 찾아온다는 것이다.

그 모든 경험은 치유에 강력한 힘을 발휘한다. 본질적으로 그 경험은 온전한 감정을 유지하게 하는 내적인 기준점, 즉 평화를 위협하는 감정이 다시 다가올 때마다 그것을 무찌를 수 있는 기준점이 되어준다. 새로운 경험은 새로운 기억과 유사하게 작동하며 이것은 새로운 이해, 새로운 이미지, 새로운 감정, 새로운 신체감각을 동반한다. 이들은 여태껏 삶을 쥐고 흔들어온 이미지를 제압함으로써 과거가 무색하도록 삶을 바꿀 만큼 강력하다.

새로운 경험과 이미지는 의식적으로 연습하고 반복할수록 더 강력해진다. 다음은 치유 과정을 이어가는 동안 버팀목이 되어줄 몇 가지 방법이다.

치유를 이어가게 해주는 몇 가지 방법

책상 위에 사진 놓아두기: 그동안 할아버지의 죄책감을 떠안고 살아왔음을 알게 된 한 남성은 책상 위에 할아버지 사진을 놓아두었다. 그는 숨을 내쉬며 죄스러운 감정을 할아버지에게 넘겨주는 장면을 상상했다. 그것을 의식적으로 반복할 때마다 점점 더 고통에서 벗어나 마음이 가벼워지는 것을 느꼈다.

촛불 켜기: 아기 때 아버지가 세상을 떠나 아버지에 대한 기억이 전혀 없는 여성이 있었다. 아버지가 사망한 나이인 스물아홉 살부터 남편과 소원해진 그녀는 무의식중에 가족과 단절된 아버지의 상태를 되풀이했다. 그녀는 두 달 동안 매일 밤 촛불을 켜놓고 그 불꽃이 자기 부부가 다시 결합하도록 해줄 문을 열어준다고 상상했다. 또한 상상 속에서 아버지에게 말을 걸었고 아버지가 자기를 위로해준다고 생각했다. 그녀의 단절감은 점점 줄어들었고 다정한 아버지에게 사랑받았다는 새로운 감정이 내면에 퍼졌다.

편지 쓰기: 대학 시절 약혼녀를 버리고 갑자기 떠났던 한 남자가 이후 20년이 지나도록 대인 관계로 힘들어하고 있었다. 그는 자기가 떠난 이듬해에 약혼녀가 죽었다는 사실을 알게 되었다. 남자는 그녀가 편지를 받을 수 없다는 걸 알면서도 자신의 경솔함과 무심함을 사과하려고 편지를 썼다.

"정말 미안해. 네가 나를 얼마나 사랑했는지, 내가 너에게 얼마나 큰 상처를 주었는지 잘 알아. 너에게는 너무 끔찍한 일이었을 거야. 정말 미안해. 이 편지를 전달할 수 없다는 건 알지만 내 말이 너에게 전해질 수 있기를 바라."

편지를 쓴 후 그는 설명할 수 없는 평화로움과 충족감을 느꼈다.

침대맡에 사진 두기: 평생 어머니를 거부해온 한 여성이 갓난아기 때 인큐베이터에서 보낸 일 때문에 어머니의 사랑을 의심하고 차단해왔음을 알게 되었다. 또한 어머니를 밀어내는 것이 다른 인간관계도 밀어내는 청사진임을 알아챘다. 머리맡에 어머니 사진을 두고 매일 밤 상상 속에서 어머니에게 잠들 때까지 안아달라고 부탁한 뒤부터 방어벽이 점점 누그러졌다. 그녀는 침대에 누워 어머니가 다정하게 쓰다듬어준다고 상상했다. 그러자 어머니의 사랑이 자신에게 힘을 주는 에너지처럼 느껴졌다. 그렇게 몇 주가 지난 어느 날 잠자리에서 일어나니 몸이 훨씬 더 편안해졌다. 몇 달 뒤에는 어머니가 자신을 하루 종일 지탱해주고 있다는 것을 '신체감각'으로 느꼈다. 그해가 끝나갈 무렵 그녀는 자신이 더 많은 사람을 받아들이고 있음을 깨달았다(이 여성은 어머니가 살아 있었지만 이 방법은 부모가 살아 있든 세상을 떠났든 상관없이 효과가 있다).

힘을 주는 이미지 만들기: 갑자기 불안증이 생긴 일곱 살짜리 남자아이가 정수리에서 머리카락을 뭉텅뭉텅 뽑기 시작했다. 이를 발모벽拔毛癖이라고 하는데 아이의 불안증은 가족사에서 비롯된 것으로 보였다. 아이 어머니는 일곱 살 때 자기 어머니가 뇌 동맥류로 갑자기 사망하는 모습을 목격했고, 그 슬픔이 너무 커 이후 어머니 이야기를 한 적이 없었다. 어머니가 그 일을 말해주자 아이는 즉각 편안한 모습을 보였다. 어머니는 아이에게 돌아가신 외할머니를 가족을 보호해주는 수호천사로 상상하라고 말했다. 그리고 후광 그림을 보여주며 외할머니가 아이 머리를 사랑으로 어루만져주는 후광이 될 거라고 말했다. 그날 이후 아이는 더 이상 머리카락을 뽑지 않았다.

한계 설정하기: 한 여성이 알코올의존증 환자인 어머니의 행복과 안녕을 보살펴야 한다는 책임감에 짓눌린 채 성장했다. 그 보살핌의 패턴이 성인기까지 이어지면서 그녀는 다른 사람의 보살핌과 도움을 편히 받아들이지 못했다. 인간관계를 맺으면 늘 다른 사람의 감정에 책임감을 느끼는 동시에 그들의 요구에 숨 막혀 했다. 그녀는 매일 정해진 시간에 바닥에 앉아 막대기로 몸 주변에 둥근 원을 그렸다. 그렇게 자기 공간을 표시하는 동안 벌써 호흡이 편안해졌다. 그녀는 마음속으로 어머니에게 말했다.

"엄마, 여기는 내 공간이에요. 엄마는 거기에 있고 나는 여기에 있어요. 어렸을 때 나는 엄마의 행복을 위해 무슨 짓이든 하려 했지만 그건 지나치게 힘든 일이었어요. 여전히 나는 모든 사람을 행복하게 해줘야 한다는 생각에 시달리는데, 그게 나를 숨 막히게 해요. 다른 사람과의 관계가 너무 힘들어요. 엄마, 지금부터 엄마의 감정은 거기에 엄마와 함께 있고 내 감정은 여기에 나와 함께 있는 거예요. 앞으로는 내가 누군가와 인간관계를 맺을 때마다 나 자신을 잃지 않도록 경계선 안에서 내 감정을 존중할 거예요."

지금까지 제시한 방법은 한 사람이 수년간 짊어지고 살아온 커다란 고통에 비해 아주 사소한 일로 보일지도 모른다. 그러나 과학은 새로운 이미지를 꾸준히 떠올리고 새로운 경험을 반복할수록 그것이 곧 새로운 자신의 내면이 될 수 있다고 알려준다. '반복'이 새로운 신경 경로를 만듦으로써 뇌를 변화시킨다는 것이다. 실제로 치유력이 있는 이미지를 시각적으로 떠올리면 행복이나 긍정적인 감정과 연관된 뇌 영역, 특히 좌측 전전두엽 피질이 활성화된다.[99]

새로운 감정과 감각을 내면에 깊이 새기려면 그것을 가만히 명료하게 자각하는 연습을 해야 한다. 연습할수록 배움도 깊어진다. 이 행동은 뇌를 바꾸고, 이로써 우리 내면은 생기로 가득 찬다.

"내가 널 찾았어"

치유의 핵심은 반드시 몸의 감각으로 경험한 바를 치유 과정의 기반으로 삼아야 한다는 것이다. 몸에서 일어나는 느낌에 무의식적으로 반응하지 않고 그 느낌을 '알아채면' 내적 동요가 일어날 때도 더욱 안정적인 상태를 유지할 수 있다.

마음속을 들여다보면 무엇이 보이는가? 두려운 생각이나 불편한 감정은 어떤 감각과 연결되어 있는가? 그 감각은 어디에서 가장 예민하게 느껴지는가? 목구멍이 수축하는가? 호흡이 멈추는가? 가슴이 팽팽히 조여오는가? 마비되는 느낌인가? 몸에서 그 느낌의 진원은 어디인가? 심장? 배? 명치? 압도적인 감정을 느낄 때 내면에서 길을 찾아야 한다.

몸의 느낌을 찾고 싶다면 핵심 문장을 소리 내 말해보라. 8장에서 배웠듯 핵심 문장을 크게 말하면 신체감각을 촉발할 수 있다. 핵심 문장을 말하고 몸을 관찰해보라. 어디선가 떨림이 느껴지는가? 가라앉는 것 같은 느낌이 있는가? 마비된 느낌인가? 무엇을 느끼든 또는 느끼지 않든 괜찮다. 그 감정이 느껴지는 것 같은 곳에 손을 얹어라. 그 부분에 숨을 불어넣어라. 그런 다음 숨을 몸 곳곳에 불어넣어 그 부분을 온몸이 떠받든다는 느낌이 들게 해보라. 들숨이 한 줄기 빛으로 변해 그 부위를 비춰준다고 상상해도 좋다. 그런 다음 자신에게 말하라.

"내가 널 찾았어."

남들이 자기를 못 보고 자기 말을 듣지도 못한다고 생각하는 어린아이에게 말을 건다고 상상하라. 거기에는 **정말로** 한 아이가 있을 가능성이 크다. 아이는 오랫동안 팽개쳐둔 내 어린 시절의 일부분이다. 그 아이는 자기를 알아봐주기를 기다려왔고 오늘이 바로 그날이라고 생각하라.

나를 응원하는 치유의 문장

가슴에 손을 얹고 숨을 깊이 들이쉬며 다음의 문장 중 하나 또는 여러 개를 자신에게 말해준다.

"내가 널 찾았어."

"내가 여기 있어."

"내가 널 안아줄게."

"내가 너와 함께 호흡할 거야."

"내가 널 편안하게 해줄게."

"네가 겁을 먹거나 압도당할 때면 늘 곁을 지켜줄 거야."

"너와 함께 머물 거야."

"네가 평온해질 때까지 너와 함께 호흡할게."

가슴에 손을 얹고 말과 호흡이 안으로 향하게 하면 가장 상처받기 쉬운 부분을 응원할 수 있다. 그럼으로써 견딜 수 없다고 느꼈던 것을 편안히 대하거나 놓아버릴 기회를 얻는다. 또 오랫동안 휘감아온 불편한 감정이 사라지고 대신 확장과 안녕의 느낌이 찾아온다. 그 새로운 감정이 뿌리를 내리면 우리는 자신이 응원을 받는다고 느낀다.

부모와의 관계 치유하기

앞서 5장에서 부모와의 관계에 문제가 있으면 부모가 전해주는 생명의 힘이 차단될 수 있음을 배웠다. 부모 중 한 사람이라도 거부, 비판, 비난하거나 거리를 두면 그런 태도는 우리 내면에 파문을 일으킨다. 스스로 의식하지 못해도 부모 중 누군가를 밀어내는 것은 자기 일부를 밀어내는 것과 같다.

부모와 관계를 단절하면 도리어 부모의 부정적 특성을 무의식적으로 떠안을 수 있다. 예를 들어 부모를 '냉정하다, 비판적이다, 공격적이다'라고 생각하면 내면에서 자기 자신을 냉정하고 자기 비판적이며 공격적이라고 여길 수 있다. 자기가 당했다고 생각하는 일을 스스로에게 가하는 셈이다.

해결책은 부모를 가슴으로 받아들이는 것, 그동안 거부해온 그들의 특징(우리에게도 존재하는)을 의식하는 것이다. 이렇게 하면 나를 괴롭히던 것이 나에게 힘을 주는 무언가로 바뀐다. 고통스러운 부분, 대개는 가족사에서 비롯된 견딜 수 없는 특징을 떨쳐버릴 수 있는 것이다. 예를 들면 가혹함은 친절함의 근원으로 바뀌고 비판은 연민의 토대가 된다.

자신을 편안하게 느끼려면 먼저 부모와 편안한 관계를 맺어야 한다. 부모의 호의를 잘 받아들이는가? 부모를 생각할 때 마음이 열리는 기분을 느끼는가? 부모와 함께 있을 때 알 수 없는 벽을 느끼지는 않는가? 움츠러들거나 방어적이 되거나 오히려 보살피려는 태도를 취한다면, 무턱대고 부모와의 관계를 직접 치유하려 시도하기보다 먼저 내면의 다른 문제부터 해결해야 한다.

부모가 세상을 떠났거나 수감 중이거나 고통의 바다에서 허우적거릴지라도 여전히 치유는 가능하다. 부모가 자신을 사랑한 기억, 선한 의도, 다정한 이미지 중 기억나는 것이 한 가지라도 있는가? 단 한 가지라도 따뜻한 이미지를 찾아 그것을 깊이 받아들이면 부모와의 관계를 바꿀 수 있다. 과거는 바꿀 수 없지만 현재는 바꿀 수 있다. 부모가 스스로 변화하거나 달라지기를 기대하지만 않는다면 말이다. 관계를 다르게 받아들여야 하는 존재는 부모가 아니라 자기 자신이다. 그것은 내가 할 일이지 결코 부모가 해야 할 일이 아니다. 이제 스스로 질문을 던져보라.

"나에게는 그럴 의지가 있는가?"

틱낫한은 "부모에게 화를 내는 것은 자기 자신에게 화를 내는 것과 같다. 옥수수가 옥수수 알갱이 하나에 화를 낸다고 생각해보라"고 말했다.

"아버지나 어머니에게 화가 나 있다면 숨을 들이쉬고 내쉬면서 화해의 마음을 찾아야 한다. 이것이 행복에 이르는 유일한 길이다."[100]

화해는 내면에서 일어나는 움직임이다. 부모와의 관계는 그들이 무엇을 하는지, 어떤 사람인지, 어떻게 반응하는지에 달려 있지 않다. 그것은 내가 무엇을 하느냐의 문제다. 변화는 내 안에서 일어난다.

부모를 거부해온 사람을 위한 치유의 문장

랜디는 아버지가 전쟁터에서 함께 싸우다 가장 친한 친구를 잃었다는 얘기를 들은 뒤, 아버지가 왜 사람을 피하며 자신에게만 침잠했는지 이해했다. 그 사실을 알기 전에는 아버지가 그저 아들인 자기를 못마땅하게 여겨서 언제나 자기와 거리를 둔다고 생각했다. 하지만 아버지의 사연을 알고 나서 모든 것이 바뀌었다.

랜디의 아버지 글렌과 어린 시절 단짝 친구인 돈은 벨기에에서 독일군에 맞서 싸울 때, 양쪽 부대가 합쳐지면서 우연히 다시 만났다. 돈은 맹렬한 포화 속에서 글렌의 목숨을 구했지만, 그러느라 목에 총알을 맞고 글렌의 품에서 숨을 거두었다. 전쟁에서 돌아온 글렌은 결혼을 하고 가족도 생겼으나 자기 대신 세상을 떠난 돈이 생각나 삶을 온전히 끌어안을 수 없었다.

랜디는 그동안 아버지를 비판하고 밀리한 것을 사과했다. 그는 더 이상 아버지가 자신이 원하는 방식으로 바뀌기를 기대하지 않았고 아버지를 있는 그대로 사랑했다.

가족사가 부모에게 입힌 상처를 아는 것은 큰 도움을 준다. 부모의 차가움, 비판적인 태도, 공격성의 근원에는 무엇이 있을까? 그 사건을 알면 자기 고통뿐 아니라 부모의 고통도 이해하는 문이 열린다. 부모를 고통스럽게 만든 트라우마 사건을 알면 예전에 받은 상처까지 덮어버릴 정도로 이해와 연민이 커진다. 때로는 '엄마·아빠, 제가 거리를 두고 멀리했던 것 죄송합니다'라는 문장을 말하는 것만으로도 깜짝 놀랄 정도로 내면에서 무언가가 활짝 열린다.

토머스 제퍼슨 대학병원의 신경과학자 앤드루 뉴버그Andrew New-berg 박사와 동료 마크 로버트 월드먼Mark Robert Waldman은 《왜 생각처럼 대화가 되지 않을까?Words Can Change Your Brain》에서 이렇게 썼다.

"한마디 말에는 몸과 마음의 스트레스를 조절하는 유전자 발현에 영향을 미칠 정도의 힘이 있다."[101]

그들은 긍정적인 단어를 떠올리기만 해도 뇌의 특정 영역이 영향을 받아 자기 인식뿐 아니라 타인을 바라보는 방식도 좋아진다고 설명한다.[102]

아래에 제시한 치유의 문장을 읽어보라. 그중 한두 문장은 마음에 와 닿으면서 부모와의 사이를 가로막던 장애물을 녹일 것이다. 아래 문장이 마음에 와 닿게 하라. 마음을 끌어당기는 문장이 있는가? 한두 문장을 부모에게 말하는 장면을 상상해보는 것도 좋다.

1. "그동안 너무 멀리 거리를 둬서 죄송해요."
2. "제게 손을 내미실 때마다 전 밀어내기만 했죠."
3. "보고 싶었어요. 하지만 그 말을 하기가 쉽지 않네요."
4. "아빠·엄마, 두 분은 정말 좋은 아버지·어머니예요."
5. "제게 많은 걸 가르쳐주셨어요."(긍정적인 기억을 떠올리고 그 기억을 말해본다)
6. "그동안 너무 까다롭게 굴어서 죄송해요."

7. "제가 너무 비판적이었어요. 그게 두 분께 가까이 다가가는 걸 방해했죠."

8. "제게 다시 한 번 기회를 주세요."

9. "정말로 더 가까워지고 싶어요."

10. "달아나서 죄송해요. 남은 시간 동안 더 가깝게 지내겠다고 약속드릴게요."

11. "우리가 가까워져서 정말 좋아요."

12. "다시는 저를 향한 사랑을 증명해보이라고 다그치지 않을게요."

13. "이제는 두 분의 사랑이 어떠어떠하기를 바라지 않을게요."

14. "제가 기대하는 사랑이 아니라 주시는 사랑을 그대로 받아들일게요."

15. "두 분 말에서 사랑을 느끼지 못할 때도 두 분 사랑을 받아들일게요."

16. "제게 많은 걸 주셨어요. 감사합니다."

17. "엄마·아빠, 오늘 힘든 하루를 보내서 꼭 전화를 걸고 싶었어요."

18. "엄마·아빠, 통화를 조금만 더 해도 될까요? 목소리만 들어도 마음이 편해져요."

19. "엄마·아빠, 여기 그냥 앉아 있어도 될까요? 곁에 있는 것만으로도 기분이 좋아요."

부모와의 관계가 심하게 망가져 있다면 본격적으로 치유에 돌입하기 전에 심리 치료나 명상을 통해 자기 몸의 감각을 인지하는 능력을 키워두는 것이 좋다. 자신이 스트레스에 어떻게 반응하는지 관찰할 줄 알면 자신에게 가장 필요한 때 필요한 것을 제공할 수 있기 때문이다.

세상을 떠난 부모에게 말하는 치유의 문장

부모가 세상을 떠나 아예 존재하지 않을 때조차 그들과의 내적인 관계를 시작할 수 있다. 망가졌거나 완전히 형성하지 못한 유대를 다시 세우도록 도와주는 몇 가지 문장을 살펴보자.

1. "제가 잠들어 있을 때 저를 안아주세요."
2. "신뢰하고 사랑을 받아들이는 법을 가르쳐주세요."
3. "받을 줄 아는 사람이 되도록 이끌어주세요."
4. "제가 마음의 평화를 느끼도록 도와주세요."

존재도 모르거나 절연한 부모에게 말하는 치유의 문장

부모에게 버림받은 사람은 극복하기 힘든 고통을 느낀다. 그런 이별은 이후 삶에서 수많은 거부나 버림의 무의식적인 청사진이 되는 경우가 많다. 고통의 순환은 멈춰야 한다. 부당한 취급을 받거나 희생당한다고 느끼면서 살아가는 한 그 패턴은 계속 이어질 가능성이 크다.

다음 문장을 만나본 적 없는 부모에게 말한다고 상상해보라.

1. "저를 떠나거나 다른 집에 준 것이 아빠·엄마의 삶을 조금이라도 편하게 만들었다면 제가 이해할게요."
2. "어머니·아버지를 그만 탓할래요. 그건 모두를 속박하는 일이니까요."
3. "제게 필요한 것은 다른 사람들에게서 얻을게요. 그리고 제게 일어난 일에서 무언가 좋은 것을 만들어낼게요."
4. "우리 사이에 일어난 일을 이해해요. 그 이해가 제 힘의 원천이 되어줄 거예요."
5. "그 일이 일어났기에 저는 다른 사람에게 없는 특별한 힘을 갖게 되었어요."
6. "생명을 주셔서 감사해요. 이 선물을 낭비하거나 허비하지 않겠다고 약속할게요."

부모 중 한 사람에게 지나치게 얽매인 사람을 위한 치유의 문장

부모 중 한 사람을 거부하는 사람이 있는 반면, 정체성이 모호해지고 '자기'를 잃어버릴 정도로 한쪽 부모에게 얽매인 사람도 있다. 그런 관계에서는 자신이 누구이고 무엇을 느끼는지 판단할 경계선마저 허물어질 수 있다. 그럴 경우 자기가 얽매어 있는 어머니나 아버지가 자기에게 아래 문장을 들려준다고 생각해보라. 열린 마음으로 어머니 또는 아버지의 목소리가 그 말을 건넨다고 상상하라. 어떤 단어나 문장이 가장 깊이 와 닿는지 주의를 기울여보라.

1. "나는 있는 그대로의 너를 사랑한단다. 내 사랑을 얻으려 그 무엇도 할 필요가 없단다."

2. "너는 내 자식일 뿐이야. 내 감정이 네 감정일 필요는 없단다."

3. "그동안 내가 너와 지나치게 가까웠고 그 결과 네가 어떤 대가를 치렀는지 이제야 알겠구나."

4. "내 감정이 너를 압도해왔을 거야."

5. "내가 너만의 공간을 확보하는 걸 어렵게 만들었구나."

6. "내 사랑이 너를 압도하지 않도록 이제 내가 뒤로 물러설게."

7. "네게 필요한 모든 공간을 줄게."

8. "내가 네 곁에 너무 가까이 있어서 너 자신을 알지 못하게 했구나. 이제 나는 여기 머물면서 너만의 삶을 살아가는 모습을 기쁘게 지켜볼게."

9. "너는 나를 보살펴왔고 나는 그러도록 내버려두었어. 이제 더는 그러지 말자."

10. "어떤 아이에게도 이건 너무 지나친 일이란다."

11. "어떤 아이라도 이 문제를 해결하는 일은 부담스러울 거야. 이건 네 문제가 아니란다."

12. "한 걸음 뒤로 물러나 네 삶이 네게 흘러들어오는 걸 느껴보

렴. 네가 그래야 나도 편안해진단다."

13. "지금까지 내가 내 고통을 직시하지 못했구나. 내 고통이 너에게로 건너가 있었어. 이제 그걸 원래의 자리인 내게 돌려줄 때가 되었다. 그러면 우리 둘 다 자유로워질 거야."

14. "너는 그동안 나를 너무 많이 감당해왔어. 이제 네가 있어야 할 자리, 네 삶 속에서 살기 바란다."

이제 부모 중 한 사람이 앞에 서 있는 모습을 떠올려보고 다가가거나 물러서려는 마음이 드는지 주의를 기울여보라. 더 가까이 가야 할 것 같은가, 아니면 더 멀리 떨어져야 할 것 같은가? 어느 정도 거리가 적당하다고 알려주는가? 적당한 거리는 내면의 무언가를 열어주거나 부드럽게 하거나 긴장을 풀어준다. 이러면서 내면에 자기감정을 느낄 공간이 더 많이 생긴다. 자신에게 적합한 거리를 찾았다면 다음 문장 중 하나 또는 그 이상을 말해보면서 어떤 감정이 생기는지 주의를 기울여보라.

1. "엄마·아빠, 저는 여기에 있고 엄마·아빠는 거기에 있어요."
2. "엄마·아빠의 감정은 거기에 엄마·아빠와 함께 있고, 제 감정은 여기에 저와 함께 있어요."
3. "거기에 그대로 있어 주세요. 너무 멀리 가지는 말고요."
4. "제 공간이 생기니 숨쉬기 훨씬 편해졌어요."

5. "엄마·아빠의 감정을 보살피려 노력할 때는 제가 쪼그라드는 것 같았어요."

6. "제가 엄마·아빠를 행복하게 만들 수 있다는 건 지나친 생각이었어요."

7. "저를 한쪽으로 치워둔 것이 두 분 모두를 보이지 않게 만들었다는 걸 이제 알았어요."

8. "이제부터 엄마·아빠가 저를 응원해주리라는 확신을 갖고 삶을 충만하게 살 거예요."

9. "엄마·아빠가 제 행복을 빌어주고 있음을 되새길 거예요."

10. "저를 돌봐주고 제 말을 들어줘서 고마워요."

여기까지 모두 따라 했다면 이미 내면에서 새로운 종류의 평화를 감지했을 것이다. 치유의 문장은 가족과의 관계를 강화하거나 지나친 감정적 얽힘을 완화하는 데 도움을 준다.

이제 생애 첫 몇 년을 탐색할 것이다. 어머니와 너무 일찍 분리되면 삶에서도 계속 '분리'를 경험하고 그것을 온전히 해결하려는 노력도 방해를 받는다. 다음 장에서는 이른 분리가 빚어내는 결과를 알아보고 그것이 인간관계와 성공, 건강, 안녕에 어떤 흔적을 남기는지 살펴본다.

11 분리의
핵심 언어

어머니의 영향만큼 강력한 것은 없다.

— 세라 조세파 헤일Sarah Josepha Hale, 〈레이디스 매거진 앤 리터
러리 가제트The Ladies' Magazine and Literary Gazette〉, 1829년

핵심 언어가 윗세대에서 오는 것만은 아니다. 핵심 언어는 어린 아이
의 감당하기 힘든 경험을 반영하기도 한다. 어린 시절 '어머니와의 분
리'는 삶에서 흔히 일어나면서도 자주 간과되는 트라우마 중 하나다.
어머니와의 유대에서 심각한 단절을 경험한 사람이 사용하는 단어에
는 치유하지 못한 채 남은 강렬한 갈망과 불안, 좌절감이 담겨 있다.

앞 장에서는 부모의 삶이 내게로 넘어오는 방식과 그것이 내 삶
의 기본적인 청사진으로 자리 잡는다는 것을 알아보았다. 자궁 안에
서 만들어지는 청사진은 내가 태어나기 전부터 모양새를 갖춰간다.

그 시기 태아에게 어머니는 세계의 전부이며 태어난 후에도 아이는 어머니의 손길과 눈길, 냄새를 통해 삶과 접촉한다.

너무 어려서 스스로 삶을 이해할 수 없을 때, 아이는 어머니가 되비춰 보여주는 모습으로 경험을 섭취하고 소화한다. 아이가 울면 어머니의 얼굴에 근심이 나타나고 아이가 웃으면 어머니는 기쁨으로 환히 빛나며 아기의 모든 표정을 거울처럼 따라 한다. 아이와 주파수를 맞춘 어머니는 부드러운 손길과 따뜻한 온기, 한결같은 관심, 상냥한 미소로 안전과 가치와 소속감을 불어넣어준다. 어머니는 늘 '좋은 것'을 주고 아이는 내면의 저장고에 '좋은 기분'을 채운다.

아이는 생애 첫 몇 년 동안 내면의 저장고에 '좋은 것'을 충분히 비축해야 한다. 그러면 나중에 커서 일시적으로 길을 잃었을 때 좋은 기분이 계속 남아 지켜준다. 저장고가 충분히 차 있으면 때로 방해 요소가 나타나도 결국 모든 일이 잘될 거라고 믿으며 산다. 그러나 어머니에게 '좋은 것'을 조금밖에 얻지 못하거나 전혀 얻지 못하면 '삶'은 믿을 수 없는 것이 되고 만다.

'어머니'와 '삶'을 대하는 태도는 여러 수준에서 서로 밀접하게 연관되어 있다. 가장 이상적인 것은 어머니가 우리를 보살펴 안전함을 느끼도록 해주는 일이다. 어머니는 우리에게 안락함과 생존에 필요한 것을 제공한다. 계속해서 이런 보살핌을 받으면 우리는 자신이 안전하다는 것과 삶이 우리에게 필요한 것을 제공한다는 점을 믿게 된다.

어머니가 우리에게 필요한 것을 충분히 채워주는 경험을 반복하면 우리는 자신에게 필요한 것을 스스로 채울 수 있다고 생각하게 된다. 요컨대 우리는 자신에게 필요한 것을 '충분히' 제공하기에 '충분한' 존재라고 느낀다. 그러면 삶이 내게 필요한 것을 가져다주는 것처럼 보인다. 사람들은 대개 어머니와의 연결이 막힘없이 흐를 때 건강과 돈, 성공, 사랑도 자기 쪽으로 흘러온다고 느낀다.

어머니와의 관계가 삶의 토대다

초기에 어머니와의 유대에 문제가 생기면 두려움과 결핍, 불신이라는 검은 구름이 우리를 휘감는다. 입양처럼 영구적인 것이든, 일시적이지만 완전히 회복하지 못한 것이든, 어머니와 자식 사이에 벌어진 틈은 인생에서 겪는 여러 괴로움의 온상이 되기도 한다. 지속적인 유대의 단절은 생명줄을 잃은 것과 같다. 이때 우리는 조각조각 부서진 상태에 놓이는데 그 조각을 다시 이어 붙이려면 어머니가 필요하다.

일시적인 단절이 있었다면 분리에서 회복하는 동안 어머니가 늘 곁에서 안정감을 주고 우호적인 태도를 유지해야 한다. 어머니를 잃었던 경험이 너무 충격적이라 어머니와 다시 연결되는 것을 주저하거나 저항할 수 있기 때문이다. 머뭇거리는 아이, 입을 다물고 지내는 아이를 견디지 못하고 엄마를 '거부'하는 것으로 해석하는 어머니는 방어적으로 행동하거나 아이와 거리를 둘 수 있는데, 그러면 둘 사이의 유대는 멍들고 상처가 난다. 아이가 느끼는 단절감에 공감하지 못하는 어머니는 어머니대로 엄마 노릇을 잘할 수 없다는 생각에 빠져 자신에게 실망하고 불안감에 허우적댄다. 심지어 아이를 향해 짜증과 분노를 느낀다. 그 균열을 치유하지 않으면 두 사람의 관계는 토대부터 흔들리고 만다.

생애 초기에 한 경험은 기억하고 싶어도 기억나지 않는다. 경험이 기억으로 남으려면 이야기 형식으로 갈무리되어야 하는데 임신기와 유아기, 초기 유년기 동안 뇌는 경험을 그렇게 처리하지 못하기 때문이다. 기억이 없으면 채워지지 않은 갈망은 무의식적 충동·열망·동경으로 표출되어 다음 직업, 다음 휴가, 다음에 마실 와인, 다음 번 연인으로 충족시키려 한다. 또한 이른 분리로 생긴 두려움과 불안감은 현실을 왜곡해 조금만 어렵고 불편한 상황이 와도 엄청나게 위협적이고 파국적인 상황으로 받아들이게 한다.

이 강렬한 감정은 사랑에 빠질 때도 드러난다. 사랑에 빠지면 우리는 자연스럽게 어머니와의 초기 경험으로 돌아가기 때문이다. 우리는 어머니에게 느꼈던 것과 유사한 감정을 연인에게 느끼는 경향이 있다. 특별한 누군가를 만나면 우리는 자신에게 말한다.

"마침내 나를 잘 보살펴주는 사람, 내 마음을 이해하고 필요한 **모든 것**을 줄 사람을 찾았어."

이런 감정은 어머니와의 사이에서 느꼈거나 느끼기를 원한 친밀감을 다시 경험하길 갈망하는 어린아이의 환상에 지나지 않는다. 많은 사람이 의식하지 못한 채 어머니가 채워주지 못한 감정적 허기를 연인이 충족시켜주기를 기대한다. 방향이 어긋난 기대는 실패와 실망을 부른다. 연인이 부모처럼 행동하면서 감정적 허기를 충족시키려 하면 로맨스는 저 멀리 날아가 버린다. 그런데 연인이 자신의 감정적 허기를 충족시켜주지 않으면 배신당했다거나 소홀한 대접을 받는다고 느낀다.

일찌감치 어머니와의 단절을 경험하면 연애 관계도 안정적이지 못할 가능성이 크다. 무의식적으로 연인과의 친밀함이 사라지거나 어떻게든 박탈당할 거라고 생각해 두려워하기 때문이다. 그러면 어머니에게 매달렸듯 상대에게 매달리거나 언젠가는 상대가 떠날 것이라고 예상해 미리 상대를 밀어낸다. 한 사람과의 관계에서 매달리고 밀어내는 두 가지 행동을 모두 보이기도 한다. 그러면 상대는 멈추지 않는 감정의 롤러코스터에 갇혔다고 느낀다.

삶의 어느 시기에나 가능한 치유

예기치 않은 상황 때문에 아이와 엄마가 물리적으로 떨어져 지낼 수밖에 없을 때가 있다. 입양, 출산 합병증, 입원, 질병, 직장 문제, 긴 출장 등 장기간 헤어져야 하는 상황은 대부분 유대 형성에 좋지 않은 영향을 미친다.

감정적 단절도 유사하게 작동한다. 어머니가 물리적으로는 곁에 있지만 아이에게 충분히 집중하지 않으면 안전함과 안정감을 느끼지 못한다. 어렸을 때는 어머니의 정서적 관심이 물리적으로 함께 있어 주는 것만큼이나 중요하다. 어머니가 트라우마 사건, 즉 건강을 잃거나 유산하거나 아이나 부모, 배우자나 집을 잃는 경험을 하면 어머니의 주의는 아이에게서 다른 곳으로 옮겨간다. 그러면 아이는 어머니를 잃는 트라우마를 경험한다.

어머니와 아이의 단절은 자궁 안에서도 일어난다. 강도 높은 공포, 불안감, 우울증, 배우자와의 관계에서 오는 커다란 스트레스, 가족의 죽음, 임신에 대한 부정적인 태도, 이전의 유산 경험 등은 모두 어머니가 태아와 조화로운 관계를 맺는 것을 방해한다.

그러나 초기에 어머니의 보살핌을 제대로 받지 못했더라도, 임신기나 분만 중에 문제가 생겼더라도 아무것도 할 수 없는 것은 아니다. 유년기 이후에도 얼마든지 유대 관계를 복구할 수 있다. 치유는 삶의 어느 시기에나 가능하다. 첫 단계는 바로 분리의 핵심 언어를 알아내는 일이다.

분노와 갈망의 핵심 언어

인생 초기에 어머니와 분리되는 일은 다른 종류의 트라우마처럼 수많은 핵심 언어를 양산한다. 유대가 단절된 사람의 핵심 언어에는 연결에 대한 갈망뿐 아니라 분노와 비판, 비난, 냉소가 섞여 있다. 초기 분리로 나올 만한 핵심 문장은 다음과 같다.

"사람들은 나를 떠날 거야."

"나는 버려질 거야."

"나는 거부당할 거야."

"나는 완전히 혼자가 될 거야."

"내겐 아무도 없을 거야."

"나는 아무런 도움도 받지 못할 거야."

"나는 통제력을 잃을 거야."

"나는 중요한 사람이 아냐."

"그들은 나를 원치 않아."

"나는 모자라."

"나는 지나쳐."

"그들은 나를 떠날 거야."

"그들은 내게 상처를 줄 거야."

"그들은 나를 배신할 거야."

"나는 완전히 소멸될 거야."

"나는 파괴될 거야."

"나는 존재 가치가 없어."

"내겐 아무런 희망이 없어."

우리는 태어나면서부터 지금까지 품어온 어떤 감정의 근원을 모르는 채 지내기도 한다. 초기 분리를 겪은 사람은 흔히 어머니를 맹렬히 거부하는 감정과 어머니가 자신을 제대로 돌봐주지 못했다는 비난의 감정을 동시에 느낀다. 물론 모든 사람이 그런 것은 아니다. 어머니의 큰 사랑을 느끼면서도 유대를 완전히 형성하지 못했을 경우 어머니에 대한 안쓰러운 마음에 어머니를 돌봄의 대상으로 여기기도 한다. 이는 어머니와 유대를 형성하려는 욕구 때문에 보살핌의 방향이 뒤바뀌는 경우다. 사실은 자신에게 절실히 필요한 보살핌을 자기도 모르게 어머니에게 제공하려는 것이다.

7장에서 살펴보았듯 유대가 단절된 사람들에게 흔히 나타나는 핵심 불평과 핵심 묘사어가 있다. 기억을 되살리자면 다음과 같다.

- "엄마는 냉정하고 거리감이 있었다. 나를 안아주는 법이 없었다. 나는 엄마를 전혀 신뢰하지 않았다."
- "어머니는 너무 바빠 내게 신경을 쓰지 못했다. 어머니는 늘 내게 내줄 시간이 없었다."
- "엄마와 나는 정말 가깝다. 엄마는 내가 돌봐줘야 하는 동생 같다."
- "엄마는 나약하고 연약했다. 엄마보다 내가 훨씬 강인하다."
- "나는 엄마에게 결코 부담을 주고 싶지 않다."
- "어머니는 냉담하고 마음을 주지 않으며 비판적이다."

- "엄마는 늘 나를 밀어내려 한다. 내게 별로 관심도 없다."
- "우리 사이에는 관계라고 할 만한 것이 없다."
- "나는 할머니가 훨씬 더 가깝게 느껴진다. 내게 엄마 역할을 해준 사람은 바로 할머니다."
- "어머니는 철저히 자기중심적이다. 모든 일에서 자기 생각만 한다. 내게는 어떠한 사랑도 표현한 적이 없다."
- "엄마는 대단히 계산적이고 술수에 능한 사람이다. 엄마와 함께 있으면 안정감이 느껴지지 않는다."
- "나는 어머니가 무서웠다. 다음에 무슨 일이 일어날지 도무지 알 수 없었다."
- "나는 어머니와 가깝지 않다. 어머니에게는 모성이 없다. 어머니 같지 않은 사람이다."
- "나는 한 번도 자식을 원한 적이 없다. 내 안에서 그런 모성을 느껴본 적이 없다."

완다의 외로움

나를 찾아왔을 때 완다는 예순두 살이었고 우울증을 앓고 있었다. 세 차례의 결혼 실패와 알코올의존증, 홀로 보낸 수많은 밤을 겪어낸 완다는 삶이 평화로웠던 적이 거의 없었다. 완다가 어머니를 생각하며 핵심 묘사어를 말해주었다.

"어머니는 냉정하고 냉담한 분이며 나는 언제나 어머니에게 거리감을 느꼈다."

　이런 핵심 언어를 낳은 사건은 무엇일까. 완다가 태어나기 전 어머니 이블린은 무시무시한 비극을 겪었다. 갓난아이를 돌보던 중 스르륵 잠이 들었고 잠결에 돌아눕다가 딸을 질식시키고 만 것이다. 잠에서 깬 이블린은 첫 딸이자 완다의 언니인 게일이 자기 품에서 죽은 것을 발견했다. 도저히 위로할 길 없는 슬픔 속에서 이블린은 완다를 임신했다. 새로운 임신은 그들의 기도에 대한 응답이었다. 그들 부부는 미래만 생각하고 과거를 잊고자 했지만 마음대로 되지 않았다. 게일의 끔찍한 죽음에 따른 죄책감은 엄마 노릇을 하는 이블린의 삶 구석구석에 침투했다. 그것은 다음 아이와 유대를 형성하는 데 영향을 미쳤고 이블린은 완다를 일관성 있게 사랑하지 못했다. 또 그 사랑마저도 완다에게 잘 전하지 못했다.

　완다는 엄마가 자기를 못마땅하게 여겨서 거리를 둔다고 믿었다. 그 상황이라면 어떤 아이도 그렇게 느낄 것이다. 완다는 어렸을 때 엄마에게 안긴 느낌까지 기억했다. 안긴 상태에서도 엄마에게서 거리감이 느껴지자 완다는 자기 보호적인 태도를 취했다. 완다는 엄마가 자신을 사랑하지 않는다고 느꼈고 이에 맞서 스스로 철갑을 둘렀다.

　어쩌면 이블린은 자신에게 다시 아이를 낳을 자격이 없다고 생각했을지도 모른다. 둘째 완다마저 혹시 자기 잘못으로 죽지 않을까 노심초사했을 수도 있다. 이블린이 완다에게 무의식적으로 거리를 둔 것은 그에 따른 고통을 되도록 최소화하려 한 자기방어는 아니었까. 완다는 자궁 속에서 이미 엄마의 거리감을 감지했을 것이다. 이블린은 완다에게 가까이 다가가거나 가슴에 꼭 안으면 완다마저 다치게 할지 모른다고 생각했을 가능성이 크다. 이블린의 생각과 감정이 어떠했든 게일의 죽음이라는 트라우마는 이블린과 완다를 분리시키고 말았다.

완다가 어머니가 자기에게 거리를 둔 것이 언니 게일의 죽음과 관련이 있을 뿐 결코 자기를 미워하거나 싫어해서가 아니라는 사실을 깨닫기까지 꼬박 60년이 걸렸다. 그녀는 평생 사랑을 충분히 주지 않은 어머니를 비난하고 미워했다. 마침내 어머니가 느꼈을 엄청난 고통의 크기를 절감한 완다는 상담 도중 벌떡 일어나더니 말했다.

"집에 가야겠어요. 시간이 별로 없어요. 어머니는 여든다섯 살이에요. 어머니한테 사랑한다고 말해야 해요."

제니퍼의 불안감

밤에 남자들이 찾아와 현관문을 두드린 날, 두 살배기 제니퍼는 엄마가 고통스러운 신음을 내뱉으며 가슴을 부여잡고 바닥에 주저앉아 흐느끼는 모습을 보았다. 남자들은 제니퍼의 아버지가 굴착 장치 폭발로 사망했다는 사실을 알리러 온 이들이었다. 제니퍼의 엄마는 스물여섯 살에 과부가 됐다. 엄마가 제니퍼를 침대에 눕히며 잠에 빠져드는 제니퍼 이마에 입맞춤을 해주지 않은 것은 그날 밤이 처음이었다.

그날 이후 모든 것이 달라졌다. 엄마가 충격으로 거의 넋이 나가 아이를 돌볼 수 없었기에 제니퍼와 네 살이던 오빠는 몇 주 동안 이모 집에서 지내야 했다. 그동안 엄마는 두 아이를 보러 찾아오곤 했다. 제니퍼는 엄마가 오면 황급히 문가로 달려갔지만 왠지 엄마가 낯설게 느껴졌다. 몸을 숙여 안아주는 여인은 얼굴이 빨갛게 부어올라 예전의 엄마처럼 보이지 않았다.

제니퍼는 그것이 무서웠다. 엄마가 두 팔로 제니퍼의 몸을 꼭 끌어안으면 제니퍼는 딱딱하게 굳어버렸다. 엄마한테 '엄마가 변한 것이 얼마나 무서운지' 말하며 칭얼거리고 싶었지만, 겨우 두 살인 제니퍼도 엄마가 이미 다른 사람이 되었다는 것을 간파했다. 엄마는 연약해보였고 아무것도 줄 수 없는 사람 같았다. 제니퍼가 이러한 기억을 다시 떠올리기까지는 어느 정도 세월이 필요했다.

제니퍼는 스물여섯 살에 처음 공황 발작을 겪었다. 경영팀에서 프레젠테이션을 성공적으로 마친 뒤 지하철을 타고 집으로 돌아가는 길이었다. 갑자기 쏟아지는 물속에 서 있는 것처럼 시야가 흐려졌다. 귀는 틀어 막힌 듯 멍했고 현기증과 두려움이 찾아왔다. 그건 꽁꽁 얼어버린 것처럼 마비되어 도와달라고 소리칠 수도 없는 속수무책의 상태였다. 그런 감각이 낯설었던 제니퍼는 뇌졸중 증세라고 생각했다.

다음 번 공황 발작은 새로운 프레젠테이션을 하기 직전에 찾아왔다. 그다음에는 쇼핑하는 중에 발작이 왔고 그달이 끝나갈 무렵에는 매일 발작이 일어났다. 제니퍼의 핵심 언어는 이랬다.

'나는 이걸 끝까지 해내지 못할 거야.'

'나는 모든 걸 잃었어.'

'나는 완전히 혼자야.'

'나는 실패할 거야.'

'그들은 나를 거부할 거야.'

'그들은 더 이상 나를 원치 않을 거야.'

감춰진 두려움을 다시 꺼낸 것만으로도 제니퍼는 해결을 향해 발을 뗀 셈이다. 그녀는 속수무책으로 마비된 듯했던 예전 경험을 기억해냈다. 제니퍼는 엄마와 가깝게 지냈지만 엄마를 연약하고 외롭고 많은 관심이 필요하며 상냥하고 다정한 사람으로 묘사했다. 엄마를 묘사하는 단어를 하나씩 끄집어내는 동안 어린아이였던 자기가 엄마의 커다란 슬픔을 달래려 노력할 때 얼마나 막막했는지 절절히 느꼈다. 엄마를 위로하는 것은 어린아이에게 불가능한 과제로 이는 제니퍼에게 혼자라는 느낌, 안전하지 않다는 느낌 그리고 실패에 대한 두려움을 남겼다.

공황 발작을 어린 시절과 연결 지은 제니퍼는 자신이 느끼는 공포의 근원을 표적으로 삼았다. 공황의 느낌이 올 때마다 그건 단지 겁먹은 어린아이의 감정일 뿐이라고 되새기면서 가라앉히려 노력했다. 일단 자기 내면에서 그 감정을 식별해내자 불안의 상승 속도가 늦춰졌다. 제니퍼는 불안한 감각을 일으키는 내면의 폭풍을 들여다보며 더 깊고 길게 호흡하는 법을 배웠다. 그렇게 호흡하면서 가슴속에 웅

크린 어린아이였던 자신을 위로했다.

"이제 내가 널 보살펴줄 거야. 다시는 그런 감정 속에 혼자 있지 않아도 돼. 내가 널 안전하게 지켜줄게. 나를 믿어."

이렇게 자기 위로를 반복하는 동안 내면에는 자기 자신을 스스로 보살필 수 있다는 믿음이 굳게 자리 잡았다.

켈리의 기이한 버릇

16년 동안 머리카락과 눈썹, 속눈썹을 뽑아온 켈리는 가짜 속눈썹을 붙이고 화장으로 눈썹을 그렸으며 머리는 뒤로 바싹 당겨 묶어 민머리를 감췄다. 털을 뽑는 일은 밤마다 하는 일종의 의식이었다. 매일 밤 9시쯤 자기 방에 혼자 앉아 있으면 불안한 느낌이 몰려와 켈리의 온몸을 휘감았다. 그녀는 손으로 '뭐라도 해야 한다'는 생각이 들어 머리카락을 잔뜩 뽑았고 그런 뒤에야 평화를 느꼈다. 켈리는 이렇게 말했다.

"털을 뽑고 나면 긴장이 풀려요. 그건 마치 속박에서 풀려난 느낌이에요."

켈리가 열세 살 때 가장 친한 친구 미셸이 갑자기 켈리를 멀리한 일이 있었다. 켈리는 도무지 이유를 알 수 없었다. 견디기 힘들 만큼 큰 상실감을 느낀 켈리는 얼마 지나지 않아 머리카락을 뽑기 시작했다. 그때 켈리는 이렇게 생각했다.

'내게 뭔가 문제가 있는 게 분명해. 나는 미셸이 계속 옆에 있고

싶을 만큼 충분히 좋은 아이가 아닌 거야.'

이 문장은 켈리의 핵심 언어 풍경을 가로지르는 고속도로 옆의 방향 표지판 같았다. 의식의 표면 아래에서 발견될 날을 기다려온 이 문장은 켈리를 어머니와의 유대가 단절되었던 사건으로 안내했다.

태어난 지 1년 반이 되었을 때 켈리는 장 수술을 받아 열흘 동안 어머니와 떨어져 지내야 했다. 매일 저녁 9시경 병원에서 정한 문병 시간이 끝나면 어머니는 켈리를 남겨두고 켈리의 젖먹이 여동생과 오빠를 돌보러 집으로 돌아갔다.

어머니가 자기를 병실에 혼자 두고 가버렸을 때, 켈리가 얼마나 큰 불안감에 휩싸였을지 우리는 그저 상상만 해볼 수 있을 뿐이다. 켈리가 그 감정을 표출하려고 무의식적으로 찾아낸 방법이 바로 '발모벽'이었다. 매일 밤 9시쯤이면 그 감정은 켈리의 몸속을 휘저었다. 켈리가 그것을 처리할 대안을 찾고 나서야, 그러니까 머리카락을 뽑고 나서야 술렁임은 멈췄다.

핵심 문장에 나타난 켈리의 가장 끔찍한 공포는 그녀를 트라우마의 뿌리로 안내해주었다.

"내게 일어날 수 있는 가장 나쁜 일은 내가 완전히 홀로 남겨지는 것이다. 사람들은 나를 떠날 테고 나는 미쳐버릴 것이다."

켈리는 열세 살 때 이 상황과 감정을 다시 경험했다. 항상 붙어다니던 미셸이 어느 날 갑자기 켈리를 떠나 '패거리'를 지어 몰려다니는 아이들과 친해졌다. 동시에 여자애들이 모두 켈리에게 등을 돌렸고 켈리는 '버림받고 거부당하고 무시당했다'고 느꼈다.

시야를 좀 더 넓히면 그 경험은 켈리가 치유 '기회를 놓친' 사건으로 볼 수 있다. 엄마가 자신을 병원에 남겨두고 갔던 더 깊고 중요한 트라우마를 치유할 기회 말이다. 물론 난관에 직면했을 때 그 난관을 방향 표지판으로 활용할 줄 아는 사람은 많지 않다. 보통 고통을 완화하는 일에 초점을 맞출 뿐 근원을 찾아볼 생각은 좀처럼 하지 않기 때문이다. 핵심 언어에 담긴 지혜를 알아채면 우리를 괴롭히던 증상은 오히려 그 괴로움에서 벗어나는 계기가 된다.

켈리의 핵심 언어는 그녀가 '홀로 남겨지는 것'을 얼마나 두려워하는지 보여준다. 머리카락을 뽑는 행동은 핵심 언어가 비언어적으로 표현된 것이자, 켈리의 근원적 트라우마를 찾게 해주는 은유이기도 하다. 켈리는 머리카락을 붙잡고 있는 모낭과 머리카락을 분리했다. 이는 안고 있던 어머니에게서 분리되는 아기의 이미지를 떠올리게 한다.

기이한 행동은 대개 의식 수준에서 살펴보거나 검토할 수 없는 어떤 일을 비유적으로 표현한 결과다. 자기 증상을 깊이 들여다보면 더 깊은 곳에 숨어 있는 진실을 발견할 수 있다. 증상은 우리가 치유하거나 해결해야 하는 것이 있는 쪽을 가리키는 표지판 역할을 한다. 머리카락 뽑기를 이렇게 해석함으로써 켈리는 자기 괴로움의 근원으로 찾아가 평생 겪어온 불안감에서 벗어날 수 있었다.

켈리는 '완전히 홀로 남는' 불편한 감각이 자리한 장소로 자신의 배를 지목했다. 그녀는 불안감이 느껴지는 배에 두 손을 얹고 그곳에 숨을 불어넣었다. 그리고 자기 손 아래에서 오르락내리락하는 호흡을 느끼며 여전히 겁먹고 외로워하는 자신의 아기 자아를 안고 천천히 흔들어주는 장면을 상상했다. 그 움직임으로 침착함을 되찾았을 때 그녀는 아기 자아에게 말했다.

"네가 외롭고 두려울 때 결코 너를 혼자 두지 않을게. 대신 여기에 손을 얹고 네가 다시 평온해질 때까지 너와 함께 호흡할게."

그 후 켈리는 더 이상 머리카락을 뽑지 않았다.

나는 왜 인간관계가 힘들까

누구나 불안이나 공포가 없는 상태를 원하지만 그런 욕구는 쉽게 채워지지 않는다. 안락함과 편안함을 느끼지 못할 때 우리는 와인 한 잔, 쇼핑, 문자메시지, 전화 통화, 섹스 파트너로 위안을 구한다. 그러나 갈망의 근원이 어머니의 보살핌일 때는 여간해서 위안을 찾기 어렵다.

머나가 두 살 때, 머나의 어머니는 3주 동안 머나를 보모에게 맡기고 아버지의 사우디아라비아 출장에 동행했다. 첫 주에 머나는 엄마가 추운 밤 자신을 안아서 재워줄 때 입던 스웨터를 꼭 붙들고 지냈다. 익숙한 촉감과 냄새에서 위안을 받은 머나는 스웨터로 몸을 감고 잠을 청했다. 둘째 주가 되자 머나는 보모가 스웨터를 줘도 받지 않고 대신 돌아누워 엄지손가락을 입에 문 채 울면서 잠들었다.

3주 동안 떠나 있던 머나의 엄마는 들뜬 마음으로 급하게 달려들어와 딸을 안으려 했다. 그녀는 늘 그랬듯 머나가 자기 품으로 달려들 거라고 예상했지만 머나는 인형만 쳐다볼 뿐 엄마는 거들떠보지 않았다. 놀라고 당황한 머나의 엄마 역시 아이에게 거부당했다는 생각에 몸이 팽팽하게 긴장하는 것을 느꼈다. 이후 며칠 동안 머나의 엄마는 그 경험을 이리저리 해석하려 노력하다가 머나가 '독립적인 아이'로 성장하려나보다 하고 합리화했다.

둘 사이의 섬세한 유대를 회복하는 것이 얼마나 중요한 일인지 인식하지 못한 머나의 엄마는 어린 딸의 여리고 상처 입은 면을 방치하고 딸과 계속해서 거리를 뒀다. 이로 인해 머나는 혼자라는 느낌에 더 깊이 빠져들었다. 이 거리감은 머나의 인생 속으로 스며들었다. 머나는 결국 인간관계에서 안전감과 안정감을 느끼는 능력을 일정 부분 잃어버리고 말았다. 머나의 핵심 언어에는 버려짐과 좌절의 감정이 담겨 있다.

'나를 떠나지마.'

'그들은 결코 돌아오지 않을 거야.'

'나는 완전히 혼자일 거야.'

'사람들은 나를 원치 않아.'

'그들은 내가 어떤 사람인지 몰라.'

'사람들은 날 보지도 않고 이해하지도 못해.'

머나에게 누군가를 사랑하는 일은 예측 불가능한 지뢰밭이었다.

다른 사람을 필요로 할 때 받을 수 있는 상처 자체를 너무 두려워했기 때문에, 욕망에 가까이 다가설수록 더욱 깊은 공포감을 느꼈다. 그 갈등이 어린 시절과 연관된 것임을 알지 못한 머나는 자신을 사랑하는 모든 남자에게서 결점을 찾아냈고 그들이 떠나기 전에 자신이 먼저 떠나버렸다. 서른 살이 될 때까지 머나는 결혼으로 이어질 만큼 가까웠던 관계를 세 번이나 포기했다.

머나의 내적 갈등은 일에서도 드러났다. 새로운 직위에 오를 때마다 그녀는 온갖 회의감에 젖어 피할 수 없는 재앙이 올 거라는 두려움에 시달렸다.

'무언가가 지독하게 잘못될 거야. 그들은 나를 좋아하지 않을 거야. 나는 그 일에 적합한 사람이 아니야. 그들이 내게 거리를 두겠지. 나는 그들을 신뢰할 수 없어. 그들은 나를 배신할 거야.'

머나가 말로 표현하지는 않았지만 연애 상대에게도 느낀 이 감정은 어머니와의 사이에서 풀지 못한 바로 그 감정이었다.

머나와 비슷한 갈등으로 괴로워하면서도 근원을 모른 채 지내는 사람이 얼마나 많은가? 아기 때 어머니와 맺는 유대의 중요성은 아무리 강조해도 지나치지 않다. 어머니는 세상에 와서 처음 관계 맺는 사람이다. 어머니는 첫사랑이다. 어머니와 좋은 유대 관계를 맺느냐 아니냐는 삶의 핵심적인 청사진을 형성하는 데 지대한 영향을 미친다. 어릴 때 겪은 일을 알고 나면 우리가 왜 인간관계에서 힘들어하는지 그 숨겨진 수수께끼 하나를 풀 수 있다.

과거는 바꿀 수 없지만
현재는 바꿀 수 있다

우리가 누구이고 삶이 어떻게 펼쳐질 것인가 하는 최초의 이미지는 자궁 속에서 시작된다. 임신 기간 동안 어머니의 감정은 우리에게 배어들어 우리의 기본 성격이 침착할지 불안할지, 수용적일지 반항적일지, 융통성이 있을지 없을지에 영향을 미친다.

토머스 버니는 "[아이의] 마음이 기본적으로 강경하고 모나고 위험하게 발달할지, 아니면 유하고 유연하며 개방적으로 발달할지는 대체로 [어머니의] 생각과 감정이 긍정적이고 확고한지 아니면 부정적이고 양면적 감정으로 오락가락하는지에 달려 있다"라고 설명한다.

"이따금 회의를 품거나 불확실한 감정을 보이는 것이 아이에게 해를 끼친다는 말이 아니다. 그 감정은 자연스럽고 아무런 해도 없다. 내가 문제 삼는 것은 명백하고 지속적인 행동 패턴이다."[103]

심각한 유대 단절로 어머니와의 초기 경험에 문제가 생기면 고통과 공허함의 파편이 우리의 안녕을 해치고 결국 우리는 삶의 근본적인 흐름에서 멀어진다. 어머니와 아이의(또는 양육자와 아이의) 유대 단절 상태가 계속 이어지거나 공허함 또는 무관심 속에 아이가 오랫동안 방치되면, 부정적 이미지가 쏟아져 들어가 아이를 좌절감과 자기 의심의 패턴에 가둬버린다. 극단적인 경우 좌절감과 분노, 마비, 타인에 대한 둔감함이 나타난다.

이러한 프로파일은 보통 소시오패스나 사이코패스의 행동과 연관이 있다. 켄 매기드Ken Magid 박사와 캐럴 맥켈비Carole McKelvey는 《너무 큰 위험: 양심 없는 아이들High Risk: Children Without a Conscience》에서 다음과 같이 말했다.

"누구에게나 어느 정도 분노가 있지만 사이코패스의 분노는 유아기에 욕구를 충족시키지 못해 생긴 분노다."[104]

이어 매기드와 맥켈비는 유아가 방치되거나 어머니와의 유대가 단절되는 경험을 할 때 어떤 "이해할 수 없는 고통"을 느끼는지 기술하고 있다.

사이코패스와 소시오패스는 심각한 유대 단절 경험이 초래하는 인간 행동의 넓은 스펙트럼 한쪽 끝에 자리 잡는다. 이 극단적인 사례는 어머니나 초기 양육자의 역할이 아이의 연민, 감정이입, 생명 존중을 형성하는 데 얼마나 중요한지 잘 보여준다.

그러나 어머니가 언제나 100퍼센트 아이에게 주파수를 맞추길 기대하는 것은 비현실적이다. 아이에게 집중한 상태는 언제든 깨질 수 있다. 어머니와의 유대 단절을 경험한 사람 대다수는 좀 부족하긴 해도 필요한 것을 충분히 받는다. 단지 부족한 부분을 채우는 과정이 필요할 뿐이다. 이 과정은 어머니와 아이 모두에게 일시적인 괴로움을 극복하는 방법을 배울 기회다. 또 잠깐 소원했던 서로에게 손을 내밀어 관계를 회복하는 방법을 일깨워주는 긍정적인 성장 경험이기도 하다. 무엇보다 중요한 것은 끊어졌던 관계를 복구하는 일이다. 관계를 반복적으로 개선하다 보면 신뢰감이 쌓이고 어머니와 아이가 안정적으로 애착을 형성하는 데도 도움이 된다.[105]

어머니와의 관계가 비교적 온전한 사람도 이해할 수 없는 감정과 씨름할 수 있다. 홀로 남겨지거나 거부당하거나 버림받는 것에 대한 두려움, 폭로나 모욕, 창피를 당할까 괴로워하는 사람도 있다. 이런 감정의 근원을 우리가 미처 기억하지 못하는 시기에 어머니와 맺은 관계의 맥락에서 살펴보면 자기에게 결여된 것이 무엇인지 깨달아 치유에 한 걸음 더 다가설 수 있다.

12 관계의
핵심 언어

자신의 고통, 슬픔, 상처에 거리를 두는 딱 그만큼 연인에게도
거리를 두게 된다.
— 스티븐 레빈Stephen Levine과 온드리아 레빈Ondrea Levine, 《사랑
하는 사람들 끌어안기Embracing the Beloved》

사람은 누구나 누군가와 사랑에 빠지고 행복한 관계를 맺기를 열망한
다. 그러나 가족끼리 해오던 무의식적인 사랑 표현 방식 때문에 우리
의 사랑도 불행에 빠질 수 있다.

이 장에서는 만족스러운 관계 유지를 저해하는 무의식적 충성심
과 감춰진 역학 관계를 살펴본다. 먼저 질문을 하나 해보자. 우리는 정
말 누군가와 교제가 가능한 사람일까?

대단히 성공했거나, 화술이 뛰어나거나, 커플 여행을 많이 다녀
봤거나, 스스로를 잘 안다고 자부하는 사람도 사랑하는 사람과의 관

계에서 실패할 수 있다. 애정결핍, 불신, 분노의 감정으로 인한 움츠리기, 마음 닫아걸기, 떠나기, 남겨지기 등의 가족 패턴을 무의식적으로 반복하면서 불행을 자기 배후에 있는 근본 원인이 아니라 상대방 탓으로 돌리기 때문이다.

관계에서 생기는 문제 중에는 관계 그 자체에서 오지 않은 것도 많다. 어떤 문제는 우리가 태어나기 오래전부터 가족사에 존재해온 역학에서 기인한다. 예를 들어 한 여성이 아이를 낳다가 사망하면 그 여파로 후손들이 설명할 수 없는 두려움과 불행에 휩쓸리기도 한다. 딸과 손녀가 결혼을 두려워하는 경우도 있다. 결혼은 자식으로, 자식은 죽음으로 이어질 수 있기 때문이다.

이들은 표면적으로는 결혼이나 아이를 원치 않는다고 말한다. 제대로 된 남자를 한 번도 만나지 못했다거나 연애할 시간이 없을 만큼 바쁘다고 투덜대기도 한다. 그러한 불평의 저변에서 그들의 핵심 언어는 다른 이야기를 들려준다. 자기 가족사와 공명을 일으키는 핵심 문장은 이렇다.

"결혼하면 뭔가 끔찍한 일이 일어날 수도 있어. 내가 죽을지도 몰라. 그럼 아이들은 나 없이 완전히 외톨이로 살아야겠지."

같은 집안의 아들과 손자도 영향을 받는다. 그들은 성관계가 아내를 죽음으로 내몰 수도 있다고 생각해 아내와의 사랑을 두려워한다. 그들의 핵심 문장은 주로 이런 식이다.

"내가 누군가를 다치게 할지도 모르는데 만약 그런 일이 일어난다면 그것은 순전히 내 잘못이야. 나는 결코 나 자신을 용서하지 못할 거야."

이런 형태의 두려움은 배후에서 행동과 결단, 포기에 영향을 미치고 우리가 하는 선택을 무의식적으로 조종한다. 내 환자였던 세스는 자신을 "남의 비위를 맞추는 사람"이라 표현했는데 자기가 무언가를 잘못해 가까운 사람을 실망시킬까 봐 잔뜩 겁냈다. 비위를 맞춰주지 않으면 그들이 자기를 떠날 거라며 두려워한 것이다.

그에게는 모든 사람과 관계가 끊어진 채 혼자 죽을 거라는 공포도 있었다. 배후에서 작동하는 이런 공포 때문에 그는 하고 싶지 않은 일도 하겠다고 말하곤 했다. 또 속마음과 다른 말도 했다. 싫은데 좋다고 말하는 식이다. 그러고 나면 반작용으로 비위를 맞추려는 사람들에게 화가 났다. 때론 좋다고 말하고 싶은데 싫다고 말하기도 했다.

세스는 거의 언제나 진심을 가려두고 가면을 쓴 채 살았고 자기 불행을 아내 탓으로 돌렸다. 그는 그 패턴에서 벗어나려고 아내와 이별했지만 다음에 만난 사람과도 똑같은 패턴을 반복했다. 세스는 관계에서 자신의 두려움이 어떤 식으로 드러나는지 깨달은 뒤에야 상대방과 조화로운 관계를 이어갈 수 있었다.

그 부부가 불행한 이유

50대의 성공한 부부인 댄과 낸시는 모든 걸 다 가진 것처럼 보였다. 댄은 대형 금융기관의 CEO이고 낸시는 병원 행정관으로 세 자녀는 모두 대학을 졸업한 뒤 잘 살고 있었다. 그러나 자녀가 독립하고 둥지가텅 비어버리자 그들은 은퇴 생활이 그동안 꿈꿔온 것만큼 행복하지도, 희망적이지도 않다는 사실을 깨달았다. 그들의 결혼 생활에는 문제가있었다. 낸시는 "우리는 6년 넘게 섹스를 하지 않았어요. 서로 모르는사람처럼 살고 있죠"라고 말했다.

여러 해 전에 아내를 향한 성적 욕망이 사라진 댄은 정확히 언제부터 그렇게 됐는지 기억하지 못했다. 댄은 낸시와 결혼 생활을 유지하길 바랐지만 낸시는 확신이 없었다. 나를 만났을 때 두 사람은 이미이런저런 부부 상담을 받아본 뒤였다. 이제 핵심 언어 접근법의 관점에서 댄과 낸시의 관계를 탐색해보자.

관계에서 핵심 언어 지도를 찾는 법

관계에서 핵심 언어 지도를 찾을 때 나는 네 가지 질문을 던진다.

1. 핵심 불평: 배우자의 어떤 점이 가장 불만스러운가? 이 질문이 출발점이다. 여기서 얻은 정보는 한쪽 또는 양쪽 부모와의 관계에서 해결하지 못한 문제와 연관이 있다. 우리는 그 문제를 배우자에게 투사

한다. 남성이든 여성이든 한 가지 경험 법칙은 늘 들어맞는다. 우리가 어머니에게 받지 못했다고 느끼는 것, 어머니와의 관계에서 미해결 상태로 남은 것은 배우자와의 관계에서 밑바탕을 이룬다. 어머니에게 늘 거리감을 느꼈거나 어머니의 사랑을 거부했다면 배우자와도 거리를 둘 가능성이 있다.

2. 핵심 묘사어: 어머니와 아버지를 묘사할 때 어떤 형용사와 어구를 사용하는가? 이 질문은 부모에게 거리를 둔 방식과 그러도록 만든 무의식적인 충성심을 찾아내게 한다. 부모를 묘사하는 형용사와 어구의 목록을 구성해보면 가장 깊이 뿌리박힌 감정의 핵심부에 접근할 수 있다. 그곳에는 부모를 향한 오랜 원망과 비난이 존재한다. 배우자에게 투사하는 내적 불만도 어린 시절 경험의 무의식적 저장고에서 나온 것이다.

핵심 묘사어는 어린 시절에 부당한 대우를 받았거나 충족감을 느끼지 못한 이미지에서 파생된다. 부모가 우리에게 충분히 주지 않았다고 또는 우리를 제대로 사랑하지 않았다고 느낄 수도 있다. 이러한 이미지를 품고 불만에 휩싸여 부모를 향한 비난의 감정을 느끼며 살면 다른 인간관계도 좀처럼 풀리지 않는다. 왜곡된 렌즈로 상대방을 바라보며 그 사람이 부당하게도 자신이 원하는 사랑을 주지 않을 거라고 예상하기 때문이다.

3. 핵심 문장: 가장 두려워하는 것은 무엇인가? 발생 가능한 최악의 일은 무엇인가? 8장에서 배웠듯 이 질문의 답이 자신의 핵심 문장이다. 이것은 어릴 적에 겪었거나 가족사에 미해결 상태로 남은 트라우마에서 울려나오는 핵심적인 두려움이다.

여기까지 읽은 독자라면 자신의 핵심 문장을 알 것이다. 핵심 문장은 내 인간관계를 어떤 식으로 제약하고 있을까? 그것은 상대에게 온 마음을 다하는 능력에 어떤 영향을 미칠까? 둘이 함께 있을 때 상처받을 것이 두려워 마음을 닫거는가?

4. 핵심 트라우마: 가족사에 어떤 비극적인 사건이 일어났는가? 이 질문은 세대에서 세대로 이어지며 관계에 영향을 미치는 패턴을 밝히도록 해준다. 커플이 겪는 문제의 기원은 가족사에서 출발한 경우가 많다. 결혼 생활의 난관이나 연인 사이의 갈등도 몇 대의 가족 관계도로 추적해볼 수 있다.

질문에 답하며 극적이고 감정이 진하게 실린 단어에 귀를 기울여라. 언어는 가족 트라우마의 근원을 알아낼 주제어와 실마리를 제공해준다. 이제 댄과 낸시의 핵심 언어를 들어보자.

핵심 불평어

먼저 낸시의 불평에서 핵심 언어를 들어보자.

"남편은 내게 관심이 없는 것 같아요. 그는 거의 언제나 저 멀리 있는 느낌이에요. 나는 충분한 관심을 받지 못하고 있고 남편과 친밀하다는 느낌이 거의 없어요. 그는 늘 나보다 아이들에게 더 관심이 많은 것 같아요."

이제 댄의 핵심 언어를 들어보자.

"아내는 항상 나를 불만스러워합니다. 모든 일을 내 탓으로 돌리죠. 아내는 내가 줄 수 있는 것보다 더 많은 걸 원해요."

표면적으로 그들이 한 말은 결혼 생활에서 누구나 하는 불평처럼 들린다. 그런데 한 걸음 더 들어가자 그 단어는 그동안 한번도 살펴보지 않은 불만의 근원으로 부부를 안내했다. 그것은 그들의 가족 체계에서 해결하지 못한 문제로 곧장 이어졌다.

상담을 시작하고 얼마 지나지 않아 그들은 서로를 맹렬히 비난했다. 이제 그들이 부모를 어떻게 묘사했는지 들어볼 차례다.

핵심 묘사어

스스로 의식하지 못했지만 낸시는 댄을 묘사한 것과 유사하게 자기 어머니를 묘사했다.

"어머니는 감정적으로 거리감이 있었어요. 한 번도 어머니에게 친밀감을 느껴본 적이 없어요. 뭔가 필요할 때도 어머니에게는 가지 못했죠. 내가 마음먹고 다가갈 때마다 어머니는 나를 어떻게 보살펴 줘야 하는지 몰랐어요."

낸시가 어머니와의 사이에서 해결하지 못한 문제가 그대로 댄의 몫으로 떨어진 것 같았다. 두 사람의 관계에 영향을 미친 것은 그뿐이 아니었다. 낸시의 집안에서는 모든 여성이 자기 남편에게 불만을 품고 있었다.

"어머니는 항상 아버지에게 불만이었어요."

이 패턴은 그 이전 세대도 마찬가지였다. 낸시의 외할머니는 외할아버지를 "술에 찌들어 사는 쓸모없는 개자식"이라고 불렀다.

그처럼 거센 비난이 낸시의 어머니에게 어떤 영향을 미쳤을지 상상해보라. 외할머니 편에 서서 성장한 낸시의 어머니가 자기 남편에게 만족할 가능성은 매우 적다. 그런 환경에서 자란 낸시가 어떻게 자기 어머니보다 더 만족할 수 있겠는가? 만약 낸시의 어머니가 남편에게 만족했더라도 아버지 때문에 힘들어하는 어머니에게 어떻게 행복감을 표현할 수 있었겠는가? 낸시의 어머니는 자기 남편에게 비판적인 태도를 취하며 무의식적으로 그 패턴을 이어갔다.

댄은 어머니를 매우 우울하고 불안해하는 성격이라고 묘사했다. 어렸을 때 댄은 자신이 어머니를 보살펴야 한다고 생각했다.

"어머니는 내게 많은 걸, 너무 많은 걸 원했어요."

댄은 무릎 위에 얌전히 포개놓은 자기 두 손을 내려다보았다.

"아버지는 늘 일을 하셨어요. 아버지가 어머니에게 줄 수 없는 관심을 내가 채워줘야 한다고 생각했습니다."

댄은 어머니가 한때 심한 우울증으로 입원했던 일을 들려주었다. 가족사를 살펴보면 그의 어머니가 괴로워한 이유는 분명하다. 댄의 어머니가 겨우 열 살이었을 때 외할머니가 결핵으로 세상을 떠났다. 그 상실은 댄의 어머니에게 엄청난 충격을 주었다. 여기에다 댄의 동생이 아기였을 때 목숨을 잃으면서 또 한 번 커다란 상실이 찾아왔다. 그 시점에 댄의 어머니는 6주 동안 입원해 충격 치료를 받았다. 당시 댄은 열 살이었다.

설상가상으로 댄은 아버지도 멀게 느꼈다. 그는 아버지를 "나약하고 무능한" 사람으로 묘사했다.

"아버지는 어머니의 상대가 될 수 없는 남자였습니다."

댄은 우크라이나에서 이민을 온 노동자인 아버지가 어머니에 비해 사회적 신분이 낮았다고 표현했다.

"아버지는 전문적이고 교육 수준이 높은 외가 남자들 수준에 한참이나 미치지 못했죠."

이러한 댄의 판단은 그와 아버지의 관계를 멀어지게 했다. 자기 아버지를 거부하는 남자는 자신도 모르게 남성성의 근원에서도 멀어진다. 아버지를 존경하고 존중하는 남자는 일반적으로 자신의 남성적 강점을 편안히 받아들이고 아버지의 특징을 모방할 가능성이 크다. 그런 태도가 인간관계로 옮겨가면 헌신과 책임, 안정감을 편안히 받아들인다. 여성도 마찬가지다. 자기 어머니를 사랑하고 존경하는 여성은 일반적으로 자신의 여성성을 편안해하고 어머니의 특징을 관계에서 표현할 가능성이 크다.

댄이 아버지와 거리를 둔 이유는 또 있었다. 그는 어머니가 가장 마음을 터놓는 사람의 역할을 맡음으로써 자기도 모르게 아버지의 영역을 침범했다. 댄이 의식적으로 그 역할을 선택한 것은 아니지만 어머니의 결핍을 느끼는 남자아이가 흔히 그렇듯 댄은 어머니를 돌보는 일을 자기 일로 여겼다. 그는 자신이 어머니를 보살필 때 어머니가 밝아지고, 아버지가 주변에 있을 때 어머니가 마음을 닫아거는 것을 알아챘다. 어머니가 자기를 더 좋아한다고 느낀 댄은 자신이 아버지보다 더 우월하다고 생각했다.

심지어 댄은 어머니가 아버지를 못마땅해하는 감정까지 자기 것으로 받아들였다. 아버지를 거부함으로써 남성성과 단절된 댄은 무의식적으로 낸시와의 결혼 생활에서 비슷한 역학 관계를 반복할 토대를 깔아둔 셈이었다. 댄은 그의 아버지처럼 "나약하고 무능한" 남편이었다.

어머니의 여성적 강점에 의지할 수 없었던 낸시 역시 어릴 적 어느 시점엔가 어머니가 마음의 버팀목이 되어주기를 바라는 마음을 접었다. 낸시는 충분한 사랑을 받지 못했다는 느낌을 안은 채 어릴 때 살던 집을 떠났고, 자신이 그토록 갈망한 관심을 주지 않았다며 어머니를 비난했다. 불만의 화살은 후에 댄을 향했다. 낸시의 눈에는 댄도 자신이 원하는 것을 주지 못하는 사람으로 보였다.

함께 자식을 키우는 동안에는 두 사람 모두 가족의 필요에 초점을 맞추고 몰두했으나 자식이 성장해서 떠나자 바닥에 깔린 역학 관계가 고스란히 드러났다. 댄과 낸시는 가까스로 관계를 유지하고 있었다.

댄은 결혼 생활에서 자신이 "성적으로 죽어 있다"라고 표현했다. "나는 섹스에 완전히 흥미를 잃었습니다."

어린 시절 어머니와의 관계를 되돌아본 댄은 금세 그 이유를 이해했다. 어머니가 필요로 하는 보살핌과 위안을 제공하는 것은 아이의 몫이 아니었다. 그는 어머니에게 필요한 것을 주거나 어머니의 고통을 완전히 덜어줄 수 없었다. 어머니의 필요는 그를 압도했고 그는 어머니의 사랑을 버겁게 느꼈다.

댄이 낸시가 자신에게 너무 많은 것을 바란다고 불평했을 때 그가 말한 대상은 낸시가 아니었다. 그는 무의식적으로 충족시켜주지 못한 어머니의 필요를 암시한 것이었다. 댄은 낸시와의 친밀감을 어린 시절에 경험한 옭죄는 친밀감과 혼동했다. 그러다 보니 낸시의 자연스러운 바람과 욕구에까지 저항감을 느꼈다. 그것을 압도적인 요구라고 생각한 댄은 낸시에게 마음을 닫아걸었고 그녀의 요구에 '좋다'라고 말하고 싶을 때조차 무조건 '싫다'라고 말했다.

댄과 낸시의 문제는 서로 일부러 맞춘 것처럼 딱 맞아떨어졌다. 마치 두 사람이 결혼으로 각자 자신을 치유하려고 만난 것이 아닐까 싶을 정도였다.

우리는 무의식의 영역에 놓아둔 자기 상처를 건드리는 사람을 배우자로 선택하는 경향이 있다. 이는 자신의 고통스러운 부분과 반응이 일어나는 부분을 알아보고 인정하며 치유할 기회이기도 하다.

선택받은 사람은 인정받지도, 해결하지도 못한 채 상대방의 중심부에 남아 있던 문제를 완벽한 거울처럼 되비춘다. 댄은 낸시가 어머니와의 사이에서 해결하지 못한 문제를 마무리하는 데 필요한 '소원한 사랑'을 제공하는 사람이었다. 또 낸시는 댄이 어린 시절 어머니에게 받은 상처를 치유하는 데 필요한 '만족할 줄 모르는 요구'를 하는 사람이었다. 둘은 그렇게 서로의 짝이 되었다.

핵심 문장

댄은 자기 인생을 통틀어 가장 끔찍한 공포는 낸시를 잃는 것이라고 말했다.

"가장 끔찍한 악몽은 사랑하는 사람을 잃는 일입니다. 낸시가 죽거나 나를 떠나 낸시 없이 살게 될까 봐 걱정스럽습니다."

이 핵심 문장은 한 세대 전 댄의 어머니가 어려서 자기 어머니를 잃었을 때 느꼈을 고통의 메아리처럼 들린다. 갓 태어난 아기가 죽었을 때 댄의 어머니는 또다시 "사랑하는 사람을 잃는" 경험을 했다. 그 상실은 댄이 느끼는 공포에도 반영되었다. 그 공포감은 사실 사랑하는 사람을 잃은 그의 어머니 몫이다. 댄은 자신의 핵심 문장이 어머니에게서 온 것임을 금세 인지했다.

그 패턴은 다음 세대로 이어졌다. 어머니가 외할머니를 여읜 나이인 열 살 때, 댄도 6주 동안 어머니와의 단절을 경험했다. 어머니가 신경쇠약으로 입원한 것이다. 그 이전에도 어머니가 우울증에 빠지면 자기를 향한 관심이 사라졌다는 것을 그는 기억했다. 그럴 때마다 그는 완전히 혼자 남겨진 기분이었다.

낸시의 핵심 문장도 더 이전 시기로 추적해 올라갈 수 있다.

"나는 끔찍한 결혼에 꼼짝 없이 걸려들어 외로워질 것이다."

이 문장은 알코올에 의존하는 남편과 결혼해 집안에 문제가 발생할 때마다 남편을 탓한 낸시의 외할머니에게서 비롯된 것이었다. 그보다 한 세대 전을 들여다보면 낸시의 외할머니 역시 자기 어머니와 불편한 관계였거나, 외증조할머니가 자기 남편과의 나쁜 결혼에 갇혔다고 느끼는 유사한 패턴을 발견할지도 모른다. 안타깝게도 외할머니 이전의 모든 정보는 과거 속으로 사라져버렸다. 그러나 낸시의 더 윗세대에서 어머니와의 단절을 경험했거나 서로에게 거리를 두는 부모의 양육을 받은 여자아이를 만날 가능성은 여전히 존재한다. 낸시도 댄처럼 가족 패턴을 반복해온 셈이다. 이제 낸시는 치유할 준비를 갖췄다.

가족 관계도로 본 핵심 트라우마

댄은 결혼 생활에서 무력하던 자기 아버지의 감정을 공유하며 그 경험을 반복했다. 낸시는 남편에게 '불만'을 느낌으로써 어머니와 외할머니의 경험을 반복했다. 이제 그들의 가족 관계도를 살펴보자.

댄과 낸시의 가족사가 보여주듯 갈등의 싹은 상대방을 만나기 훨씬 전부터 자라고 있었다. 낸시는 자신이 "사랑을 충분히 받지 못하

댄의 가족 관계도

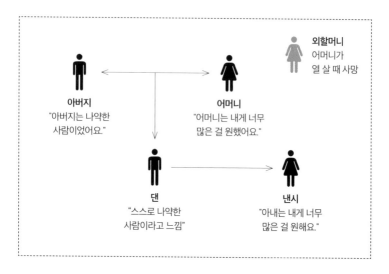

외할머니
어머니가
열 살 때 사망

아버지
"아버지는 나약한
사람이었어요."

어머니
"어머니는 내게 너무
많은 걸 원했어요."

댄
"스스로 나약한
사람이라고 느낌"

낸시
"아내는 내게 너무
많은 걸 원해요."

낸시의 가족 관계도

3대에 걸친 불만족

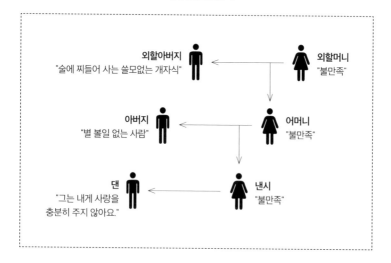

외할아버지
"술에 찌들어 사는 쓸모없는 개자식"

외할머니
"불만족"

아버지
"별 볼일 없는 사람"

어머니
"불만족"

댄
"그는 내게 사랑을
충분히 주지 않아요."

낸시
"불만족"

는" 근원이 댄이 아니라는 것을 알지 못했다. 그 느낌은 오래전에 자기 어머니와의 사이에서 생긴 것이었다. 댄 역시 한 여성이 자신에게 "너무 많은 것을 원한다"는 느낌의 근원이 낸시가 아니라는 것을 알아차리지 못했다. 그 느낌도 오래전에 자기 어머니와의 사이에서 생긴 것이었다.

낸시는 자기 집안 여자와 결혼한 남자는 누구도 좋은 평가를 받지 못하리라는 것을 깨달았다. 그런 상황에서 댄이 3대에 걸친 불만스러운 배우자의 역할을 이어받은 것이다.

그들이 각자 가족사에 미해결 상태로 남은 문제를 둘 사이로 끌어왔음을 깨닫자 마침내 비난의 구름이 조금씩 흩어졌다. 한때 서로를 겨냥하던 투사와 비난을 가족사의 넓은 맥락에서 이해하기 시작한 것이다. 더 큰 그림이 드러나자 배우자가 자기 불만의 원인이라는 착각도 서서히 사라졌다.

그들은 서로를 새로운 관점으로 대했고 애초에 두 사람을 하나로 묶어준 다정한 감정을 되찾았다. 나아가 서로를 더 친절하고 관대하게 대했을 뿐 아니라 다시 사랑도 나눌 수 있었다.

우리는 방법을 이미 알고 있다

낸시는 어머니에 대한 연민도 깊어졌다. 낸시의 어머니는 소녀 시절 불행한 결혼 생활을 하던 자기 어머니를 정서적으로 돌보는 역할을 맡았다. 그리고 자신이 자기 어머니보다 더 만족스럽게 사는 것을 용납하지 못해 불행한 결혼이라는 악순환을 반복했다.

낸시의 기억 속에서 어머니는 냉담하고 열의가 없는 사람이었다. 어렸을 때 낸시는 어머니에게 거부당하는 느낌에 상처를 입었으나, 가족사 전체를 살펴보자 어머니를 새로운 눈으로 바라볼 수 있었다. 낸시는 어머니가 냉담했으며 가끔은 자기를 거부하기도 했지만 딸에게 줄 수 있는 것은 모두 주었다고 느꼈다. 이를 이해한 낸시는 부당하게 '어머니의 양육'을 제대로 받지 못했다고 생각하던 과거의 내적 이미지에서 벗어났다. 대신 어머니에게 위로를 받는 새로운 이미지를 떠올렸다.

낸시의 어머니는 이미 16년 전에 세상을 떠났다. 그러나 낸시는 어머니가 살아 있을 때는 부탁할 생각조차 해본 적 없던 응원을 부탁했다. 눈을 감고 어머니가 뒤에서 안아주는 모습을 상상한 낸시는 처음으로 어머니의 사랑을 깊이 느꼈다.

"엄마, 나는 늘 엄마가 내게 사랑을 충분히 주지 않았다고 비난했어요. 똑같은 이유로 댄도 내게 사랑을 충분히 주지 않는다고 비난해왔죠. 이제 엄마가 가진 모든 것을 내게 주었음을 이해해요. 그걸로 충분했어요, 엄마. 정말로 충분했어요."

낸시는 울고 있었다.

"엄마, 내가 댄과 행복할 수 있도록 축복해주세요. 엄마와 외할머니는 그렇지 못했어도 나는 내 결혼 생활에 만족하고 싶어요. 이제부터 불만과 외로움을 느낄 때마다 엄마에게 손을 내밀고, 내 뒤에서 나를 응원해주고 내가 잘되기만을 바라는 엄마가 있다는 걸 느낄 거예요."

이후 몇 주 동안 낸시는 침대 옆에 어머니 사진을 놓아두고 잠들 때마다 어머니가 자신을 안아주는 상상을 했다. 어머니가 품에 안아 재워주고 필요한 사랑을 모두 준다고 생각했다. 이제 낸시는 어린 시절에 받지 못했다고 여긴 것을 받았고 댄에게도 완전히 새로운 방식으로 의지했다.

댄 역시 고인이 된 어머니와의 대화를 상상했다.

"엄마, 어렸을 때 나는 내가 엄마를 보살펴야 한다고 생각했어요. 그런데 그것이 나를 몹시 화나게 했죠. 우리 둘 다 깨닫지 못했지만 나는 엄마가 어렸을 때 잃은 외할머니를 대신하려 기를 썼던 거예요. 그건 너무 무리한 일이었어요. 나 자신을 충분치 못한 존재라고 느끼는 것이 당연했죠. 어떤 아이도 그런 상실을 채워줄 수는 없어요."

댄은 어머니가 한 걸음 뒤로 물러서서 자신에게 더 넓은 공간을 내주며 응답하는 이미지를 떠올렸다. 그는 숨을 깊이 들이쉬고 내쉬었다. 처음에는 좀 어지러웠지만 곧 기운이 솟는 것을 느낀 댄이 계속 말했다.

"엄마, 가끔 낸시가 내게 너무 많은 걸 요구한다고 생각했어요. 부디 낸시를 있는 그대로 보도록, 낸시가 나를 필요로 할 때 내가 사라질 것 같다거나 충분한 사랑을 주지 못할 거라고 생각하지 않도록 도와주세요."

댄은 치유를 계속하고 싶은 마음에 아직 살아계신 아버지에게 연락했다. 아버지와 만나 점심 식사를 하면서 그동안 거리를 두어 죄송하다고, 이제라도 가까워지고 싶다고 말했다. 댄에게 훌륭한 아버지였다는 말을 들은 댄의 아버지는 말로 표현할 수 없을 만큼 감동했다. 그는 댄에게 오랫동안 이런 시간을 기다려왔다고 말했다.

낸시는 댄이 새로운 힘을 얻었음을 느꼈고 자연스레 그에 대한 존경심도 생겼다. 그녀는 댄에게 부탁했다.

"내가 당신을 탓하거나 비판하거나 불만스러워한다고 생각하면 내게 말해줘. 나도 그걸 알아차리려고 노력할게. 당신에게 더 좋은 아내가 되고 싶어."

댄도 낸시에게 자신을 도와달라고 부탁했다.

"내가 감정적으로 멀게 느껴지면 말해줘. 나도 내 마음을 잘 살펴 당신에게서 달아나지 않으려고 노력할게."

댄과 낸시 이야기는 구체적인 질문을 하고 핵심 언어가 떠오르도록 귀를 기울이면 관계에서 겪는 깊은 갈등의 근원을 찾아낼 수 있음을 보여주는 사례다. 댄과 낸시가 거울처럼 서로 상대의 상처를 비추고 자극했듯 우리도 연인이나 배우자에게 가족사에 미해결 상태로 남은 문제가 무엇인지 비출 수 있다. 그 지도는 이미 우리 안에 있다.

커플 너머를 바라보기

부부 관계 또는 연인 관계에서 나오는 불평의 핵심 언어를 살피다 보면 간혹 언젠가 들은 가족의 옛 이야기와 비슷하다는 생각을 할 때가 있다. 그런 생각이 들면 스스로 질문해보라. 부모나 조부모가 혹시 나와 유사한 경험을 한 건 아닐까? 부모를 대할 때 느끼는 감정을 배우자(연인)에게도 비슷하게 느끼는 건 아닌가?

내 관계는 가족사의 어떤 패턴을 그대로 투영하는가?

연인이나 배우자와의 관계에 어려움이 있을 때, 무조건 상대를 문제의 근원이라고 결론짓지 마라. 상대를 비난하지 말고 자기 불평에 귀를 기울여보라. 이렇게 자문해보라.

- 불평의 말이 귀에 익숙한가?
- 어머니나 아버지에 대해서도 똑같은 불평을 하는가?
- 어머니나 아버지도 서로 똑같은 불평을 했는가?
- 할머니나 할아버지도 비슷한 어려움을 겪었는가?
- 2대 또는 3대가 모두 똑같은 경험을 했는가?
- 내가 어렸을 때 부모에게 느낀 것을 상대에게 그대로 투영하는가?

타일러 이야기

체격이 탄탄한 스물여덟 살의 약사 타일러는 아내 조슬린을 무척 사랑했다. 그런데 결혼식을 치른 지 3년이 되도록 끝까지 섹스를 마친 적이 단 두 번뿐이었다. 결혼하기 전 두 사람은 자주 사랑을 나눴으나 결혼한 그날부터 타일러는 불안하고 불안정한 느낌이 들었다. 아내가 자기를 떠나 다른 남자에게 갈 거라고 생각한 그는 이렇게 단언했다.

"여섯 달 안에 당신은 나를 두고 바람을 피울 거야."

조슬린은 끊임없이 그런 일은 없을 거라고 말했지만 그 말은 타일러의 귀에 들리지 않았다. 아내가 외도할 거라는 그의 집요한 생각이 관계를 망치고 있었다.

첫 상담 때 그가 내게 말했다.

"나는 확실히 알아요. 아내는 바람을 피울 거고 나는 그 충격에 무너질 거예요."

결혼식 이후 타일러는 발기부전과 씨름해왔다. 병원에서 검사를 받았지만 몸에는 아무 문제도 없다는 결과가 나왔다. 타일러는 해답이 자기가 찾을 수 없는 곳에 있음을 알았다. 다만 그곳이 어딘지 모를 뿐이었다. 다행히 그의 핵심 문장이 지도 역할을 하면서 어디로 가야 할지 방향을 알려주었다.

타일러는 몰랐지만 "아내는 바람을 피울 거고 나는 그 충격에 무너질 것이다"라는 핵심 문장은 그의 것이 아니었다. 이 고통스러운 주문은 그의 가족사에서 40년 전에 울려 퍼진 것으로, 타일러는 그때까지 구체적인 사건을 몰랐다.

타일러의 아버지는 첫 아내와 결혼한 지 1년이 채 되지 않았을 때, 집으로 들어갔다가 아내가 다른 남자와 섹스하는 장면을 목격했다. 커다란 충격을 받은 그는 살던 도시와 직장, 친구를 떠났고 그 일에 대해서는 철저히 함구했다. 타일러는 이 일을 전혀 알지 못했다. 내 권유에 따라 아버지에게 어머니와 결혼하기 전에 혹시 무슨 일이 있었느냐고 물어본 뒤에야 처음 안 일이었다. 다음 번 상담에서 타일러는 질문을 받은 아버지가 한순간 숨을 멈추고 입술을 팽팽히 당겨 입을 굳게 다물었다고 말했다. 그 말을 들으니 그가 자신의 과거가 밖으로 흘러나가지 못하게 막으려 한다는 느낌이 들었다. 하지만 그는 결국 타일러에게 첫 아내 이야기를 들려주었다.

타일러는 아버지가 재혼해서 잘 살아왔음에도 그 상처가 긴 세월 동안 전혀 치유되지 않았다고 생각했다. 아버지 마음속에서 미해결 상태로 남은 것이 이제 타일러의 결혼 생활에 영향을 미치고 있었다. 아버지는 자신이 겪은 고통을 한 번도 입 밖에 낸 적이 없었지만 그 느낌은 타일러의 몸속에 생생히 살아 있었다. 타일러는 자기도 모르게 아버지의 트라우마를 물려받은 것이다.

그 사실을 알고 나서 타일러는 조슬린과 사랑을 나누려 할 때마다 몸이 얼어붙었던 이유를 비로소 이해했다. 발기부전은 타일러가 자신이 욕망하는 사랑과 거리를 두도록 만들었다. 표면적으로 이런 현상은 직관에 반하는 것 같지만, 타일러는 저 깊은 내면에서 조슬린이 자신에게 상처를 줄까 봐 두려워하고 있었다.

그는 조슬린과 성관계를 나눌 수 없는 상태가 됨으로써 그녀가 저지를지도 모를 부적절한 행동으로 상처를 입지 않으려고 자신을 방어했다. 타일러는 아버지가 첫 아내에게 '충분히 좋지 않았던' 것처럼 자신이 조슬린에게 '충분히 좋지 않은' 사람이라는 생각을 견딜 수 없었다. 발기부전은 아버지가 겪은 거부당하는 위험에서 그를 안전하게 지켜주었다. 타일러의 입장에서 조슬린에게 거부당하는 것은 생각만으로도 감당할 수 없는 일이었다. 그 불안한 마음이 자기가 먼저 거부하는 상황을 초래한 것이다.

타일러는 자기 문제와 아버지 이야기의 연관성을 이해하는 것만으로도 충분히 홀가분해졌다. 그는 조슬린이 자기를 정말로 사랑한다는 것과 어려움 속에서도 늘 곁을 지켜주었음을 알았다. 타일러는 자기가 아버지의 감정을 물려받긴 했지만 그걸 반복할 필요는 없다는 사실을 깨달았다.

사랑만으론 부족하다

로마의 시인 베르길리우스는 "사랑은 모든 것을 이긴다"라고 단언했다. 사랑이 충분하면 관계는 아무리 어려운 상황도 반드시 이겨낸다는 말이다. 비틀스도 "당신에게 필요한 건 사랑뿐"이라고 노래했다. 그러나 삶의 표면 아래에서 스스로 의식하지 못하는 무의식적 충성심이 작동하는 일도 많다. 이런 경우에는 가족을 향한 무의식적 충성심이 연인과의 사랑을 이긴다고 말하는 것이 더 적절하다.

가족 패턴의 그물망에 걸려 있는 한 관계에서 어려움을 겪을 가능성이 크다. 물론 가족사의 보이지 않는 실타래를 풀어낼 방법을 찾으면 가족사가 우리에게 미치는 영향력에서 벗어날 수 있다. 핵심 언어를 해독해 보이지 않던 것을 인지하면 자유롭게 사랑을 주고받을 수 있다. 시인 릴케는 관계를 유지하는 일의 어려움을 잘 알고 있었다. 그는 이렇게 썼다.

"한 사람이 다른 사람을 사랑하는 것은 인간의 가장 어려운 과제다. 다른 모든 것은 그 일을 위한 준비일 뿐이며 그것은 궁극적이고 최종적인 시험이자 증명이다." [106]

다음은 연인이나 배우자와의 친밀감을 파괴하는 스물한 가지 가족 역학 관계다. 이 중 몇 가지는 애초에 관계 맺는 일 자체를 막아버릴 정도로 치명적이다.

관계에 영향을 미치는 스물한 가지 가족 역학 관계

1. 어머니와의 관계가 불편했다. 어머니와의 사이에 해결하지 못한 문제는 연인이나 배우자와의 사이에서 반복될 가능성이 있다.

2. 부모 중 어느 한쪽을 거부하거나 비판하거나 비난한다. 한쪽 부모

의 감정과 특징, 행동 중 우리가 거부한 것은 무의식적으로 내면에 계속 살아 있다. 그 부모를 향한 불평을 상대에게 투사하기도 하고, 거부한 부모의 특징과 유사한 특징을 보이는 상대에게 끌릴 수도 있다. 별 이유 없이 먼저 이별을 고하는 경험을 할 수도 있다. 또 관계를 맺어도 공허한 느낌이 들거나 계속 혼자 지내는 쪽을 택하기도 한다.

3. 한쪽 부모의 감정을 자기감정으로 내면화한다. 한쪽 부모가 연인이나 배우자를 부정적으로 생각했다면 자식도 상대에게 그런 감정을 느낄 가능성이 있다. 이 불만은 대를 이어 전해지기도 한다.

4. 아주 어렸을 때 어머니와의 유대 단절을 경험했다. 이러한 경험을 한 사람은 대체로 상대방과 친밀한 유대 관계를 형성하려 할 때 불안을 느낀다. 그리고 관계가 깊어질수록 점점 더 불안해한다. 그 불안감이 생애 초기에 일어난 유대 단절에서 기인했음을 모르기 때문에 상대방에게서 결점을 찾거나 갈등을 일으켜 거리를 둘 핑계로 삼는다. 스스로 자신이 애정을 갈구하거나 상대에게 매달리거나 질투심이 많거나 불안정하다고 느낄 수도 있다. 아니면 반대로 독립적인 모습을 보이며 관계에서 많은 것을 요구하지 않을 수 있다. 어쩌면 관계 자체를 완전히 회피할지도 모른다.

5. 한쪽 부모의 감정을 보살폈다. 이상적인 상황은 부모가 주고 아이가 받는 것이다. 그러나 슬픔, 우울함, 불안감, 불안정에 휩싸

인 부모를 둔 많은 아이가 위안을 받기보다 주는 것에 더 초점을 맞춘다. 자신의 필요를 충족시키는 일은 뒤로 미뤄두고 누군가를 보살펴야 한다는 습관적 충동이 앞서는 것이다. 이런 아이는 이후 삶에서 상대에게 너무 많은 것을 줌으로써 관계를 부담스럽게 만든다. 또는 그 반대의 상황에 놓인다. 즉 짝의 요구에 압도당하거나 부담을 느껴 관계가 진전될수록 화가 쌓이고 마음의 문을 닫는다.

6. 부모와 함께 지냈지만 불행했다. 부모가 서로 잘 지내지 못하거나 힘들어한 경우 그들보다 더 원만하게 지내기가 힘들 수 있다. 부모가 진심으로 자식의 행복을 바라더라도 부모를 향한 무의식적 충성심이 부모보다 더 행복해지는 것을 막기 때문이다. 또한 마음껏 생동감을 표현할 수 없는 분위기 속에서 자란 사람은 '행복'할 때면 죄책감을 느끼거나 불편해한다.

7. 부모가 계속 함께하지 않았다. 이 경우 자식도 관계를 떠날 수 있다. 이런 일은 보통 부모가 헤어진 시기의 나이가 되었을 때, 관계를 맺은 이후 부모가 함께한 만큼의 세월이 지났을 때, 또는 자기 자녀가 부모가 헤어진 시기의 자신과 같은 나이가 되었을 때 일어난다. 관계를 유지하되 감정적으로는 헤어진 것과 다름없이 살 수도 있다.

8. 부모 또는 조부모가 이전 배우자를 버렸다. 아버지나 할아버지가 전처를 떠났거나 결혼할 거라고 믿고 있던 이전의 연인을 버

렸다면, 그들의 딸 또는 손녀는 그 여성들처럼 홀로 남음으로써 속죄하기도 한다.

9. 어머니가 진심으로 사랑한 사람 때문에 마음의 상처를 입었다. 이 경우 자식은 무의식적으로 어머니의 상심을 함께한다. 첫사랑과 헤어지거나 사랑에 멍든 어머니의 감정을 같이 품거나, 어머니가 그랬듯 자기가 충분히 좋은 사람이 아니라고 느낄 수 있다. 원하는 상대와는 결코 이루어지지 않는다고 생각하기도 한다. 아들의 경우 어머니의 첫사랑을 대신하려고 열심히 노력해 어머니에게 배우자 같은 존재가 될지도 모른다.

10. 아버지가 진심으로 사랑한 사람 때문에 마음의 상처를 입었다. 이 경우 자식은 무의식적으로 아버지의 상심을 함께한다. 첫사랑과 헤어지거나 사랑에 멍든 아버지의 감정을 같이 품거나, 아버지가 그랬듯 자기가 충분히 좋은 사람이 아니라고 느낄 수 있다. 원하는 상대와는 결코 이루어지지 않는다고 생각하기도 한다. 딸의 경우 아버지의 첫사랑을 대신하려고 열심히 노력해 아버지에게 배우자 같은 존재가 될지도 모른다.

11. 부모나 조부모 중 한쪽이 계속 혼자 지냈다. 부모나 조부모 중 한쪽이 홀로 남겨진 후 또는 배우자와 사별한 후 계속 혼자 지냈다면 여러분도 홀로 지낼 가능성이 있다. 이미 관계를 맺은 상태라면 갈등을 만들거나 거리감을 두어 외로움을 자처하기도 한다.

12. 부모 또는 조부모가 결혼 생활로 고통스러워했다. 할머니가 사랑 없는 결혼에 갇혀 있었다면, 할아버지가 사망했거나 술을 많이 마셨거나 도박을 했거나 떠나버려 할머니가 혼자 자식들을 키워야 했다면, 손녀는 무의식적으로 결혼을 할머니의 경험과 연관 짓는다. 이 경우 할머니와 같은 경험을 반복하거나 그런 일이 자신에게 일어날지도 모른다는 두려움 때문에 아무에게도 전념하지 못한다.

13. 한쪽 부모가 상대에게 폄하되거나 무시당했다. 자식이 배우자나 연인에게 무시당함으로써 그 부모의 경험을 재현한다.

14. 한쪽 부모가 젊어서 세상을 떠났다. 유년기에 부모 중 한 사람이 세상을 떠나면 부모가 세상을 떠난 시기와 같은 나이가 되었을 때, 관계를 맺은 이후 부모가 함께한 만큼의 시간이 흘렀을 때, 자기 자녀가 그 부모와 사별했을 때의 자신과 같은 나이가 되었을 때 상대에게 육체적·정신적으로 거리를 둔다.

15. 부모 중 한쪽이 상대를 학대했다. 만약 아버지가 어머니를 학대했다면 아들은 아버지 혼자만 '나쁜 사람'이 아님을 보여주려는 듯 배우자를 학대한다. 딸은 자신을 학대하는 배우자나 거리감이 느껴지는 배우자를 만난다. 어머니보다 더 행복해지는 것을 어려워하기 때문이다.

16. 자기 자신이 이전의 연인이나 배우자에게 상처를 주었다. 새로운 관계도 망침으로써 무의식적으로 그 상처와 균형을 이루려

한다. 새로운 상대 역시 자신이 상처받을지도 모른다는 것을 무의식적으로 인지한다.

17. 연인이나 배우자가 너무 많았다. 지나치게 많은 사람과 사귀면 한 사람과의 관계에서 유대를 형성하는 능력이 떨어지기 십상이다. 이럴 경우 쉽게 헤어지고 관계가 깊어지지 않는다.

18. 낙태했거나 아이를 입양 보낸 일이 있다. 죄책감이나 가책, 후회 때문에 관계에서 큰 행복을 누리지 못한다.

19. 어머니가 가장 의지하는 사람이 자신이었다. 소년기에 어머니의 충족되지 않은 필요를 채워주고 어머니가 아버지에게 받지 못한 것을 주려고 노력했다면, 나중에 한 여성에게 온 마음을 다하기 어렵다. 상대가 어머니처럼 너무 많은 것을 원하거나 필요로 할지도 모른다는 두려움에 정서적·육체적으로 자신을 닫아 버리기 때문이다. 어렸을 때 어머니가 마음을 의지하는 아들이 었던 사람은 흔히 여자들과 쉽고 빠르게 관계를 맺는다. 심지어 바람둥이가 되어 지나간 길에 상처의 행렬을 남겨놓을 수도 있다. 치료법은 아버지와 가까운 유대를 형성하는 것이다.

20. 아버지의 총애를 받았다. 어머니보다 아버지와 더 가까운 딸은 자신이 선택한 사람에게 만족하지 못하는 경우가 많다. 문제의 뿌리는 상대가 아니라 딸이 어머니에게 느끼는 거리감에 있다. 여성이 자기 어머니와 어떤 관계인지 알면 그녀가 자기 연인이나 배우자와 얼마나 만족스러운 관계를 맺을지 알 수 있다.

21. 가족 중 누군가가 결혼하지 않았다. 한쪽 부모든 조부모든 고모든 삼촌이든 손위 동기든 결혼하지 않은 어떤 가족과 자신을 동일시할 수 있다. 어쩌면 그 사람은 멸시나 조롱을 당했거나 다른 가족보다 가진 게 적을 수도 있다. 무의식적으로 그 사람의 편에 서면 자신 역시 결혼하지 않을지도 모른다.

13 성공의
핵심 언어

춤추는 별을 낳으려면 자기 안에 혼돈이 있어야 한다.
— 프리드리히 니체Friedrich Nietzsche, 《차라투스트라는 이렇게 말했다》

많은 자기계발서 저자들이 자신이 처방한 계획을 따르면 금전적 성공과 성취를 보장받는다고 장담한다. 효과적인 습관, 사회적 네트워크 확장, 시각적인 상상, 구체적인 계획 등이 번영을 약속한다고 떠들어 댄다. 그렇다면 왜 어떤 사람은 무슨 일을 하든 어떤 계획을 따르든 목표를 달성하는 데 엄청나게 애를 먹을까?

일에서 무언가를 시도할 때마다 장애물과 충돌하거나 막다른 길 끝에 선다면 가족사를 탐색해보라. 가족사에서 해결하지 못한 트라우마 사건이 성공으로 가는 길목을 막았을 수 있다. 가족 중 실패했거나 사기를 당했거나 누군가에게 사기를 친 사람과 무의식적으로 자신을 동일시하는 것부터 부당한 유산을 받았거나 유아기에 어머니와 분리되는 트라우마까지 다양한 역학 관계가 안정감과 활력을 느끼는 능력에 영향을 미친다.

이 장의 끝부분에 가족 트라우마가 어떻게 우리가 성공으로 가는 길을 막아서는지 판별하는 데 필요한 질문 목록이 있다. 또한 실패 또는 성공에 대한 두려움을 의미하는 핵심 언어를 찾고 다시 제 궤도에 오르는 방법도 제시한다.

다른 사람이 저지른 잘못을
대신 속죄하다

먼저 핵심 언어 접근법으로 고통에서 벗어나 성공한 사람의 이야기를 들어보자.

벤 이야기

벤은 일주일 뒤 법률사무소의 문을 닫기로 했다. 사업을 흑자로 돌려놓으려던 여러 가지 시도에서 모두 실패한 뒤 마침내 일을 접기로 한 것이다. 그는 내게 말했다.

"나는 간신히 입에 풀칠이나 하며 살아야 하나 봅니다. 가까스로 먹고사는 정도입니다."

벤의 핵심 언어: "난 간신히 입에 풀칠만 하고 있다. 가까스로 먹고사는 정도다."

벤은 성인이 된 이후 여러 가지 일에 손을 댔고 몇 명의 거물급 고객을 잡았지만, 갑자기 사업을 지탱해주던 토대가 쑥 빠져나갔다고 말했다.

"지금까지 번 것이 손에 하나도 남아 있지 않습니다. 간신히 목숨만 부지하고 있어요."

벤의 핵심 언어에 유심히 귀를 기울이면 다른 누군가, 무척 가난한 누군가, '간신히 목숨만 부지한' 누군가, '가까스로 먹고산' 누군가의 절규가 들려온다. 문제는 그것이 누구냐는 것이다.

벤의 가족사에서 핵심 언어의 오솔길을 따라가니 곧바로 문제의 뿌리에 가 닿았다. 어린 시절 벤은 플로리다 시절의 일을 기억했다. 벤의 할아버지는 1930년대부터 1970년대 초까지 플로리다 중부에서 감귤 농장을 성공적으로 운영했다. 그들 가족은 거의 공짜에 가까운 최소한의 임금만 주고 이민노동자들의 땀과 노역으로 부를 쌓았다. 쥐꼬리만 한 임금을 받으며 빚을 갚지도 못하고 간신히 목숨만 부지하던 일꾼들은 불결한 환경에서 살았다. 벤의 할아버지네 가족 네 명이 많은 돈을 벌어 호화로운 저택에서 사는 동안 농장 일꾼들은 다 쓰러져가는 판잣집에서 북적이며 살았다. 어렸을 때 벤은 일꾼의 아이들과 함께 놀았다. 그때 그는 자신은 많이 가졌으나 그들은 적게 가진 것에 죄스러움을 느꼈다.

수년 후 벤의 아버지가 할아버지의 부동산을 물려받았지만 어설픈 투자와 잘못된 거래가 이어지면서 결국 모든 유산을 잃고 말았다. 아무것도 상속받지 못한 벤에게는 역경만 이어졌고 사법시험에 합격하고 나서도 납부해야 할 돈과 은행 대출금이 밀려 허덕였다.

벤은 가족사를 들춰보고 나서야 현재 상황을 이해했다. 그의 가족이 떵떵거리며 사는 동안 이민노동자들은 간신히 목숨만 부지했다. 그들의 가난과 고통은 벤의 가족이 누린 풍족함과 직접적인 관련이 있었다. 벤은 무의식적으로 이주노동자들의 편에 서서 그들의 비참함을 재현해온 것이다. 자신이 가난하게 살아야 어떻게든 할아버지의 빚, 그러니까 자기가 진 것도 아닌 빚과 균형을 이룰 수 있다는 듯 말이다.

이제 그 패턴을 깨야 했다. 상담하는 동안 벤은 눈을 감고 어린 시절 함께 놀던 아이들과 그 가족이 자기 앞에 서 있는 모습을 상상했다. 그가 떠올린 이미지 속에서 그들은 궁핍하고 실의에 빠진 모습이었다. 그리고 벤이 열두 살 때 세상을 떠난 할아버지가 그들에게 마땅히 지불해야 할 임금을 주지 않은 것을 사과하는 모습도 떠올렸다. 상상 속에서 벤은 할아버지에게 자기는 더 이상 예전의 부당한 처우를 속죄하려고 실패를 반복할 수 없다고, 노동자들이 고생한 책임은 이제 할아버지에게 넘기겠다고 말했다.

그는 할아버지가 책임을 떠안고 보상하는 모습을 그려보았다. 그리고 할아버지가 이렇게 말하는 것을 상상했다.

"이 일은 너와 아무런 관계가 없단다, 벤. 이건 내가 갚아야 할 빚이지 네 빚이 아니다."

벤은 예전에 함께 놀던 아이들이 자기에게 미소 짓는 모습도 떠올렸다. 그는 그들이 자기에게 전혀 적의를 품지 않았다는 걸 느꼈다.

나중에 벤은 이민노동자 가족을 만나보려 했으나 행방을 찾을 수 없었다. 대신 그는 그들에게 보내는 선의의 표시로 이민자 가족의 건강 문제를 돕는 자선단체에 기부를 했다. 벤은 다시 법률사무소 문을 열었고 대기업에서 부당한 처우를 받은 노동자를 무료로 변론해줬다. 몇 주 뒤 보수가 좋은 새로운 일이 여러 건 들어왔고 사업은 6개월 만에 크게 번창했다.

금전 문제의 근원을 찾아 가족사를 돌아볼 때는 이런 질문을 해봐야 한다. '나는 무의식적으로 가족 중 누군가의 행동을 속죄하려 하지 않는가?' 많은 사람이 자신도 모르게 과거의 괴로움과 불행을 지속한다. 벤도 그랬고 로레타도 그랬다.

로레타 이야기

로레타는 무엇보다 자기 사업체를 갖고 싶어 했다. 그녀의 표현에 따르면 자신은 30년 동안 '땀과 중노동'으로 회사 소유주의 주머니만 채워주었다. 그런데 자기 사업을 시작하거나 사업 아이디어를 추진해볼 기회가 다가올 때마다 로레타는 멈칫했다.

"무언가가 앞으로 나아가는 것을 막고 있어요. 마치 표면 아래에 무언가가 도사리고 앉아 한 걸음도 내딛지 못하도록 저지하는 것 같아요. 내가 스스로 거둔 성과를 가질 자격이 없는 것처럼 말이죠."

로레타의 핵심 언어: "내게는 내가 거둔 성과를 가질 자격이 없다."

로레타의 핵심 언어를 따라 과거를 살펴보며 다음의 세 가지 다리 놓기 질문을 던졌다.

- '스스로 거둔 성과를 가질 자격이 없었던' 사람은 누구인가?
- '저지당한' 사람은 누구인가?
- '앞으로 나아가지' 못한 사람은 누구인가?

이번에도 답은 그리 먼 곳에 있지 않았다. 로레타의 할머니는 큰 수익을 내는 가족 농장을 로레타의 아버지에게만 상속해주고 다른 네 형제자매에게는 아무것도 남기지 않았다. 이후 로레타의 아버지는 번창했지만 그의 형제자매는 계속 고군분투했고 서로 관계가 멀어졌다.

로레타의 아버지는 형제자매에 비해 부당하게 유리한 자리를 차지했다. 외동딸인 로레타는 성인이 된 후 삼촌이나 고모처럼 금전적으로 어려움을 겪으면서 가족의 스위치를 '유리함'에서 '불리함'으로 돌려놓았다. 아버지가 부당하게 얻은 이익을 대신 갚으려는 듯 로레타는 성공으로 나아가는 자신을 무의식적으로 저지했다.

로레타는 그릇된 방식으로 불균형을 바로잡으려 노력했음을 깨달았고 이후 창업의 위험을 기꺼이 감수했다. 로레타의 핵심 언어는 그녀를 가족 농장으로, 가족사에 남은 부당한 이득으로 이끌었다. 벤의 경로도 비슷했다.

어머니와의 분리, 타인과의 단절

성공을 원하는 모든 사람이 이처럼 명백하게 가족사 문제를 찾아내는 것은 아니다. 존 폴의 경우 그를 방해하는 가족사가 그리 뚜렷하지 않았다.

존 폴 이야기

존 폴은 직장에서 일 잘하는 사람으로 인정받고 싶었지만, 그런 바람과 정반대로 행동했다. 핵심 언어 지도를 따라간 그는 실마리와 통찰이 가득한 길을 발견했다.

존 폴은 20년 이상 같은 자리에 머물면서 자기보다 능력이 떨어지는 사람들이 자기보다 높은 직위로 올라가는 모습을 지켜보았다. 내성적이고 조용한 그는 회사 내에서든 사교적인 모임에서든 늘 구석 자리를 좋아했다. 즉 남의 눈에 띄지 않으면서 고위 경영진의 레이더에 잡히지 않는 아래쪽에 머물렀다.

그는 특별한 업무를 요구받은 적이 한 번도 없었기에 실패할 위험을 감수한 적도 없었다. 남들의 시선과 평가 때문에 스트레스가 따르는 리더의 역할은 생각만 해도 압박감이 느껴졌다. 그건 그에게 너무 위험한 일이었다. 그는 말했다.

"내가 거부당할 수도 있잖아요. 아니면 수를 잘못 두어 모든 것을 잃을지도 모르지요."

존 폴의 핵심 언어: "내가 거부당할 수도 있다. 수를 잘못 두어 모든 것을 잃을지도 모른다."

존 폴의 경우 이전 세대를 돌아볼 것도 없이 그의 유년기에 일어난 사건 하나를 살펴보는 것만으로도 충분했다. 그것은 어머니와의 유대가 단절된 사건이었다. 많은 사람이 어머니와 유대를 형성하는 과정에서 결손을 경험하는데, 존 폴이 그랬듯 우리는 그 경험이 성인이 된 우리에게 어떤 영향을 미치는지 생각하지 않는다.

그는 이미 유년기에 어머니의 사랑과 응원을 신뢰하지 않았다. 그 결과 그는 성장한 후 다른 사람과 관계를 맺는 일에 신중을 기하며 살아왔다. 어머니가 뒷받침해준다는 느낌이 없었으므로 그는 자기가 가장 바라는 것을 향해 다가갈 때마다 두려움에 망설였다.

"내가 잘못 말하거나 행동하면 사람들은 나를 거부하거나 멀리 보내버릴 거야."

존 폴은 거부에 대한 두려움과 어머니와의 분리 경험을 어떻게 연결 지어야 하는지 알지 못했다. 그는 세 살 때 부모가 여름휴가를 떠난 동안 할머니 집에서 지냈다. 농장주인 조부모는 존 폴에게 물리적으로 필요한 것은 제공했지만 일을 하느라 존 폴을 거의 혼자 내버려두었다. 휴가 기간이 절반쯤 지났을 때 할아버지가 병에 걸리면서 할머니의 관심과 에너지는 더욱 줄어들었다. 할머니가 힘들어지자 존 폴은 금세 자신이 조용히 지내고 방해하지 않아야 할머니의 짜증을 피할 수 있음을 눈치챘다.

부모가 돌아왔을 때 존 폴은 자기가 얼마나 겁에 질린 채 지냈는지 부모에게 전하고 싶었으나 방법을 몰랐다. 부모를 향해 달려가고 싶었지만 뭔가가 뒤에서 그를 붙잡았다. 부모는 아들이 더 이상 안기거나 포옹하는 것을 좋아하지 않는다는 사실을 알아차렸고 자기들이 없는 동안 아이에게 자립심이 생긴 모양이라고 판단했다. 그러나 존 폴의 내면에서는 모순적인 상황이 펼쳐지고 있었다. 그의 자립성은 자기가 필요로 할 때 어머니가 곁에 있어 줄 거라고 믿지 못하는 마음을 가리는 겉모습이었을 뿐이다. 존 폴은 어른들에게 실망을 주지 않으려다가 생기마저 잃어버렸다는 사실을 알지 못했다. 스스로 자신의 빛을 어둡게 낮춰버린 것이다.

자립심이라는 외관 뒤에 숨은 존 폴의 진짜 마음은 '누군가와 가까워지면 곧 그에게 상처받을 수 있다'는 것이었다. 이러한 각인은 성인기 삶에 커다란 영향을 미쳤다. 그는 거부당하는 것과 상실이 두려위 마음속으로 무척 갈망하는 사람들과의 연결을 피하려고 극단적인 조치를 취했다. 존 폴에게 위험 감수는 고려하거나 선택할 수 있는 사항이 아니었다. 위험을 받아들이는 것은 그가 다시 한 번 '모든 걸 잃을' 수도 있음을 의미했기 때문이다.

엘리자베스 이야기

생애 초기에 어머니와의 유대가 단절되면 평생 두려움과 불신의 구름이 드리운다. 엘리자베스 역시 그런 구름 밑에서 살았다. 그녀는 생후 7개월이 되었을 때 병원에서 2주를 보내느라 어머니의 보살핌을 받지 못했다. 이어 세 살 때와 일곱 살 때도 한 주씩 입원하는 바람에 그런 경험을 반복했다.

엘리자베스는 자신을 사무실에서 데이터를 입력하는 전문가라고 소개했고, 서른 명의 동료 직원에 대해서는 '살아 있는 지옥 같은 존재들'이라고 묘사했다. 그녀는 종일 다른 사람과 말 한마디 나누지 않고도 얼마든지 하루를 보낼 수 있었다. 사무실 동료와도 거의 대화하지 않았고 누군가가 질문을 하면 '예스'와 '노'로만 대답했다. 그녀는 내게 말했다.

"내가 잘못 말하면 거부당할까 두려워 스스로 자제하는 거예요."

엘리자베스는 밤마다 머릿속에 떠오르는 강박적인 생각과 두려움을 이렇게 묘사했다.

"한 번 대화하고 나면 머릿속에서 그 내용을 계속 복기해요. 잘

못 말한 것은 아닐까? 누군가의 기분을 상하게 하지는 않았나? 다르게 말했어야 하는 게 아닐까? 또 친구에게 반복적으로 문자를 보내요. 왜 내 문자에 답하지 않는 거야? 나한테 화났니?"

사무실 동료들이 대화하는 모습을 보면 두려움은 더욱 심해졌다. 그들이 자기 이야기를 하는 것은 아닌지 걱정스러웠기 때문이다.

그녀의 걱정은 자신이 소모품에 지나지 않는 것은 아닐까, 거부당하거나 해고당하지는 않을까, 무시당하거나 그룹에서 따돌림을 당하지 않을까 하는 것이었다. 이는 모두 엘리자베스가 어릴 적 병원에서 느꼈던 외로움과 무력함을 다시 몰고 올 만한 일이었다. 엘리자베스도 존 폴처럼 이러한 감정이 어릴 적에 입원하느라 어머니의 보살핌에서 멀어진 일과 연결되어 있다는 것을 인식하지 못했다.

엘리자베스의 핵심 언어: "그들이 나를 거부할 거야. 나는 따돌림을 당할 거야. 나는 사람들과 어울리지 못할 거야. 나는 완전히 혼자일 거야."

존 폴처럼 엘리자베스도 남겨지거나 버림받는 것을 두려워했다. 그녀 역시 그러한 태도가 자기 생명의 근원인 어머니의 보살핌에서 멀어진 일과 연결되어 있음을 깨달으며 해결책을 찾았다. 그러한 연관을 파악한 뒤 엘리자베스는 어렸을 때 무의식적으로 자기 삶을 제한하기로 결심한 것을 되돌리는 일에 착수했다.

존 폴과 엘리자베스는 모두 뒷받침하지도, 보살피지도 않는 어머니라는 내적 이미지를 수정했다. 그들은 스스로 한계를 그어놓은 삶이 내면에 품은 제한적인 이미지와 유사하다는 것을 깨달았다. 이내 각자 어머니와의 좋았던 기억을 떠올려볼 만큼 마음이 열렸다.

존 폴은 꼬마 시절 어머니 모습을 그렸을 때 어머니가 무척 좋아하던 일을 기억해내는 것에서 출발했다. 엘리자베스는 어머니가 자신에게 마음을 닫았던 게 아님을 비로소 알아차렸다. 오히려 엘리자베스 자신이 병원에 있는 동안 어머니에게 마음을 닫았던 것이다. 이제 그녀는 자신에게 사랑을 주려고 한 어머니의 수많은 노력을 자신이 꺾어버렸다는 것을 깨달았다. 어머니는 변함없이 든든하게 엘리자베스가 생각한 것보다 훨씬 많은 사랑을 그녀에게 주었다.

엘리자베스는 분리가 빚어낸 결과를 이해하면서 새로운 희망을 품었다. 생전 처음 어딘가로 이어지는 길을 발견한 것이다. 그녀의 핵심 언어는 어머니에게 버림받고 홀로 남겨졌다고 느꼈던 어린아이의 말일 뿐이었다. 이제 엘리자베스는 터널 끝에서 빛을 보았고 핵심 언어의 길을 따라 저편으로 건너갔다.

성공에 영향을 미치는
가족 역학 관계

어머니와의 유대 단절이나 부당한 거래 또는 불공평한 상속만 경제적

활력을 방해하는 것은 아니다. 그밖에도 많은 역학 관계가 성공에 영향을 미친다. 앞으로 몇 쪽에 걸쳐 우리를 제한할 수 있는 몇 가지 가족적 영향을 살펴보겠다. 그 각각은 소리 없는 힘으로 작용해 여러 대에 걸쳐 영향을 미치기도 한다. 이러한 역학 관계는 그중 어느 하나만으로도 앞으로 나아가려는 우리의 노력을 엇나가게 만든다.

한쪽 부모를 거부하는 것은 성공을 방해할 수 있다. 우리가 부모를 어떻게 생각하든, 그들이 얼마나 좋은 사람이거나 나쁜 사람이든, 그들이 하거나 하지 않은 일 때문에 우리가 얼마나 상처를 받았든, 부모를 거부하는 일은 자신의 기회를 제한할 수 있다.

부모와의 관계는 삶에 대한 은유다. 부모에게 많은 것을 받았다고 느끼는 사람은 대개 삶에서도 많은 것을 받았다고 느낀다. 부모에게 많이 받지 못했다는 느낌은 삶에서도 받은 것이 적다는 느낌으로 옮겨간다. 부모에게 부당한 대우를 받았으면 삶에서도 부당한 대우를 받는다고 느낀다.

어머니를 거부할 경우 우리는 무의식적으로 삶이 주는 위안에서 멀어진다. 나아가 인생에 안정, 안전, 돌봄, 보살핌이 결여되었다고 생각한다. 아무리 많은 것을 가져도 충분히 가졌다는 느낌이 들지 않을 수도 있다.

아버지를 거부하는 것 역시 그만큼 자신을 제한하는 결과를 낳는다. 예를 들어 자기 아버지를 거부한 남자는 다른 남자들과 함께 있을 때 불편해하거나 그들을 지나치게 의식한다. 심지어 아버지가 되는 것을 주저하거나 꺼리는데 이는 자기 아버지가 가족의 생계를 책임졌는지, 가족을 제대로 돌보지 않았는지와 무관하다.

어느 쪽이든 부모와의 사이에서 풀리지 않은 문제를 안고 있으면 직업뿐 아니라 사회적 삶에도 구름이 드리운다. 해결하지 못한 가족의 역학 관계를 무의식적으로 재현함으로써 갈등을 초래할 가능성이 큰 것이다. 과거 일을 상사나 동료에게 투사하면 성공은 더욱 멀어진다.

거부한 부모의 삶을 반복할 수 있다. 한쪽 부모를 거부하면 그 부모와 이상한 대칭 관계로 연결된다. 자기가 거부한 아버지 또는 어머니와 비슷한 입장에 처하는 것이다. 용납할 수 없다거나 참을 수 없다고 비판한 면이 우리 삶에 다시 나타날 수도 있다. 마치 바라지 않은 유산을 물려받은 것처럼.

부모와 거리를 둘수록 그들이 겪은 고난을 반복할 가능성이 낮아지리라 가정하지만 실은 그 반대다. 부모와 거리를 두면 오히려 부모와 더 비슷해지는 경향이 있고 그들과 더 비슷한 삶을 산다.

예를 들어 알코올의존증 환자나 실패자라며 아버지를 거부하면 우리도 그처럼 술을 마시거나 실패할 수 있다. 무의식적으로 발자취를 따라가며 부정적으로 인식한 면을 공유함으로써 그와 은밀한 유대를 형성하기 때문이다.

케빈 이야기

서른여섯 살에 상위 10위 안에 드는 인터넷 회사의 고위 관리직에 오른 케빈은 자부심이 컸다. 그러나 늘 술이 자기 인생을 망치지는 않을까 염려스러웠다.

"이러다 어느 날 갑자기 무너져서 내가 쌓아온 모든 것을 잃을까 두렵습니다."

케빈의 핵심 언어: "어느 날 갑자기 무너져서 내가 쌓아온 모든 것을 잃을 것이다."

케빈의 아버지가 정확히 그랬다. 보스턴에서 변호사로 성공한 그는 알코올의존증 환자가 되면서 직장을 잃었고 얼마 후 건강도 잃었다. 그리고 결국에는 가족도 잃었다. 당시 케빈의 어머니는 열 살인 케빈을 데리고 아버지를 떠났다. 어머니는 간혹 케빈에게 말했다.

"네 아버지는 쓸모없는 사람이야. 그 인간이 우리 인생을 망쳐놓았어."

그 후 케빈은 아버지를 본 적이 거의 없었다. 그의 아버지는 간부전으로 세상을 떠났는데 당시 케빈은 스물다섯 살이었다. 그가 술을 마시기 시작한 것도 그 무렵이었다.

케빈은 아버지가 열두 살 때 겪었다는 사건을 기억해냈다. 아버지는 아홉 살짜리 남동생과 함께 버려진 헛간 위로 기어 올라 갔다가 지붕이 무너지면서 떨어졌는데 그때 동생이 사망했다. 그 일을 떠올린 케빈은 비로소 동생을 죽게 했다는 비난을 들은 아버지를 이해했다. 동생의 죽음에 책임을 느낀 아버지는 동생이 누리지 못한 온전한 삶을 유지할 수 없었으리라.

아버지가 짊어졌던 짐을 이해하면서 케빈은 아버지를 새롭게 바라볼 수 있었다. 연민이 그를 가득 채우면서 오래전에 아버지를 밀어낸 것에 미안함을 느꼈다.

케빈은 그 연관을 파악한 것만으로도 삶에 큰 변화를 이뤄냈다. 술을 끊었고 처음으로 등 뒤에서 아버지가 응원해주고 있다는 느낌을 받았다. 이제 그는 자기 앞에 놓인 인생을 들뜬 기대감으로 맞이하고 있다.

실패에 대한 무의식적 의리

부모를 거부한 사람만 부모의 불행을 반복하는 것은 아니다. 때로는 무의식적 유대를 공유함으로써 부모와 비슷한 경험에서 헤어 나오지 못한다. 아무리 최선을 다해도 부모가 인생에서 성취한 것보다 더 큰 성취를 이루지 못하는 경우도 많다.

예를 들어 사업에 실패해 가족을 경제적으로 부양하지 못한 아버지의 자녀는 비슷하게 실패함으로써 무의식적으로 아버지 편에 설 수 있다. 보이지 않는 충성심에 발목이 잡혀 스스로 성공을 방해해 자신이 아버지를 능가하지 못하도록 만드는 것이다.

바트 이야기

바트는 영업팀에서 실적이 가장 낮았고 근근이 생활을 이어갈 만큼밖에 벌지 못했다. 아버지께선 어떻게 살았느냐고 묻자 그는 아버지의 학력이 중학교 졸업이 전부라 매우 단순하게 살았다고 말했다. 돈을 많이 벌면 어떤 일이 일어날 것 같으냐고 묻자 바트는 아버지가 찬미하던 가치인 '삶의 단순성'을 잃어버릴까 두렵다고 대답했다.

"돈을 많이 벌면 인생의 가치가 떨어지고 삶이 복잡해질 거예요. 본질을 잃어버리겠죠."

바트의 핵심 문장: "돈을 많이 벌면 인생의 가치가 떨어지고 삶이 복잡해질 것이다."

바트는 아버지의 가치관을 모방하는 듯했다. 그는 자신이 아버지보다 더 성공하지 않음으로써 무의식적으로 의리를 지키고 있음을 알아차리고 인생 목표를 다시 세우기로 했다. 바트는 자신의 성공을 제한하는 것이 아버지가 그에게 정말로 바라는 것과 정반대라는 사실도 분명히 깨달았다. 그는 일의 속도를 높였고 여덟 달 뒤 영업 실적을 두 배로 올렸다.

폴 이야기

부모 이외의 다른 가족과 무의식적 유대를 맺기도 한다. 자기도 모르는 사이에 이모, 삼촌, 조부모, 그밖에 다른 친척과 연결되는 것이다. 폴이 그랬다. 그는 승진에서 수차례 탈락한 뒤 나를 찾아왔다. 대놓고 말하지는 않았지만 단정치 못한 외양과 허름하고 지저분한 옷도 탈락 요인이었을 것 같았다. 그는 리더 역할에 그리 적합해 보이지 않았다.

폴의 핵심 언어: "나는 쓸모 있는 사람이 아니다. 사람들은 나를 원치 않는다."

먼저 폴의 가족사를 돌아보았다. 폴의 할아버지는 부모의 형편이 갑자기 어려워지면서 네 살 때 고아원에 보내졌다. 폴은 어렸을 때 마을에서 알아주는 낙오자였던 할아버지 때문에 얼마나 창피했는지 털어놓았다. 폴은 먹을 것을 찾아 쓰레기통을 뒤지거나 마을 영화관 앞에서 잠을 자던 할아버지를 친구들과 함께 놀려댔다. 어른이 된 폴은 할아버지처럼 옷을 입고 할아버지가 품었던 두려움을 재현하며 할아버지의 인생을 반복하고 있었다.

이제 폴은 사람들이 자신을 원치 않는다거나 자신이 쓸모 있는 사람이 아니라는 감정의 원래 주인은 할아버지라는 것을 깨달았다. 폴은 단순히 그 감정을 되풀이하고 있을 뿐이었다.

할아버지와의 무의식적 연결을 깨닫자 폴은 거기에서 벗어났다.

할아버지와 연민으로 연결된 폴은 즉각 자신의 외양부터 바꿨다.

마무리하지 못한 일의 유산

사랑하던 가족이 일찍 죽어 미처 자기 일을 마무리하지 못했다면, 훗날 가족 중 누군가가 고인과 말없이 유대 관계를 맺어 대단히 중요한 어떤 일을 끝내지 못할지도 모른다. 예컨대 그 후손은 학위 마치기, 중대한 거래 성사, 중요한 과제 성취를 코앞에 두고 멈춰 선다. 시간을 끄는 것도 세상을 일찍 떠난 가족과 연결된 데서 기인한다.

리처드 이야기

리처드는 삶에서 특정 패턴을 반복하는 이유를 이해하려 노력해왔다. 뛰어난 항공 엔지니어인 그는 항공술에서 몇 가지 중요한 발전을 이뤄냈지만 자기 공을 챙기지는 않았다. 심지어 그의 몫인 특허를 다른 누군가가 낚아채기도 했다. 그는 부당한 일을 당했다고 생각했지만 언제나 자기 자신만 탓했다.

"나는 내게 성공을 가져다줄 위험을 감수하지 않습니다. 내가 이룬 성취를 인정받아본 적이 없어요."

리처드의 핵심 언어: "나는 인정을 받아본 적이 없다."

리처드의 가족 체계에는 이와 유사한 경험이 있었다. 리처드에게는 사산된 형이 있었는데 집안의 누구도 형이나 형의 죽음을 입에 올리는 사람은 없었다. 보이지도 인정받지도 못한 형에 대한 의리로 리처드는 인정받지 않은 채 살아왔다. 그 영향을 이해한 리처드는 스스로 "마지막 기회"라고 말한 새로운 발명품을 지키기 위해 특허를 신청했다. 그렇게 그가 삶에서 커다란 한 걸음을 내딛자 삶도 똑같이 큰 한 걸음을 내디뎠다. 리처드는 특허를 따냈고 그의 발명은 항공 산업에서 필수적인 부분으로 자리 잡았다.

어떤 사람은 정신적, 육체적, 정서적 어려움을 겪는 가족에게 의리를 지킨다며 제한적인 삶을 살기도 한다. 어려움을 겪은 형제자매, 이모, 고모, 삼촌, 부모에 대한 무의식적 의리로 어떤 식으로든 삶에 한계를 긋거나 성취를 제한하는 것이다.

과거의 가난은 현재의 번영을 가로막는다. 때로는 생계를 유지하는 것도 어려울 만큼 가난하게 살았던 윗세대 가족에게 무의식적 충성심을 품기도 한다. 어쩌면 그들은 전쟁, 기근, 박해로 조국과 재산을 두고 떠나야 했을지도 모른다. 그들이 겪은 곤경이 크면 클수록 우리는 스스로 깨닫지 못한 채 그들의 고생을 계속 이어가고, 풍요로운 삶을 누리려는 시도를 멈춘다. 그들보다 더 많이 갖는 것을 어려워하기 때문이다.

때로는 고생한 가족과 그들이 떠나온 나라를 기리는 간단한 의식만으로도 '새로운' 삶으로 나아가는 기반을 되찾을 수 있다.

개인적 죄책감은 성공을 억압한다. 때로 어떤 사람은 누군가를 이용하거나 타인에게 해를 끼쳐 심각한 고통을 준다. 돈을 노리고 결혼하거나 회사 돈을 횡령하는 등 교묘한 술수로 부당하게 돈을 손에 넣는 사람도 있다. 그렇게 얻은 금전적 이득은 대체로 길게 가지 못한다. 죄책감을 느끼든 아니든, 자기 행동이 낳은 결과를 고려하든 아니든, 자기 자신이나 자식 아니면 손자가 그 나쁜 짓을 속죄하려고 빠듯하게 살 수 있기 때문이다.

누군가가 행한 행동의 결과, 해결하지 못한 가족 트라우마의 영향, 부모와의 관계, 가족 체계에 속한 이들 중 고통을 겪은 사람과의 무의식적 얽힘은 모두 성공으로 가는 길을 가로막는다. 과거와의 연결 고리를 인식하는 것만으로도 이미 중요한 한 걸음을 떼는 것이다. 나를 둘러싼 모든 사람과 모든 것을 존중하되 과거에 해결하지 못한 일은 그냥 과거에 남겨두자. 보다 자유롭게, 경제적으로도 수월하게 앞으로 나아갈 수 있을 것이다.

가족사가 성공에 어떤 영향을 미치는지 살펴볼 때 다음 스물한 가지 질문을 던져보자.

1. 어머니와의 관계가 힘들었는가?(7장에서 여러분의 핵심 묘사

어를 다시 살펴보라.)

2. 아버지와의 관계가 힘들었는가?(7장에서 여러분의 핵심 묘사
   어를 다시 살펴보라.)

3. 부모가 일에서 성공했는가?

4. 부모 중 한 사람이 가족을 부양하는 데 실패했는가?

5. 어린 시절 부모가 헤어졌는가?

6. 아버지를 대하는 어머니의 태도는 어떠했는가?

7. 어머니를 대하는 아버지의 태도는 어떠했는가?

8. 어렸을 때 어머니와 육체적, 정서적으로 분리된 적이 있는가?

9. 어머니, 아버지, 조부모 중 일찍 세상을 떠난 사람이 있는가?

10. 여러분이나 부모, 조부모에게 일찍 세상을 떠난 형제자매
    가 있는가?

11. 여러분이나 가족 중 누군가가 다른 사람을 짓밟고 상당한
    이득을 취한 일이 있는가?

12. 상속에서 부당한 이득을 취한 이가 있는가?

13. 부당하게 부를 취한 이가 있는가?

14. 가족 중 파산했거나 재산을 잃었거나 가족에게 경제적 어
    려움을 초래한 이가 있는가?

15. 가족이 아닌 사람 중 가족에게 경제적 어려움을 초래한 이
    가 있는가?

16. 실패자, 낙오자, 도박꾼 등의 이유로 가족에게 거부당한 이

가 있는가?

17. 집이나 재산을 잃고 회복하지 못한 이가 있는가?

18. 가난했던 조상이 있는가?

19. 부모가 이민자인가?

20. 가족이 조국에서 탈출해야 했거나 쫓겨날 수밖에 없었는가?

21. 여러분이나 가족 중 누군가가 타인에게 해를 끼치거나 사기 치거나 타인을 이용한 일이 있는가?

14 그것은
당신의 감정이 아니다

> 자기 손바닥을 깊이 들여다보면 부모와 모든 세대의 조상이
> 보인다. 그들 모두가 이 순간에 살아 있다. 그들 각자가 당신
> 몸속에 존재한다. 당신은 그들 각각의 존속이다.
> ─ 틱낫한, 《평화의 생애 A Lifetime of Peace》

이 책에서 나는 어두운 과거의 복도에 빛을 비춰주는 새로운 방법을 소개했다. 핵심 언어 지도의 암호를 푸는 법을 알면 인생의 고난과 두려움이 자기가 직접 겪은 것에서 비롯됐는지, 아니면 가족 트라우마 사건에서 기원한 것인지를 해독할 수 있다. 근원을 밝히고 패턴을 풀어내면 새로운 길과 새로운 가능성이 열린다.

이제 책을 읽으며 적어 내려간 두려움을 다시 떠올려도 훨씬 더 편안하게 받아들이거나 가볍게 여기게 되었기를 바란다. 아마도 그 과정에서 만난 가족들에게 더 깊은 소속감이나 연민을 느끼게 되었을

지도 모른다. 그들에게 예전에 느끼지 못했던 느낌, 그러니까 자신보다 거대한 어떤 존재가 자신을 감싸주고 격려한다는 느낌을 받았을 수도 있다. 그 위로와 응원의 기운을 마음껏 누리기를 바란다.

하던 일을 잠시 멈추고 그 응원의 힘을 느껴보라. 몸에서 그 힘이 느껴지는 곳에 숨을 불어넣어보라. 지금 그 느낌에 주의를 기울이고 보살펴야 더 활기차게 퍼져 나간다. 섬세한 호흡으로 안녕감을 고스란히 느껴라. 숨을 들이쉴 때마다 좋은 느낌이 몸속에서 커지게 하고 숨을 내쉴 때마다 남은 두려움의 찌꺼기가 날숨을 따라 흩어지게 하라.

새로운 경험을 몸에 새기기

핵심 문장과 그 근원을 좀 더 명징하게 인식하면 대물림한 두려움의 그물망에서 빠져나올 수 있다. 한때 자신을 고통 속에 빠뜨린 원인을 그것에서 벗어날 자원으로 뒤바꾸는 것이다. 예전의 감정이 다시 스며들려고 하면 다음을 실행하라.

핵심 문장을 큰 소리로 말하거나 소리 없이 마음속으로 외워본다. 그 문장을 말하는 동안 잠시 과거의 두려운 느낌이 그대로 떠오르게 내버려둠으로써 그 감정에 익숙해져보라. 그러한 느낌은 핵심 문장의 스위치가 켜졌다는 신호다. 일단 그것을 알아차리면 그것에 사로잡힌 상태를 깨트릴 힘을 얻는다. 여기 간단한 3단계가 있다.

1. 내면에서 익숙한 생각, 이미지, 느낌이 일어남을 알아차린다.
2. 과거의 두려움이 활성화되었음을 인정한다.
3. 감정의 소용돌이에서 빠져나올 조치를 취한다.

무엇보다 실천이 중요하다. 일단 자신에게 이렇게 말해보라.

"이건 내 감정이 아니야. 그냥 가족의 감정이 내게로 옮겨온 것뿐이야."

때로는 이렇게 인정하는 것만으로도 충분하다. 자신을 사로잡았던 트라우마 사건이나 동일시하던 가족의 모습을 떠올려보는 것도 좋다. 그러는 동안 그 감정이 지금은 잘 정리되었고 그 일과 관련된 가족도 이제 나를 위로해주고 응원하고 있음을 되새긴다.

10장에서 알아본 치유의 문장을 외우는 것도 좋다. 이 책에서 소개한 것 중 강력한 효과를 발휘한 일을 반복하고 그때마다 자신이 뇌에 새로운 신경 경로를 만들고 몸에 새로운 경험을 새기고 있음을 상기하라.

이 새로운 경험에 따르는 감정과 감각을 자주 느낄 때마다 치유는 더욱 견고해지고 깊어진다. 또 트라우마에 반응하는 뇌 부위가 차분하게 가라앉고, 기분이 좋아지게 하는 뇌 부위는 활성화한다. 새로운 생각과 이미지, 감정, 느낌은 그것에 집중해 주의를 기울이고 반복하면 우리 안에 계속 남아 삶의 기복을 안정적으로 헤쳐나가도록 도 와준다.

두려움은 결코
두려워할 만한 것이 아니다

이 책에서 소개한 단계를 잘 따라왔다면 이제는 가장 끔찍해하던 두 려움을 한 걸음 떨어져 객관적으로 바라보게 되었으리라 믿는다. 그것 은 계곡이 내려다보이는 산 정상에 서 있을 때와 비슷한 느낌이다. 그 곳에서 우리는 광각렌즈로 보는 것처럼 저 멀리까지 풍경 전체를 조 망할 수 있다. 저 아래 계곡에는 예전의 두려움과 폭발하는 감정, 가족 의 가슴 아픈 일 또는 불행이 자리 잡고 있다. 그러나 새롭게 얻은 훤한 시야로 보면 가족사의 모든 조각을 기쁜 마음으로 받아들일 수 있다.

책에서 제시한 방법에 따라 가족에 관한 핵심 정보를 모아 맞춰 보면서 이미 중요한 연관을 파악했을 것이다. 지금껏 품고 살아왔지 만 설명할 수 없던 감정도 비로소 이해하게 되었을 것이다. 알다시피 그 감정은 자신에게서 비롯된 것이 아니다.

이제는 가장 끔찍해하던 두려움을 더 이상 무서워하지 않게 되 었을 것이다. 두려움의 단어를 따라갔다가 새로운 장소에 도달했을 테니 말이다. 그곳에서 두려움을 나타내던 비밀스러운 언어가 결코 두려워할 만한 것이 아님을 깨달았을 것이다.

위대한 사랑은 줄곧 세상 밖으로 나오기를 기다리고 있었다. 그것은 나 이전에 살았던 이가 전한 사랑, 과거의 두려움과 불행을 반복하지 말고 자기 삶을 충만하게 살라고 한결같이 기원하는 사랑이다. 그 사랑은 아주 깊다. 또한 조용하다. 나를 둘러싼 모든 것, 모든 사람과 연결해주는 영원한 사랑, 그것은 효과가 대단히 좋은 약이다.

감사의 말

이 책이 나오기까지 많은 분이 사심 없이 시간과 재능을 나눠주었다. 그들이 내게 보여준 친절함과 관대함은 나를 겸허하게 만들어준 축복이었다. 셰넌 제이척 박사는 숱한 시간 동안 내 초기 원고를 쓰고 다듬는 작업을 도와주었다. 그녀는 개념을 잡는 것부터 단어를 고르고 배열하는 일까지 책의 토대를 마련하는 데 큰 도움을 주었다. 특히 그녀의 전문 지식과 중추적인 통찰이 이 책에 심오함을 더해주었다.

홀륭한 저술가이자 편집자인 바버라 그레이엄은 나를 인도하는 불빛이었고 길이 막힐 때마다 새 길을 뚫어준 개척자였다. 그녀의 한없는 지혜는 다양한 방식으로 이 책 안에서 살아 숨 쉬고 있다.

카리 딘롭은 가족포치연구소의 일을 도맡아준 일부터 책을 쓰는 내내 유용한 제안과 정서적 응원을 해준 것까지 모든 면에서 중요한 역할을 했다. 그녀의 창의적인 정신과 관대한 우정, 격려에 감사한다.

통찰력과 명석한 판단력으로 내 상상을 뛰어넘어 훨씬 더 좋은 책을 만들어준 바이킹 출판사의 담당 편집자 캐럴 드샌티, 엄청난 응원을 보내준 크리스토퍼 러셀, 바이킹의 모든 직원에게 무한한 고마움을 전한다.

나무랄 데 없이 나를 이끌어준 현명한 에이전트 보니 솔로에게도 깊은 감사를 드린다.

그밖에도 많은 친구와 동료가 이 프로젝트에 크게 기여했다. 과학적 조사에 귀한 도움을 준 루스 웨더로, 능숙한 논평과 출판 제안서에 관한 전문적 지식을 제공해준 대린 엘러, 편집 전문가 노라 아이작스, 내내 너그럽게 이끌어준 휴 델레핸티, 신경생리학 분야에 도움을 준 코리 디컨, 초안 구성을 도와준 스테파니 마론, 내면의 시야가 흐려졌을 때 뚜렷한 시각을 잃지 않도록 도와준 이갈 하믈린-모리아에게 크나큰 고마움을 느낀다.

지속적인 응원을 보내준 훌륭한 통합의학자 브루스 호프먼 박사와 핵심이 무엇인지 포착하는 레이더처럼 예리한 능력을 지닌 에델 타워스 박사에게도 헤아릴 수 없이 큰 감사를 드린다. 두 사람은 애초에 내가 아는 바를 책의 형태로 세상에 내놓도록 격려해준 분들이다. 이 책의 핵심 내용에 큰 도움을 준 신생아학자 레일린 필립스 박사, 발생학의 전문적 지식을 나눠준 칼렙 핀치 박사에게도 감사한다.

베리니 임, 루 앤 캘리주리, 토드 윌린 박사, 린다 앱슬리, 제스 셰트킨 박사 그리고 수지 터커에게도 깊이 감사한다. 이들은 소중한 제안을 해주었을 뿐 아니라 지속적으로 격려하고 응원해주었다.

내 모든 스승, 특히 고故 로저 울거 박사에게 무한한 고마움을 전한다. 로저는 무의식의 절박한 언어를 해독하는 일을 도와주었다. 그는 내게 깊은 영감의 원천이었다. 또한 역경이 찾아와도 내가 늘 현재에 머물도록 도와준 고 제루 카발에게도 감사한다.

스승이자 내 작업에 힘을 보태준 베르트 헬링어 선생에게는 언어로 표현할 수 없을 만큼 깊은 감사를 드린다. 그분은 내게 헤아릴 수 없이 큰 것을 주었다.

마지막으로 내게 자신의 이야기를 들려준 모든 용기 있는 분들에게 큰 빚을 졌다. 이 책을 통해 내가 그들에게 제대로 경의를 표했기를 간절히 바란다.

가족사를 묻는 질문

- 일찍 사망한 사람은 누구인가?

- 떠난 사람은 누구인가?

- 버림받거나 고립당하거나 가족이 밀어낸 사람은 누구인가?

- 입양되었거나 자식을 입양 보낸 사람은 누구인가?

- 자식을 낳다가 죽은 사람은 누구인가?

- 사산하거나 유산하거나 낙태한 사람은 누구인가?

- 자살한 사람은 누구인가?

- 심각한 범죄를 저지른 사람은 누구인가?

- 심한 트라우마나 참사를 경험한 사람은 누구인가?

- 집이나 재산을 잃고 회복하지 못한 사람은 누구인가?

- 전쟁에서 고통받은 사람은 누구인가?

- 홀로코스트나 대학살에서 목숨을 잃거나 그 일에 개입한 사람은 누구인가?

- 살해당한 사람은 누구인가?

- 누군가를 살해했거나 다른 사람의 죽음 또는 불행에 죄책감을 느낀 사람은 누구인가?

- 누군가를 다치게 하거나 속이거나 이용한 사람은 누구인가?

- 다른 사람에게 손해를 끼쳐 이득을 본 사람은 누구인가?

- 억울하게 죄를 뒤집어쓴 사람은 누구인가?

- 교도소에 수감되거나 입원한 사람은 누구인가?

- 신체적, 정서적, 정신적 장애가 있던 사람은 누구인가?

- 부모나 조부모 중 결혼 전에 중요한 관계를 맺은 사람은 누구이고 그들에게 무슨 일이 일어났는가?

- 상대에게 깊은 상처를 받은 사람은 누구인가?

초기 트라우마를 알려주는 질문

- 어머니가 여러분을 임신했을 때 트라우마가 될 만한 일이 일어났는가? 당시 어머니가 대단히 불안해했거나 우울한 상태였거나 스트레스를 많이 받았는가?
- 임신 중에 부모 사이에 문제가 있었는가?
- 여러분이 태어날 당시 분만이 어려웠는가? 조산아로 태어났는가?
- 어머니가 산후우울증을 앓았는가?
- 태어나고 얼마 지나지 않아 어머니와 분리되었는가?
- 여러분은 입양되었나?
- 생애 첫 3년 사이에 트라우마를 겪었거나 어머니와 분리된 경험이 있는가?
- 여러분이나 어머니가 병원에 입원해 어쩔 수 없이 떨어져 있어야 했는가?(인큐베이터에서 지내거나, 그 밖의 의학적 치료를 받거나, 아니면 어머니가 수술을 받거나, 임신 합병증을 앓는 등)
- 생애 첫 3년 사이에 어머니가 트라우마나 감정적 동요를 경험했는가?
- 여러분이 태어나기 전에 어머니가 아이를 잃거나 유산한 적이 있는가?
- 여러분의 형제자매와 관련된 트라우마(임신 후반기의 유산, 사산, 죽음, 응급 의료 상황 등)로 어머니의 주의가 다른 쪽으로 쏠렸는가?

1　잃었다 다시 찾은 트라우마

1) Mary Sykes Wylie, "말하기의 제한: 베셀 반 데어 콜크, 트라우마 치료에 변화를 일으키다The Limits of Talk: Bessel Van Kolk Wants to Transform the Treatment of Trauma," *Psychotherapy Networker*, July 16, 2015, www.psychotherapynetworker.org/magazine/article/818/the-limits-of-talk.

2) R. Yehuda and J. Seckl, "미니 리뷰: 코르티솔 수치가 낮은 스트레스 연관 정신질환: 대사에 관한 한 가설Minireview: Stress-Related Psychiatric Disorders with Low Cortisol Levels: A Metabolic Hypothesis," *Endocrinology*, October 4, 2011, http://press.endocrine.org/doi/full/10.1210/en.2011-1218.

3) R. C. Kessler, et al., "전국 동반 이환 조사에서 나타난 외상 후 스트레스 장애Posttraumatic Stress Disorder in the National Comorbidity Survey," *Archives of General Psychiatry* 52(12) (1995): 1048-60, doi:10.1001/arch psych.1995.03950240066012.

4) Judith Shulevitz, "고통의 과학 The Science of Suffering," *The New Republic*, November 16, 2014, www.newrepublic.com/article/120144/trauma-genetic-scientists-say-parents-are-passing-ptsd-kids.

5) Josie Glausiusz, "트라우마 유전 염색체를 찾아서Searching Chromosomes for the Legacy of Trauma," *Nature*, June 11, 2014, doi:10.1038/nature.2014.15369, www.nature.com/news/searching-chromosomes-for-the-legacy-of-trauma-1.15369.

6) Rachel Yehuda, Interview with Krista Tippett, *On Being*, July 30, 2015, www.on-being.org/program/rachel-yehuda-how-trauma-and-resilience-cross-generations/7786.

7) 상동.

2   몸은 기억하고 공유한다

8) C. E. Finch and J. C. Loehlin, "수정 이전에 일어날 수 있는 환경적 영향: 어머니의 연령이 쌍둥이에게 미치는 영향에 관한 전접합 가설의 첫 검증Environmental Influences That May Precede Fertilization: A First Examination of the Prezygotic Hypothesis from Maternal Age Influences on Twins," *Behavioral Genetics* 28(2) (1998): 101.

9) Thomas W. Sadler, *Langman's Medical Embryology*, 9th ed. (Baltimore: Lippincott Williams & Wilkins, 2009), 13.《사람발생학》, (범문에듀케이션, 2013년).

10) Finch and Loehlin, "Environmental Influences That May Precede Fertilization," 101-2.

11) Tracy Bale, "뇌 발달의 세대 간 후성유전적 재프로그래밍Epigenetic and Transgenerational Reprogramming of Brain Development," *Nature Reviews Neuroscience*, 16 (2015): 332-4; doi:10.1038/nrn3818.

12) Bruce H. Lipton, "어머니의 감정과 인간 발달Maternal Emotions and Human Development," *Birth Psychology*, https://birthpsychology.com/free-article/maternal-emotions-and-human-development.

13) Bruce H. Lipton, PhD, "세포의 지혜: 믿음이 생물학적인 면을 통제하는 방법The Wisdom of Your Cells: How Your Beliefs Control Your Biology" (Louisville, CO: Sounds True, Inc., 2006), audiobook, Part 3.

14) 상동.

15) K. Bergman, et al., "엄마의 출산 전 코르티솔과 유아의 인지 발달: 아기-엄마의 애착을 통한 완화Maternal Prenatal Cortisol and Infant Cognitive Development: Moderation by Infant-Mother Attachment," *Biological Psychiatry* 67(11) (June 2010): 1026-32, doi:10.1016/j.biopsych.2010.01.002, Epub February 25, 2010.

16) Thomas Verny, MD, and Pamela Weintraub, "태아 양육하기: 아기와 함께하는 달래기, 자극하기, 대화하기 9개월 프로그램Nurturing the Unborn Child: A Nine-Month Program for Soothing, Stimulating, and Communicating with Your Baby" (e-book) (New York: Open Road Media, 2014), in the chapter "Why the Program Works."

17) 상동.

18) Lipton, "Maternal Emotions and Human Development."

19) 상동.

20) "Definition of Epigenetics," MedicineNet.com, www.medterms.com/script/main/art.asp?articlekey=26386.

21) Alice Park, "정크DNA—그렇게 쓸모없는 것은 아니다Junk DNA—Not So Useless After All," *Time*, September 6, 2012, http://healthland.time.com/2012/09/06/junk-dna-not-so-useless-after-all/.

22) Danny Vendramini, "비부호화DNA와 유전, 감정, 선천적 행동에 관한 Teem 이론(제2의 유전 이론)Noncoding DNA and the Teem Theory of Inheritance, Emotions and Innate Behavior," *Medical Hypotheses* 64 (2005): 512–19, esp. p. 513, doi:10.1016/j.mehy.2004.08.022.

23) Park, "Junk DNA—Not So Useless After All."

24) Michael K. Skinner, "환경 스트레스와 후성 다세대유전Environmental Stress and Epigenetic Transgenerational Inheritance," *BMC Medicine* 12(153) (2014): 1–5, esp. pp. 1, 3, www.biomedcentral.com/1741-7015/12/153.

25) Vendramini, "Noncoding DNA and the Teem Theory of Inheritance, Emotions and Innate Behavior," 513.

26) Danny Vendramini, "Paper 5 of 5: 비멘델적 유전의 Teem 이론The Teem Theory of NonMendelian Inheritance," 23, 25, www.thesecondevolution.com/paper5dna.pdf

27) Tori Rodriguez, "홀로코스트 생존자의 후손에게 일어난 스트레스 호르몬 변화Descendants of Holocaust Survivors Have Altered Stress Hormones," *Scientific American Mind* 26(2) (February 12, 2015), http://www.scientificamerican.com/article/descendants-of-holocaust-survivors-have-altered-stress-hormones/.

28) Alisha Rouse, "홀로코스트 생존자가 트라우마로 인한 유전적 손상을 자손에게 물려줬음을 알아냈다Holocaust Survivors Pass the Genetic Damage of Their Trauma onto Their Children, Researchers Find," *The Daily Mail*, August 21, 2015, www.dailymail.co.uk/sciencetech/article-3206702/Holocaust-survivors-pass-genetic-damage-trauma-children-researchers-find.html.

29) C. N. Hales and D. J. Barker, "절약 표현형 가설The Thrifty Phenotype Hypothesis," *British Medical Bulletin* 60 (2001): 5-20.

30) Bale, "Epigenetic and Transgenerational Reprogramming of Brain Development."

31) David Samuels, "유대인은 유전자에 트라우마가 있는가? 레이첼 예후다와의 대화Do Jews Carry Trauma in Our Genes? A Conversation with Rachel Yehuda," *Tablet Magazine*, December 11, 2014, http://www.tabletmag.com/jewish-arts-and-culture/books/187555/trauma-genes-q-a-rachel-yehuda.

32) Patrick McGowan, et al., "아동 학대의 유산The Legacy of Child Abuse," *Headway* 4(1) (2009), McGill University.

33) Jamie Hackett, "과학자들, 후성적 정보의 유전 방식을 발견하다Scientists Discover How Epigenetic Information Could Be Inherited," *Research*, University of Cambridge, January 25, 2013, http://www.cam.ac.uk/research/news/scientists-discover-how-epigenetic-information-could-be-inherited.

34) 상동.

35) Brian G. Dias and Kerry J. Ressler, "부모의 후각 경험은 후대의 행동과 신경구조에 영향을 미친다Parental Olfactory Experience Influences Behavior and Neural Structure in Subsequent Generations," *Nature Neuroscience* 17 (2014): 89–96, doi:10.1038/nn.3594, www.nature.com/neuro/journal/v17/n1/abs/nn.3594.html.

36) Hackett, "Scientists Discover How Epigenetic Information Could Be Inherited."

37) Katharina Gapp, et al., "생쥐의 초기 트라우마로 발생하는 다세대 유전에서 정자 RNA가 갖는 의미Implication of Sperm RNAs in Transgenerational Inheritance of the Effects of Early Trauma in Mice," *Nature Neuroscience* 17 (2014): 667–69, doi:10.1038/nn.3695.

38) Richard L. Hauger, et al., "중추신경계에서 코르티코트로핀 방출인자(CRF) 수용체의 신호전달: 새로운 분자 표적Corticotropin Releasing Factor (CRF) Receptor Signaling in the Central Nervous System: New Molecular Targets," *CNS Neurological Disorder Drug Targets* 5(4) (August 2006): 453–79.

39) Hiba Zaidan, Micah Leshem, and Inna Gaisler-Salomon, "암컷 쥐의 생식 이전 스트레스는 난자에서 CRF1 발현을 바꾸고, 후손의 행동과 CRF1 발현도 변화시킨다Pre-reproductive Stress to Female Rats Alters Corticotropin Releasing Factor Type 1 Expression in Ova and Behavior and Brain Corticotropin Releasing Factor Type 1 Expression in Offspring," *Biological Psychiatry* 74(9) (2013): 680–87, doi:10.1016/j.biopsych.2013.04.014, Epub May 29, 2013, http://www.biologicalpsychiatryjournal.com/article/S0006-3223(13)00361-2/abstract.

40) Max-Planck-Gesellschaft, "유년기 트라우마는 일부 피해자의 DNA에 표지를 남긴다: 유전자-환경 상호작용이 일생 동안 스트레스 호르몬 조절장애를 유발할 수 있다Childhood Trauma Leaves Mark on DNA of Some Victims: Gene-Environment Interaction Causes Lifelong Dysregulation of Stress Hormones," *ScienceDaily*, December 2, 2012.

41) Patrick O. McGowan, et al., "인간 뇌의 당질 코르티코이드 수용체의 후성적 조절은 아동기 학대와 관련이 있다Epigenetic Regulation of the Glutocorticoid Receptor in Human Brain Associates with Childhood Abuse," *Nature Neuroscience* 12(3) (March 2009): 342–48, pp. 342–45, doi:10.1038/nn.2270.

42) Hackett, "Scientists Discover How Epigenetic Information Could Be Inherited."

43) Rachel Yehuda, et al., "임신 중 세계무역센터 테러에 노출된 여성의 자녀에게 나타

나는 외상 후 스트레스 장애의 다세대 영향Transgenerational Effects of Posttraumatic Stress Disorder in Babies of Mothers Exposed to the World Trade Center Attacks During Pregnancy," *Journal of Clinical Endocrinology & Metabolism* 90(7) (July 2005): 4115-18, p. 4117, doi:10.1210/jc.2005-0550, www.ncbi.nlm.nih.gov/pubmed/15870120.

44) Samuels, "Do Jews Carry Trauma in Our Genes?"

45) Rachel Yehuda, et al., "세계무역센터 테러에 노출된 이들의 외상 후 스트레스 장애와 관련된 유전자 발현 패턴Gene Expression Patterns Associated with Posttraumatic Stress Disorder Following Exposure to the World Trade Center Attacks," *Biological Psychiatry* (2009): 1-4, esp. p. 3, doi:10.1016/j.biopsych.2009.02.034.

46) Rachel Yehuda, et al., "홀로코스트 노출이 FKBP5 메틸화에 미치는 다세대 영향Holocaust Exposure Induced Intergenerational Effects on FKBP5 Methylation," *Biological Psychiatry*, August 12, 2015, http://www.biologicalpsychiatryjournal.com/article/S0006-3223(15)00652-6/abstract, doi:10.1016/j.biopsych.2015.08.005.

47) Eric Nestler, MD, PhD, "우울증의 후성유전학 메커니즘Epigenetic Mechanisms of Depression," *JAMA Psychiatry* 71(4) (2014), doi:10.1001/jamapsychiatry.2013.4291, http://archpsyc.jamanetwork.com/article.aspx?articleid=1819578.

48) Emily Laber-Warren, "운명적인 첫 번째 행동A Fateful First Act," *Psychology Today*, May 1, 2009, www.psychologytoday.com/articles/200904/fateful-first-act.

49) David Sack, MD, "온 가족의 정서적 트라우마When Emotional Trauma Is a Family Affair," Where Science Meets the Steps (blog), *Psychology Today*, May 5, 2014, www.psychologytoday.com/blog/where-science-meets-the-steps/201405/when-emotional-trauma-is-family-affair.

50) Virginia Hughes, "정자 RNA는 트라우마의 표지를 담고 있다Sperm RNA Carries Marks of Trauma," *Nature* 508 (April 17, 2014): 296-97, http://www.nature.com/news/sperm-rna-carries-marks-of-trauma-1.15049.

51) Albert Bender, "인디언 보호구역을 휩쓰는 자살은 종족 학살이다Suicide Sweeping Indian Country Is Genocide," *People's World*, May 18, 2015, www.peoplesworld.org/suicide-sweeping-indian-country-is-genocide/

52) 상동.

53) LeManuel Bitsoi quoted in Mary Pember, "트라우마는 아메리카 원주민의 DNA에 새겨져 있는지도 모른다Trauma May Be Woven into DNA of Native Americans," *Indian Country*, May 28, 2015, http://indiancountrytodaymedianetwork.com/2015/05/28/trauma-may-be-woven-dna-native-americans-160508.

54) Stephanie Aglietti, "르완다 대학살의 유령, 새 세대에게 들러붙다Ghosts of Rwanda Genocide Haunt New Generation," *The Sun Daily*, April 12, 2015, www.thesundaily.my/news/1381966.

55) Rachel Yehuda, et al., "홀로코스트 생존자의 성인 자녀에게 나타나는 낮은 코르티솔 수치와 외상 후 스트레스 장애 위험성Low Cortisol and Risk for PTSD in Adult Offspring of Holocaust Survivors," *American Journal of Psychiatry* 157(8) (August 2000): 1252-59, esp. p. 1255.

56) Rachel Yehuda, et al., "홀로코스트 생존자 부모의 외상 후 스트레스 장애가 자녀의 당질 코르티코이드 수용체 유전자의 후성적 조절에 미치는 영향Influences of Maternal and Paternal PTSD on Epigenetic Regulation of the Glucocorticoid Receptor Gene in Holocaust Survivor Offspring," *American Journal of Psychiatry* 171(8) (August 2014): 872-80, http://ajp.psychiatryonline.org/doi/abs/10.1176/appi.ajp.2014.13121571.

57) Judith Shulevitz, "고통의 과학The Science of Suffering," *The New Republic*, November 16, 2014, www.newrepublic.com/article/120144/trauma-genetic-scientists-say-parents-are-passing-ptsd-kids.

58) Josie Glausiusz, "트라우마 유산을 담은 염색체를 찾아서Searching Chromosomes for the Legacy of Trauma," *Nature*, June 11, 2014, doi:10.1038/nature.2014.15369, http://www.nature.com/news/searching-chromosomes-for-the-legacy-of-trauma-1.15369; Yehuda, "Influences of Maternal and Paternal PTSD," 872-80.

59) 상동.

60) 상동.

61) Samuels, "Do Jews Carry Trauma in Our Genes?"

62) Sack, "When Emotional Trauma Is a Family Affair."

63) Deborah Rudacille, "어미의 스트레스가 여러 세대의 행동에 변화를 일으킨다Maternal Stress Alters Behavior of Generations," Simons Foundation of Autism Research Initiative (April 18, 2011), http://spectrumnews.org/news/maternal-stress-alters-behavior-of-generations/.

64) Ian C. G. Weaver, et al., "어미의 행동에 따른 후성유전적 프로그래밍Epigenetic Programming by Maternal Behavior," *Nature Neuroscience* 7 (2004): 847-54.

65) Tamara B. Franklin, et al., "초기 스트레스의 여러 세대에 걸친 후성유전적 전달Epigenetic Transmission of the Impact of Early Stress Across Generations," Biological Psychiatry 68(5) (2010): 408-5, esp. pp. 409-11, doi:10.1016/j.biopsych.2010.05.036.

66) Gapp, et al., "Implication of Sperm RNAs in Transgenerational Inheritance of the Effects of Early Trauma in Mice."

67) 상동.

68) 상동.

69) 상동.

70) Katharine Gapp, Johannes Bohacek, Jonas Grossman, Andrea M. Brunner, Francesca Manuella, Paolo Nanni, Isabelle M. Mansuy. 부계 트라우마의 세대 간 영향을 방지해주는 유익한 환경의 잠재력. Potential of Environmental Enrichment to Prevent Transgenerational Effects of Paternal Trauma. *Neuropsychopharmacology*, June 9, 2016. DOI: 10.1038/npp.2016.87.

71) Dias and Ressler, "부모의 후각 경험은 이후 세대의 행동과 신경 구조에 영향을 미친다Parental Olfactory Experience Influences Behavior and Neural Structure in Subsequent Generations."

72) Linda Geddes, "특정 냄새를 맡고 느낀 공포가 몇 대에 걸쳐 유전될 수 있다Fear of a Smell Can Be Passed Down Several Generations," *New Scientist*, December 1, 2013, www.newscientist.com/article/dn24677-fear-of-a-smell-can-be-passed-down-several-generations.

73) Dias and Ressler, "Parental Olfactory Experience Influences Behavior and Neural Structure in Subsequent Generations."

74) Tanya Lewis, "무서운 경험은 생쥐 가족에게 전달된다Fearful Experiences Passed On in Mouse Families," *Live Science*, December 5, 2013, www.livescience.com/41717-mice-inherit-fear-scents-genes.html.

75) Zaidan, Leshem, and Gaisler-Salomon, "Prereproductive Stress to Female Rats Alters Corticotropin Releasing Factor Type 1 Expression in Ova and Behavior and Brain Corticotropin Releasing Factor Type 1 Expression in Offspring."

76) 상동.

77) Youli Yao, et al., "윗세대가 스트레스에 노출되면 조산 위험성이 높아지고 어미와 새끼에게 불리한 결과를 프로그래밍한다Ancestral Exposure to Stress Epigenetically Programs Preterm Birth Risk and Adverse Maternal and Newborn Outcomes," *BMC Medicine* 12(1) (2014): 121, doi:10.1186/s12916-014-0121-6.

78) BioMed Central, "쥐 연구는 임신 중 스트레스가 여러 세대에 걸쳐 유전될 수 있음을 보여준다Stress During Pregnancy Can Be Passed Down Through Generations, Rat Study Shows," *ScienceDaily*, August 7, 2014, www.sciencedaily.com/releases/2014/08/140807105436.

htm.

79) Yao, et al., "Ancestral Exposure to Stress Epigenetically Programs Preterm Birth Risk and Adverse Maternal and Newborn Outcomes."

3 감정과 양육

80) Thomas Verny and Pamela Weintraub, "내일의 아기: 임신기부터 유아기까지 양육 기술과 과학Tomorrow's Baby: The Art and Science of Parenting from Conception Through Infancy" (New York: Simon & Schuster, 2002), 29.

81) Winifred Gallagher, "엄마 없는 아이Motherless Child," *The Sciences* 32(4) (1992): 12-15, esp. p. 13, doi:10.1002/j.2326-1951.1992.tb02399.x.

82) Raylene Phillips, "신성한 시간: 출산 직후 곧바로 하는 피부 대 피부 접촉The Sacred Hour: Uninterrupted Skin-to-Skin Contact Immediately After Birth," *Newborn & Infant Reviews* 13(2) (2013): 67-72, doi:10.1053/j.nainr.2013.04.001.

83) Norman Doidge, The Brain That Changes Itself: Stories of Personal Triumph from the Frontiers of Brain Science (New York: Penguin, 2007), 243. 《기적을 부르는 뇌》, 김미선 옮김, 지호, 2008년.

84) 상동, 47.

85) 상동, 203-4.

86) Norman Doidge, "뇌가 치유하는 방식The Brain's Way of Healing: Remarkable Discoveries and Recoveries from the Frontiers of Neuroplasticity" (New York: Penguin, 2015), 215.

87) Doidge, The Brain That Changes Itself, 91.

88) Dawson Church, "당신의 유전자 속의 지니The Genie in Your Genes: Epigenetic Medicine and the New Biology of Intention" (Santa Rosa, CA: Elite Books, 2007), 69.

89) Perla Kaliman, et al., "전문 명상가들에게 나타나는 히스톤 탈아세틸화 효소와 염증 유전자 발현의 신속한 변화Rapid Changes in Histone Deacetylases and Inflammatory Gene Expression in Expert Meditators," *Psychoneuroendocrinology* 40 (November 2013): 96-107, doi:http://dx.doi.org/10.1016/j.psyneuen.2013.11.004.

90) Church, The Genie in Your Genes, 67.

91) Doidge, The Brain That Changes Itself, 220-21.

92) David Samuels, "유대인은 유전자에 트라우마가 있는가? 레이첼 예후다와의 대화Do Jews Carry Trauma in Our Genes? A Conversation with Rachel Yehuda," *Tablet Magazine*, De-

cember 11, 2014, http://www.tabletmag.com/jewish‑arts‑and‑culture/books/187555/
trauma‑genes‑q‑a‑rachel‑yehuda.

4 핵심 언어, 트라우마를 드러내다

93) Annie G. Rogers, "말할 수 없는 것: 트라우마의 감춰진 언어The Unsayable: The Hidden
Language of Trauma" (New York: Ballantine, 2006), 298.

5 무의식의 네 가지 테마

94) Linda G. Russek and Gary E. Schwartz, "부모의 보살핌에 대한 느낌으로 중년의
건강 상태를 예측하다: 하버드의 스트레스 정복에 관한 35년간의 추적 연구Feelings of
Parental Caring Predict Health Status in Midlife: A 35‑Year Follow‑up of the Harvard Mastery of Stress Study,"
Journal of Behavioral Medicine 20(1) (1997): 1-13.

95) P. Graves, C. Thomas, and L. Mead, "암의 가족적, 심리학적 예측 변수Familial and
Psychological Predictors of Cancer," *Cancer Detection and Prevention* 15(1) (1991): 59-64.

96) David Chamberlain, "자궁으로 난 창문Windows to the Womb: Revealing the Conscious Baby
from Conception to Birth" (Berkeley, CA: North Atlantic Books, 2013), 180.

6 핵심 불평, 해결의 씨앗

97) Bert Hellinger, "바다가 없으면 파도도 없다: 경험과 사유No Waves Without the Ocean:
Experiences and Thoughts" (Heidelberg, Germany: Carl Auer International, 2006), 197.

8 핵심 문장, 깊숙한 곳에 박힌 두려움

98) Soheil Baharian, Maxime Barakatt, Christopher R. Gignoux, Suyash, Shringarpure,
Jacob Errington, William J. Blot, Carlos D. Bustamante, Eimear E. Kenny, Scott M.
Williams, Melinda C. Aldrich, and Simon Gravel, "아프리카계 미국인 유전체 다양
성의 대이동The Great Migration of African-American Genomic Diversity," *PlosGenetics* 12(5)(2016):
e1006059, doi: 10.1371/journal.pgen.1006059, Epub May 27, 2016, http://journals.
plos.org/plosgenetics/article?id=info:doi/10.1371/journal.pgen.1006059#abstract0.

10 　　마침내 해방감을 느끼는 방법

99) Rick Hanson, "뇌가 행복하다고 느끼게 하는 방법How to Trick Your Brain for Happiness," *Greater Good: The Science of a Meaningful Life*, September 26, 2011, http://greatergood. berkeley.edu/article/item/how_to_trick_your_brain_for_happiness.

100) Andrea Miller, Interview with Thich Nhat Hanh, "내 마음 깨우기Awakening My Heart," *Shambhala Sun*, January 2012, 38, http://www.lionsroar.com/awaken-ing‑my‑heart‑january‑2012.

101) Andrew Newberg and Mark Robert Waldman, Words Can Change Your Brain(New York: Plume, Penguin 2012), 3. 《왜 생각처럼 대화가 되지 않을까?》(알키, 2012).

102) 상동, 35.

11 　　분리의 핵심 언어

103) Thomas Verny, with John Kelly, The Secret Life of the Unborn Child (New York: Simon & Schuster, 1981), 29. 토머스 버니, 《태아는 알고 있다》, (샘터사, 2005년)

104) Ken Magid and Carole McKelvey, "너무 큰 위험: 양심 없는 아이들High Risk: Children Without a Conscience" (New York: Bantam Books, 1988), 26.

105) Edward Tronick and Marjorie Beeghly, "유아의 의미 형성과 정신 건강 문제의 발생Infants' Meaning-Making and the Development of Mental Health Problems," *American Psychologist* 66(2) (2011): 107-19, doi:10.1037/a0021631.

12 　　관계의 핵심 언어

106) Rainer Maria Rilke, "Letter no. 7," Letters to a Young Poet, trans. M. D. Herter Norton (New York: W. W. Norton, 2004; org. publ. 1934), 27. 라이너 마리아 릴케, 《젊은 시인에게 보내는 편지》.

옮긴이 **정지인**

영어와 독일어로 된 책을 우리말로 옮기는 일을 한다. 옮긴 책으로 《우울할 땐 뇌 과학》,《여성의 우
정에 관하여》,《무신론자의 시대》,《무엇이 삶을 예술로 만드는가》,《사물의 언어》,《르네상스의 마지
막 날들》,《멀어도 얼어도 비틀거려도》,《군인은 축음기를 어떻게 수리하는가》,《죽기 전에 꼭 봐야
할 영화 1001》 등이 있다.

트라우마는 어떻게 유전되는가

첫판 1쇄 펴낸날 2016년 11월 18일
　　9쇄 펴낸날 2024년 6월 30일

지은이 마크 월린
옮긴이 정지인
발행인 김혜경
편집인 김수진
편집기획 김교석 조한나 유승연 문해림 김유진 곽세라 전하연 박혜인 조정현
디자인 한승연 성윤정
경영지원국 안정숙
마케팅 문창운 백윤진 박희원
회계 임옥희 양여진 김주연

펴낸곳 (주)도서출판 푸른숲
출판등록 2003년 12월 17일 제2003-000032호
주소 서울특별시 마포구 토정로 35-1 2층, 우편번호 04083
전화 02)6392-7871, 2(마케팅부), 02)6392-7873(편집부)
팩스 02)6392-7875
홈페이지 www.prunsoop.co.kr
페이스북 www.facebook.com/simsimpress　　**인스타그램** @simsimbooks

ⓒ푸른숲, 2016
ISBN 979-11-5675-673-6 (03180)

심심은 (주)도서출판 푸른숲의 인문·심리 브랜드입니다.

* 잘못된 책은 구입하신 서점에서 바꾸어 드립니다.
* 본서의 반품 기한은 2029년 6월 30일까지 입니다.